||||||||||||||||||||||||||||||||
D1754804

Dietrich Rusam

Der Evangelist

Die Autobiografie des Lukas

*Meinen Lehrern
Prof. Dr. Wolfgang Stegemann
und
Prof. Dr. Dr. h.c. Michael Wolter*

Inhalt

Vorwort 7

Kapitel I
»Nennt mich Lukas!«
(* 13. Juni 22 n.Chr.) 12

Kapitel II
Was mich prägte: Meine Kindheit
und Jugend (22-39 n.Chr.) 22

Kapitel III
Ich werde Arzt (39-41 n.Chr.) 37

Kapitel IV
Der Wendepunkt: Jerusalem!
(41-49 n.Chr.) 73

Kapitel V
Und dann kam Paulus, der Theologe
und Missionar – mein Bruder im Herrn!
(49 n.Chr.) 114

Kapitel VI
Den Glauben in die Welt tragen:
Europa ruft! (49 n.Chr.) 142

Kapitel VII
Die Frau meines Lebens: Lydia
(49 n.Chr.) 159

Kapitel VIII
Aufstand in Philippi (49-55 n.Chr.)   191

Kapitel IX
Mit Paulus auf dem Weg nach Jerusalem
(56 n.Chr.)   223

Kapitel X
Die Katastrophe von Jerusalem
(56 n.Chr.)   244

Kapitel XI
Zwischen Caesarea und Philippi
(56-58 n.Chr.)   267

Kapitel XII
Mit Paulus nach Rom (58/59 n.Chr.)   283

Kapitel XIII
Zurück in Philippi (60-75 n.Chr.)   312

Kapitel XIV
Dann begann ich zu schreiben:
Meine Jesusgeschichte und die Taten
der Apostel (75-85 n.Chr.)   340

Ausgewählte Literatur   349

Vorwort

Die Idee zu dem vorliegenden Roman kam mir nach der Lektüre des Lukaskommentars von Michael Wolter aus dem Jahr 2008. Dort wird, einen Gedanken Eckhard Plümachers von 1978 aufnehmend, die Vermutung geäußert, diejenigen Stücke in der Apostelgeschichte, in denen der Verfasser unvermittelt in die erste Person Plural wechselt (Apg 16,10-17; 20,5-15; 21,1-18; 27,1–28,16), könnten durchaus authentisch sein. Tatsächlich hat die Forschung gezeigt, dass diese sogenannten »Wir-Passagen« sich stilistisch nicht von der restlichen Apostelgeschichte unterscheiden. Deshalb spricht viel dafür, dass sie auf denselben Autor zurückzuführen sind, der auch das gesamte Werk abgefasst hat. Dies würde wiederum bedeuten: Der Verfasser der Apostelgeschichte hat Paulus tatsächlich phasenweise begleitet, zumal die Wir-Stücke stets dann abbrechen, wenn Paulus in Gefangenschaft gerät. Der unvermittelte Einsatz des Wir-Stils und der ebenso abrupte Wechsel zurück in die dritte Person Plural innerhalb der Apostelgeschichte lassen sich dann dadurch verständlich machen, dass der Verfasser lediglich seine Begleitung andeuten will: Er selbst versteht sich allenfalls als ein authentischer Zeuge des Geschehens – wirklich wichtig ist seiner Meinung nach aber die Verbreitung der christlichen Botschaft vor allem durch Paulus (vgl. Apg 1,8).

Lässt man sich auf den Gedanken ein, dass der Verfasser der Apostelgeschichte, den die Tradition »Lukas« nennt, Paulus phasenweise begleitet hat, werden viele theologische Gemeinsamkeiten zwischen dem lukanischen Doppelwerk und den paulinischen Briefen deutlich. Dies habe ich im letzten Kapitel anzudeuten versucht.

Eine wissenschaftliche Betrachtung des lukanischen Doppelwerks (Evangelium und Apostelgeschichte) zeigt: In gleicher Weise wie Paulus muss auch Lukas ein Judenchrist aus der Diaspora gewesen sein, der für eine heidenchristliche Leserschaft schreibt. Seine profunde Kenntnis der jüdischen Schriften und sein großes Interesse daran (vgl. nur Lk 24,44-48 oder Apg 2,14-36) sowie die – auch biblisch begründete – Ausrichtung der christlichen Botschaft auf die Heiden (vgl. Lk 4,24-27; Apg 1,8; 15,7-9; 28,25-28) machen dies deutlich. Ähnlich wie Paulus, der als Diasporajude auch den jüdischen Namen »Saul(us)« trug (Apg 7,58; 8,1.3), sich selbst aber durchweg Paulus nennt, habe ich Lukas auch einen ähnlich klingenden jüdischen Namen gegeben: Juda(s). Weil dies aber zugleich der Name des Verräters Jesu ist, der nach Apg 1,16-20 (vgl. Mt 27,5) qualvoll zu Tode kam, wird verständlich, dass der Autor des dritten Evangeliums und der Apostelgeschichte besonderen Wert auf seinen griechischen Namen »Lukas« gelegt hat.

Im vorliegenden Roman habe ich manche wichtigen Informationen, die der jüdische Historiograph Flavius Josephus (37/38-100 n.Chr.) in seinen Geschichtswerken bietet, ebenso berücksichtigt wie einzelne Gedanken aus dem Opus des jüdischen Religionsphilosophen Philon von Alexandrien (15/10 v.Chr. – ca. 41 n.Chr.), den der vorchristliche Lukas in Alexandrien durchaus noch kennengelernt haben könnte. Verwendet wurde darüber hinaus die eine oder andere Geschichte aus dem – zugegeben erst viel später niedergeschriebenen – Kindheitsevangelium des Thomas. Auch die im Rahmen der jüdischen Gemeinde von Alexandria entstandene griechische Übersetzung der hebräischen Bibel, die Septuaginta, lernte Lukas bei seinem Studienaufenthalt dort kennen. Diese verwendete er nachweislich bei der Ausarbeitung der vielen Schriftbeweise in seinem Doppelwerk. Die Hauptquelle des vorliegenden Romans ist jedoch neben dem Lukas- und dem Markusevangelium die Apostelgeschichte selbst. In den konkreten Kapitelüberschriften werden, um einen Vergleich zu ermöglichen, die entsprechenden Abschnitte aus diesem Werk genannt.

Der Roman beginnt mit der Geburt des Lukas, die ich auf das Jahr 22 n.Chr. datiere, und endet mit der Abfassung der Apostelgeschichte etwa um das Jahr 85 n.Chr. Bald darauf wird Lukas verstorben sein. Dabei ist durchaus denkbar, dass er, wie viele andere Christinnen und Christen, aufgrund des Vorwurfs der Gottlosigkeit und des Hochverrats unter Kaiser Domitian (81-96 n.Chr.) hingerichtet worden ist. Die Untersuchung »Zwischen Synagoge und Obrigkeit« von Wolfgang Stegemann beschreibt anschaulich die problematische Situation der lukanischen Christen unter Domitian.

Seit über siebzehn Jahren bin ich neben meiner Tätigkeit als Dozent an der Otto-Friedrich-Universität in Bamberg Pfarrer und Lehrkraft für Evangelische Religionslehre am Richard-Wagner-Gymnasium Bayreuth. Als solcher erzähle ich in der Sekundarstufe I immer wieder gerne biblische Geschichten. Nichts anderes geschieht – zuweilen etwas augenzwinkernd – in dem vorliegenden Roman. Auch wenn die einzelnen Dialoge natürlich im Wesentlichen fiktiv sind und ich zur Steigerung der Dramatik zuweilen vielleicht überspitzt formuliere, sind die gebotenen Fakten durchaus historisch bzw. wissenschaftlich begründet. Implizit versuche ich, mit diesem Werk auch immer wieder eine Antwort auf die Frage zu finden, wie es dazu kam, dass die weltweite Christenheit zwar an den Juden Jesus von Nazareth glaubt, selbst aber nicht jüdisch, sondern eben christlich geworden ist und damit ein eigenes theologisches Profil bekommen hat.

Dass die Paulusbegleiter, besonders Silas und Trophimus, in meiner Darstellung dabei etwas schlechter wegkommen, geht auf die Aussagen des Paulus im Philipperbrief (Phil 2,20f.) zurück. In Bezug auf Lukas habe ich die altkirchliche Tradition, er sei ein Arzt gewesen, sehr gerne in seine Autobiographie aufgenommen.

Abgesehen von Verweisen auf Bibelstellen, habe ich auf Fußnoten und weitschweifige wissenschaftliche Erläuterungen zugunsten der Lesbarkeit verzichtet. Bei den Jahreszahlen wurde die heutige Zählweise gewählt – wohl wissend, dass damals nach den Regierungsjahren des jeweiligen Regenten gerechnet wurde. Um die tiefe Ehrfurcht des Lukas und seiner Zeitgenossen vor Gott und die Verortung in der jüdischen Tradition anzudeuten, habe ich in der direkten Rede immer wieder die hebräische Formel »Baruch Adonaj« (gepriesen sei der Herr!) eingefügt, wenn von Gott gesprochen wird.

Großen Dank schulde ich Dr. Gisela Gersch, meiner lieben Schwiegermutter, die die erste Niederschrift kritisch gegengelesen und wichtige erste Verbesserungshinweise gegeben hat. Möge es ein Buch werden, das einen beim Lesen wirklich »immer weiterzieht«! Dr. Renate Hofmann vom Gütersloher Verlagshaus hat sich engagiert für die Aufnahme meines Werkes ins Verlagsprogramm eingesetzt und Marcus Beier, ebenfalls vom Gütersloher Verlagshaus, hat das Projekt mit unglaublich viel Herzblut und Engagement begleitet. Seine Vorschläge waren stets wohlbegründet und so verdanke ich ihm nicht nur die eine oder andere zusätzliche dramaturgische Idee, sondern auch viele Präzisierungen. Von Herzen Dank dafür! Ich widme das Buch meinen beiden theologischen Lehrern, denen ich durch die wissenschaftlichen Brücken, die sie mir gebaut haben, beruflich und dadurch letzten Endes auch privat unendlich viel verdanke.

Mein Wunsch und großes Anliegen ist es, dass die Briefe des Paulus und das Doppelwerk des Mannes, den wir Lukas nennen, wieder öfter gelesen werden! Eine Lektüre dieser biblischen Schriften lohnt sich auf jeden Fall.

Bayreuth, im Herbst 2021 *Dietrich Rusam*

Kapitel I

»Nennt mich Lukas!«
(* 13. Juni 22 n.Chr.)

»Aufstehen!« Ich spüre einen kräftigen Stoß auf meinem Brustbein und blinzele in die Fackel, die über mich gehalten wird. »Los! Beweg dich!«, brüllt der der römische Soldat, der über mir steht und seinen Speer auf meine Brust gesetzt hat. Heftig tritt er mir dabei in die Seite. Schlaftrunken versuche ich, mich wegzurollen. »Was? Was habe ich getan?«, presse ich hervor. »Maul halten! Mitkommen!«, faucht ein anderer Soldat, während er mein Gepäck durchsucht. Als ich langsam aufstehe, merke ich, wie meine Knie zittern. Ich schlucke und spüre, wie mir der Schweiß ausbricht. Was ist hier los? Dann wird mir der Schaft eines Speeres in den Rücken gestoßen. »Los! Beweg dich!«
    Zusammen mit anderen werde ich einen steilen Berg hinaufgetrieben. Ich hebe meinen Blick und erkenne die Jerusalemer Burg Antonia über mir. Dorthin soll ich verbracht werden? Da spüre ich schon wieder den Speer im Rücken und stolpere weiter. Es dauert nicht lange, da haben wir die Burg erreicht. Nachdem wir den Haupteingang passiert haben, werde ich wie ein Stück Vieh eine Treppe hinuntergetrieben. Die ausgetretenen Steinstufen werden nur spärlich vom Licht der Fackeln erhellt, die in Metallhalterungen an den Wänden hängen. Die Soldaten stoßen mich in einen dämmrigen Keller. Ich stürze zu Boden. Wo bin ich hier? Ich höre, wie hinter mir eine vergitterte Tür verschlossen wird. Ich rapple mich auf und schaue mich um. Der Angstschweiß steht auf meiner Stirn. Dann traue ich mich erneut zu fragen: »Was habe

ich denn falsch gemacht!« Der Soldat an der Tür lacht dreckig und spuckt mir ins Gesicht. »Widerstand gegen Rom ist Hochverrat!«, ruft er mir zu, dreht sich um und steigt die Treppe wieder nach oben.

Ich bin völlig aufgelöst: Man wirft mir vor, ein Widerstandskämpfer zu sein? Darauf steht die Todesstrafe! Mein Herz schlägt bis zum Hals. Dann blicke ich mich um. In dem dunklen Verlies erkenne ich schemenhaft mehrere zerlumpte Gestalten. Wie lange mögen sie wohl schon hier sein? Erst jetzt fällt mir auf, dass es hier bestialisch stinkt! Ich bin unschuldig! Ich will hier raus!»Raus! Raus! Raus!« – Eine der Gestalten lacht hämisch und röchelt mir zu: »Hochverrat! Die werden dich kreuzigen! Glückwunsch! Du hast dir den Zorn Roms zugezogen.« – Ich schreie ihn an: »Aber ich habe nichts Böses getan. Hörst du? Nichts! Ich bin unschuldig!« In meiner Verzweiflung schlage ich um mich, schreie vor Wut und Hilflosigkeit.

Weil ich mich überhaupt nicht mehr beruhigen kann, packt er mich an den Schultern und grinst mir spöttisch ins Gesicht. »Ich habe nichts Böses getan!«, schreie ich immer wieder, während ich spüre, wie ich von dem Kerl gerüttelt werde.

»Beruhigt euch, Herr! Ihr habt geträumt!« Ich bin schweißgebadet und blinzle mehrmals. Noch richtig benommen öffne ich schließlich langsam die Augen. »Hippolytos! Gott sei Dank!«, stoße ich erleichtert hervor. Mir läuft ein kalter Schauer den Rücken runter. In meinem Mund ist es staubtrocken. Mein Sklave lächelt mich an: »Ihr habt schon wieder geträumt!«, sagt er und fügt hinzu: »Alles ist gut!« Ich bin so aufgewühlt, dass mir die Tränen über das Gesicht laufen. Hippolytos sitzt ruhig da und sagt erneut: »Alles ist gut!« Als ich mich wieder gefasst habe, blicke ich ihm ernst ins Gesicht, denn ich weiß: Nichts ist wirklich gut.

Seit Kaiser Domitian (81-96 n.Chr.) an der Macht ist, werden Christen immer wieder verhaftet, angeklagt als gottlose Hochverräter und hingerichtet. Ja, in der Regel bedeutet die Gefangennahme bereits das Todesurteil. Ich schüttle den Kopf, als wollte ich die Geister des Traumes verscheuchen. In Zeiten wie diesen müssen viele Christen um ihr Leben fürchten. Wohl deshalb holt mich die Erinnerung meiner Verhaftung, damals in Jerusalem, immer wieder im Traum ein. Eigentlich dachte ich, dass ich diese Erfahrung längst überwunden hätte. Manchmal erlebe ich im Traum aber auch den tristen und gnadenlosen Gefängnisalltag, eine grausame und schmerzhafte Züchtigung mit der Peitsche durch einen römischen Soldaten, eine Prügelei im widerlichen Gefängnis ... und manchmal stehe ich selbst auch vor einem Statthalter, der im Begriff ist, mich dem Henker zu übergeben, weil ich Christ bin. Manchmal träume ich sogar von meiner eigenen Hinrichtung ... Gott allein weiß, welches Schicksal mich selbst auf meine alten Tage noch ereilen wird. Es ist wirklich eine schwierige Zeit für uns Christen unter dem Kaiser, der von sich sagt, er wäre der »neue Nero«.

Ich weiß nicht, wie viel Zeit mir noch bleibt. Und immer wieder verfolgen mich meine Erlebnisse in Träumen. Mir wird langsam klar: Wenn ich sterbe, stirbt auch die ganze Geschichte – alles, was ich in Jerusalem und mit Paulus erlebt habe, alles, was mir persönlich so besonders wichtig geworden ist. Es ist meine Geschichte, wie ich sie erlebt habe – mit Menschen und mit Gott. Ihm möchte ich die Ehre geben und daher meine Erlebnisse zu Pergament bringen. Diese teilweise dramatische Geschichte meines Lebens, die ich nun erzählen will, beginnt jedoch mit einem Appell:

»Nennt mich Lukas!«

Dies ist mein Wunsch an die Nachwelt. »Lukas« – das war der griechische Name, den mir meine Eltern gaben. Sie nannten mich nach dem Land ihrer Träume: Lukanien! Dorthin wollten sie auswandern! Aber der Reihe nach: Geboren wurde ich im Juni im 8. Jahr der Regierungszeit des Kaisers Tiberius in Alexandria Troas, einer Stadt im Nordwesten Kleinasiens. Eigentlich stammten meine Eltern aus Jerusalem, der stolzen Hauptstadt Davids, im Bezirk des Stammes Juda. Meine Eltern haben sehr großen Wert auf die Zugehörigkeit zum jüdischen Volk gelegt. »Neben deinem griechischen Namen ›Lukas‹ haben wir dich auch ›Judas‹ genannt«, hat mir mein Vater einmal gesagt, »so, wie der vierte Sohn unseres Vaters Jakob. ›Judas‹ erinnert an unsere Herkunft, an das Land unserer Väter.« Ja, meine Eltern waren sehr traditionsbewusst, und sie sagten immer wieder, dass sie eigentlich niemals aus Jerusalem wegziehen wollten. Dreimal im Jahr opferten sie als gläubige Juden eine Ziege oder ein Schaf am Tempel des Herrn. Oft schwärmte mir mein Vater von der Schönheit Jerusalems und des Tempels vor: »Es ist die prächtigste Stadt der ganzen Welt!« Als ich größer war, wäre mir beinahe einmal die Entgegnung herausgerutscht: »Andere Städte kennst du ja auch nicht wirklich.« Aber ich schluckte sie hinunter. Ich liebte meinen Vater. Er war so gütig, und ich wollte ihn auf keinen Fall verletzen. Erst als ich erwachsen war und das erste Mal in meinem Leben nach Jerusalem kam, konnte ich den Enthusiasmus meines Vaters verstehen. Und tatsächlich sollte dieser Jerusalembesuch ein ganz wichtiger Wendepunkt in meinem Leben werden.

»Vergiss nie deine Herkunft!«, hat mir mein Vater immer eingeschärft. Und ich habe mir vorgenommen, trotz aller inneren und äußeren Umbrüche, die ich in meinem langen Leben erfahren habe, diesen Rat stets zu beherzigen. Ja, ich bin auch »Judas«, »Judas Ben Sacharja«, und meine Eltern stammen aus Jerusalem; trotzdem höre ich ihn nicht mehr gerne, meinen hebräischen Namen. Ich werde noch darauf zu sprechen kommen, warum ich den Namen »Lukas« so schätzen und lieben gelernt habe und weshalb ich mit meinem jüdischen Namen – besonders in seiner griechischen Ausdrucksweise – meine Schwierigkeiten habe.

Mein Vater war ein traditionsbewusster jüdischer Schriftgelehrter. Wenn ich an ihn denke, erinnere ich mich vor allem an sein umfangreiches Wissen und seine große Güte. Er war ein Jude, dessen Gottesfurcht mich immer wieder neu zutiefst beeindruckt hat. Bei aller Überzeugung und allem Glauben war er aber nie verbissen. Nein, er ließ sich durchaus auch etwas sagen und erkannte schnell, dass die Juden in der Diaspora nicht so nach der Thora leben konnten wie die Juden in Jerusalem.

Ich weiß, dass er sehr darunter gelitten hat, dass meine Mutter Elischeba ihm über viele Jahre keinen Sohn schenkte. »Kinder sind ein Segen Gottes!«, hatte er immer wieder gesagt. Aber die Ehe meiner Eltern war lange kinderlos geblieben. Oft erzählte er mir von seinen Sorgen, die ihn damals umtrieben. Er hatte sich geradezu davor gefürchtet, ohne Nachkommen sterben zu müssen. »Ja, Gott hatte viele Jahre lang unsere Ehe nicht gesegnet.« Es sah für ihn so aus, als habe er vergeblich zu jedem Wallfahrtsfest in Jerusalem ein Vermögen für Opfertiere ausgegeben.

Abgesehen von diesem Kummer, seien sie – so erzählte mir mein Vater immer wieder – in Jerusalem sehr zufrieden gewesen, aber die römische Statthalterschaft über das Land, das die Römer »Judäa« nannten, wurde immer rücksichtsloser. Der im ersten Jahr der Regierungszeit des Tiberius eingesetzte Valerius Gratus (15 n.Chr.) setzte nach eigenem Gutdünken drei Hohepriester ab, die ihm nicht genehm waren.* Meine Eltern spürten, dass die Verhältnisse in Jerusalem sich verschlimmern würden. Die Römer verstanden unsere Lebens- und Glaubensart einfach nicht.

Schweren Herzens fassten sie schließlich den Entschluss, in ein Land auszuwandern, in dem sie ihren Glauben besser leben könnten und keine Angst vor Unterdrückung haben müssten. Zwar sprachen sie die griechische Sprache nicht flüssig, aber sie konnten sich durchaus auf Griechisch verständlich machen. Dass zehn Jahre später unter der Statthalterschaft eines gewissen Pontius Pilatus, der im 12. Jahr der Regierungszeit des Tiberius eingesetzt wurde (26 n.Chr.), tatsächlich ihre Befürchtungen eintraten und die Lebensverhältnisse in Jerusalem für die dort lebenden Juden viel schlechter wurden, ahnten sie nicht.** Dieser versuchte sogar, Kaiserbilder in der heiligen Stadt aufzustellen. Aber davon habe ich erst viel später erfahren.

Jedenfalls packten meine Eltern im 7. Jahr der Regierungszeit des Kaisers Tiberius ihr Hab und Gut zusammen und machten sich auf den Weg Richtung Westen. Zunächst ging es in die Hafenstadt Joppe, wo sie ein Schiff nach Zypern bestiegen. Da die Schiffsreise aber meiner Mutter nicht gut bekam – immer wieder musste sie sich übergeben –, suchten sie ein Schiff, das sie von Paphos auf Zypern möglichst schnell ans kleinasiatische Festland bringen sollte. Schließlich fanden sie einen Segler, der Milet zum Ziel hatte. Auch auf dieser zweiten Schiffsreise litt meine Mutter sehr unter dem Wellengang. Als

---

* Josephus, Antiquitates Judaicae 18,35.
** Josephus, Antiquitates Judaicae 18,55-62.

sie schließlich in Milet wieder festen Boden unter den Füßen hatte, soll sie auf die Knie gesunken sein und den Boden geküsst haben – jedenfalls hat mir das mein Vater so erzählt. Nach einem Tag Ruhepause wollten sich meine Eltern zügig nach Alexandria Troas im Nordwesten Kleinasiens aufmachen, um von dort nach Mazedonien überzusetzen. Ursprünglich waren für den Landweg dorthin zehn Tagesreisen geplant, aber dann kam alles doch ganz anders.

Mit jedem Tag ist meiner Mutter das Wandern mit Gepäck schwerer gefallen. Immer mühsamer kamen meine Eltern voran. Die Beine meiner Mutter wurden immer dicker und immer schwerer. Oft mussten sie im Freien übernachten, stets voller Angst vor umherziehenden Räuberbanden. »Wir hatten wirklich Glück, dass wir nie überfallen wurden«, sagte mein Vater mir später. Nach über dreißig Tagen kamen sie schließlich in Alexandria Troas an, und meine Mutter soll gesagt haben, dass keine zehn Pferde sie jetzt noch weiter brächten. Mein Vater suchte sofort Kontakt zur jüdischen Synagoge. Der dortige Rabbi Zakkai ben Jaakov empfing die beiden mit offenen Armen: »Ihr könnt bei mir wohnen, bis ihr was Eigenes gefunden habt!«, lud er sie ein, und meine Mutter nahm das Angebot sogleich dankbar und völlig entkräftet an.

Nächtelang unterhielt sich mein Vater mit Rabbi Zakkai über die Bedeutung der Thora und das Verständnis einzelner Thoragebote. Als Jude aus dem jüdischen Kernland hatte er vielfach eine ganz andere Sicht als der Diasporajude aus Alexandria Troas. Die Diasporajuden sind ganz allgemein sehr viel – wie soll ich sagen? – entspannter gegenüber den griechischen Einflüssen und der Gültigkeit der Thora. Das gilt für die Frage danach, wie der Sabbat eingehalten wird, aber auch und vor allem für die Frage nach dem Umgang mit Heiden. Als Jude in der Diaspora kann man es nicht so einfach ablehnen, ein heidnisches Haus zu betreten! Ich glaube, die Bedeutung, die die Diasporajuden in Alexandria Troas der Thora gaben, hat dann doch auch meinen Vater beeindruckt. Auch er sah immer mehr die Notwendigkeit, Kompromisse mit der griechischen Lebensart einzugehen. Einmal sagte er sogar selbst zu mir: »Jerusalem ist weit!«

So gewöhnten sich meine Eltern in Alexandria Troas ein – vor allem dank der tätigen Mithilfe der jüdischen Gemeinde. Nach wenigen Wochen fanden sie eine kleine Wohnung. Da die jüdische Gemeinde so groß war, konnte mein Vater den Lebensunterhalt mit seinem Thora-Unterricht für jüdische Kinder bestreiten.

In jener Zeit klagte meine Mutter aber immer mehr über gesundheitliche Beschwerden und körperliche Schwäche. Mein Vater erkundigte sich in der Gemeinde, ob es in Alexandria Troas einen guten Arzt gebe. Schließlich wurde ihm Artemidoros aus Milet empfohlen. Tatsächlich kam dieser nach wenigen Tagen und untersuchte meine Mutter. Seine Untersuchung ergab eine echte Überraschung! Er soll aus dem Zimmer gekommen sein und meinem Vater die Hand gereicht haben: »Freue dich, Zacharias, deine Frau ist in anderen Umständen! Herzlichen Glückwunsch!« Glücklicherweise verstand mein Vater den griechischen Gruß für »Freue dich!« sofort. Er stand wie vom Donner gerührt: »Das ... das ist ja ...«, stotterte er, »und es ist sicher kein Irrtum?« Der Arzt schüttelte den Kopf: »Kein Irrtum!«

Mein Vater hat mir später erzählt, dass er auf die Knie gesunken sei und vor Freude geweint habe. Dann habe er ausgerufen: »Oh Herr meines Lebens, so wie du einst Abraham einen Sohn geschenkt hast, hast du nun wieder gehandelt. Du hast meine flehentlichen Bitten erhört und an mir gehandelt, wie du vorzeiten getan hast. Ich weiß nicht, wie ich dir danken soll! Mein Leben hat wieder einen Sinn! So bekomme ich nun doch einen Stammhalter für meine Linie. Zum Dank dafür werde ich, sobald es möglich ist, an deinen Tempel reisen und dir opfern. Ja, mein Leben hat wieder einen Sinn. Gelobt sei der Gott Israels!«

Mit diesen Worten stürzte er in das Zimmer, in dem meine Mutter auf dem Bett lag: »Du bringst mir einen Stammhalter auf die Welt, mein Sonnenschein!« Meine Mutter soll darauf trocken geantwortet haben: »So hast du mich ja noch nie genannt!« Aber mein Vater muss ausgerufen haben: »Der Herr hat unsere Gebete erhört!« Und in seinem Überschwang sei ihm überhaupt nicht eingefallen, dass das Kind unter dem Herzen seiner Frau auch eine Tochter sein könnte.

Es dauerte kein halbes Jahr mehr bis zu meiner Geburt in Alexandria Troas, und meine Eltern gaben mir den jüdischen Namen »Juda« – und wenn die Griechen diesen Namen aussprachen, hieß ich »Judas«. Für meinen eigentlichen griechischen Namen »Lukas«, den mir meine Eltern ebenfalls gaben, nannte mir mein Vater später zwei Gründe: »Wir wollten zwar, dass du deine jüdische Herkunft nie vergisst, aber wir wollten auch, dass du dich hier in der Diaspora zu Hause fühlst, dass du auch zu den Nichtjuden gehörst und mit ihnen lebst und arbeitest. Wenn der Name ›Juda‹ deine Herkunft bezeichnet, so steht ›Lukas‹ für das eigentliche Ziel unserer Reise.« Außerdem – und das ist der zweite Grund – erinnert »Lukas« an das Attribut ›leukos‹, und das heißt ›hell, weiß‹. »Ja«, so sagte mein Vater bestärkend, »mit dir ist unser Leben hell geworden. Du gibst unserem Leben einen neuen Sinn. Du hast Glanz in unser Leben gebracht, und ich bin mir sicher: Du wirst auch Licht in das Leben vieler anderer Menschen bringen.«

Ja, mein Vater hat in seinem Überschwang da viel hineininterpretiert. Ob ich wirklich dafür gesorgt habe, dass es im Leben meiner Mitmenschen, ja im Leben meiner Schwestern und Brüder, ein bisschen heller geworden ist, kann ich selbst schlecht beurteilen. An die Nachwelt habe ich nur eine Bitte, die sich aus meinem Leben ergibt: Nennt mich Lukas!

Kapitel II

Was mich prägte: Meine Kindheit und Jugend (22–39 n.Chr.)

Als Sohn traditionsbewusster jüdischer Eltern in der Diaspora wurde ich natürlich am 8. Tag nach meiner Geburt durch Rabbi Zakkai beschnitten. Erst viel später habe ich dieses Zeichen des Bundes zwischen Gott und seinem Volk Israel verstanden. Mein Vater las mir aus der Thora vor: »*So sprach Gott, der Herr, gepriesen sei er, mit Abraham, unserem Vater: Dies ist mein Bund, den ihr halten sollt zwischen mir und euch und deinem Geschlecht nach dir: Alles, was männlich ist unter euch, soll beschnitten werden; eure Vorhaut sollt ihr beschneiden. Das soll das Zeichen sein des Bundes zwischen mir und euch. Jeden Knaben, wenn er acht Tage alt ist, sollt ihr beschneiden bei euren Nachkommen. Wenn aber ein Männlicher nicht beschnitten wird an seiner Vorhaut, wird er ausgerottet werden aus seinem Volk, weil er meinen Bund gebrochen hat.*«* So steht es geschrieben, und viele Jahre meines Lebens war ich auch der Überzeugung, dass allen Unbeschnittenen spätestens am Ende der Zeiten die Ausrottung droht. Doch vieles erschien mir später in einem anderen Licht.

Nachdem meine Eltern aufgrund meiner Geburt praktisch gezwungen waren, ihren Aufenthalt in Alexandria Troas zu verlängern, wurden sie dort fast aus Versehen heimisch. Die Stadt hatte einen ungeheuren Aufschwung erlebt. Die Landwirtschaft blühte und in den Bergen am Stadtrand wurden Kupfer und Eisen abgebaut.

* Genesis 17,10–14.

Durch den großen Hafen war die Stadt gut an alle anderen Häfen in Mazedonien, Griechenland und Kleinasien angebunden. Empfangen wurden die einfahrenden Schiffe am Eingang des Hafens von einer überlebensgroßen Statue des Namensgebers der Stadt, Alexander, dem die Nachwelt den Beinamen »der Große« gegeben hat. Auch das Smintheion, das berühmte Heiligtum des Gottes Apollon, von dem die Heiden glaubten, er sei der Zwillingsbruder der Artemis, trug durch seine Bekanntheit zum Wohlstand der Stadt bei. Immer wieder habe ich mit mehr oder weniger offenem Mund vor dem Bauwerk gestanden, habe die Säulen gezählt (es waren insgesamt 112) und die Ausmaße bestaunt. Es war das schönste Bauwerk, das ich in meinem Leben bis dahin gesehen hatte. ›Und das alles, für eine Gottheit, vor deren Launen die Menschen Angst haben müssen und die es eigentlich gar nicht gibt!‹, habe ich mir da immer wieder gedacht. Man munkelte damals, der große Julius Caesar habe bereits überlegt, die Stadt zur Hauptstadt Kleinasiens zu machen.

In meinen ersten Lebensjahren kümmerte sich ausschließlich meine Mutter um mich. In einem großen Tuch, das um ihren Oberkörper gewickelt war, trug sie mich bei der häuslichen Arbeit mit sich herum, solange es ging. Dabei streichelte sie mir immer wieder über den Kopf, lächelte und redete mit mir. Jedenfalls hat sie mir das so erzählt, und die Liebe, die mich meine Mutter immer spüren ließ, bestätigten ihre Worte.

Als ich etwa vier Jahre alt war, übernahm mein Vater die eigentliche Erziehung. Zu Hause sprachen wir nach wie vor aramäisch, und mit Hilfe der Thora brachte er mir das Lesen und Schreiben bei. Als jüngster Schüler wurde ich mit etwa vier Jahren in seinen Thora-Unterricht aufgenommen und lernte neben teilweise wesentlich Älteren die Geheimnisse der hebräischen Schriftzeichen. Wenn der Thora-Unterricht, der ebenso in aramäischer Sprache stattfand, vorbei war, lehrte mich mein Vater anfangs noch, so gut er eben konnte, die griechische Sprache. Auf diese Weise hatte ich kein Problem, mich mit Gleichaltrigen zu verständigen, und es dauerte nicht lange, bis ich sogar besser griechisch sprechen konnte als meine Eltern – das machte mich natürlich sehr stolz.

Es war in gewisser Weise ein Spagat, mit dem ich als Junge konfrontiert war: Zu Hause war ich »Juda« und sprach mit meinen Eltern aramäisch, und bei meinen Freunden war ich »Lukas«, nur ganz selten nannten sie mich »Judas«; mit ihnen redete ich griechisch. Rückblickend bin ich meinen Eltern sehr dankbar, dass sie mir den Kontakt zu den Heidenkindern nicht verboten, sondern sogar förderten und unterstützten. »Juda, wir wollen«, sagte mein Vater einmal, »dass du deine Tradition kennst, dass du weißt, dass zu zum auserwählten Volk Gottes gehörst. Aber du sollst hier in der Diaspora kein Außenseiter sein. Jerusalem ist weit, und Gott, der Herr, Baruch Adonaj, wird es dir nicht übelnehmen, wenn du mit Heidenkindern Umgang pflegst.« Das war wirklich bemerkenswert, denn ich bin mir sicher: Als meine Eltern noch in Jerusalem wohnten, hätte mein Vater nie so gesprochen. Aber offenbar hat ihm die griechische Lebensart, die er in Alexandria Troas erlebte, doch imponiert. Ich selbst habe den hebräischen Lobpreis »Baruch Adonaj« – gepriesen sei der Herr! – von meinem Vater übernommen. Er ist für mich ein Ausdruck meiner Ehrfurcht vor Gott.

So waren meine Tage gut gefüllt: Morgens lernte ich bei meinem Vater mit den vielen anderen jüdischen Kindern, die Bibel auf Hebräisch zu lesen, und nachmittags hatte ich meistens genug Zeit, um mit meinen Freunden zusammen zu sein.

Ab und an musste ich aber auch am Nachmittag »arbeiten«. Mein Vater war ein sehr belesener Mann und der Umzug nach Alexandria Troas weitete seine Interessen beträchtlich. Mit dem Arzt Artemidoros, der damals bei meiner Mutter die Schwangerschaft festgestellt hatte, pflegte er eine enge Freundschaft. Ich habe diesen Griechen irgendwie immer bewundert. Er hatte dichtes Haupthaar und einen kurzen, etwas stachelig wirkenden Vollbart. Seine Augen blitzten mich immer freundlich an. Erst viel später habe ich mitbekommen, dass er in mir einen Sohn gesehen hat, den er selber nie hatte.

Artemidoros war nur wenig jünger als mein Vater und die beiden verstanden sich fast wie Brüder, obwohl wir doch aus ganz unterschiedlichen Traditionen kamen. Mein Vater war ein gebildeter Jude, der die Thora in großen Teilen auswendig konnte, während Artemidoros Passagen aus den Epen des Homer ebenso wie aus den Tragödien des Sophokles rezitieren konnte. Beide wollten immer mehr voneinander wissen, und so war mein Vater zuweilen bis zu einer Woche in Milet, wo er den Arzt besuchte, um sich mit ihm über unsere Thora, aber auch über die griechische Geschichtsschreibung und Philosophie auszutauschen. Und Artemidoros war umgekehrt auch ein gern gesehener Gast in unserer Wohnung. Er stellte meinem Vater auch Auszüge von Werken des Herodot sowie von Platon, Aristoteles, Sophokles und sogar Hippokrates zur Verfügung.

Ich erinnere mich daran, dass mein Vater nächtelang im Kerzenschein an unserem Tisch saß und die ihm leihweise überlassenen Texte abschrieb. Irgendwann kam er auf die Idee, auch ich sollte diese Abschriften einmal lesen und die Gedanken in mich aufnehmen. Ich war erst mal gar nicht begeistert und hatte keine Lust darauf. Aber mein Vater meinte: »Ein weiter Horizont hat noch niemandem geschadet!« Ich hätte damals lieber darauf verzichtet und war oft sehr genervt, wenn ich auch nachmittags über den Schriftrollen sitzen und mir irgendwelche Argumente einprägen sollte. »Später komme ich, um dich abzufragen!«, drohte mir mein Vater dann. Aber in der Regel begnügte er sich mit einem freundlichen Gespräch über das Gelesene. So sorgte er dafür, dass ich viel Wissen in mich aufnahm. »Wiederholung ist die Mutter aller Erkenntnis!« Auch das war so ein Spruch meines Vaters. Damals fand ich das Studium der griechischen Werke recht anstrengend und konnte natürlich nicht absehen, wie sinnvoll es war, mich nicht nur mit der heiligen Schrift, sondern auch mit den alten Klassikern, Philosophen und Naturwissenschaftlern zu beschäftigen.

Rückblickend kann ich es nur immer wieder beteuern: Ich hatte eine glückliche Kindheit!

Meine Eltern hatten viel Zutrauen zu mir. Sie störten sich nicht daran, wenn ich manchmal den ganzen Nachmittag über bis in den frühen Abend nicht zu Hause aufkreuzte. Und ich genoss meine Freiheit. Entweder ich spielte mit meinen Freunden oder – was ich fast genauso gern tat – ich ging zum Hafen, setzte mich auf die Kaimauer und betrachtete die ein- und ausfahrenden Schiffe. Ich staunte über die Künste der Kapitäne, die die schweren Boote in den geschützten Hafen bugsierten. Oft sah ich auch Legionäre an Deck, die auf dem Weg nach Israel waren und in Alexandria Troas Proviant und Wasser an Bord nahmen. ›Ob die in Israel gegen die Juden dort kämpfen?‹, fragte ich mich manchmal. Und irgendwie erwachte in mir der Wunsch nach Frieden. Es wäre so schön, wenn Frieden auf der Welt herrschen und die Menschen miteinander menschlich umgehen würden, und wenn man überhaupt keine Soldaten mehr bräuchte ...

Dieser naiv-kindliche Wunsch ist mir erhalten geblieben, auch wenn mir später immer deutlicher wurde, wie schwer so ein Frieden herzustellen ist und welche Opfer dafür nötig sind.

Von den Soldaten, die im Hafen an Land gingen, hielt ich mich immer fern, aber die Handelsschiffe interessierten mich. Neugierig stand ich oft am Kai, wenn ein großes Schiff anlegte und die Matrosen von Bord gingen. Manchmal warf mir der eine oder andere auch einmal einen Apfel oder eine andere Frucht zu, die ich nicht kannte. Und einmal sprach mich ein Matrose an, der gerade sein Schiff über den leicht wippenden Steg verließ. Er hinkte und hatte eine Narbe unter dem rechten Auge. »Na, Junge, willste später auch mal zur See fahren?« Wenn er redete, sah man deutlich die unvollständige Zahnreihe. Ich nickte. »Ich sage dir: Da kannste was erleben!« Ich machte ein fragendes Gesicht: »Was denn alles?« Er war schon weitergegangen, drehte sich aber noch einmal um und bedeutete mir, ihm zu folgen. »Wenn du die Abenteuer von echten Männern hören willst, komm mit in den ›Schiffbruch‹, da kannste noch was lernen. Ich hab jetzt erst mal Durst!«

Vorsichtig und mit viel Abstand folgte ich ihm in die Spelunke, die »Schiffbruch« hieß. Ich hatte das Gebäude am Hafen schon oft gesehen, doch bisher hatte ich mich noch nie hineingetraut. Jetzt war ich praktisch eingeladen worden und drückte mich hinter dem Rücken des Matrosen durch die Tür. Im Inneren saßen überall Seeleute und unterhielten sich laut und lachend, teilweise schreiend. Wer keine Cervisia vor sich stehen hatte, trank Wein. Manche aßen hemdsärmelig irgendeinen Eintopf dazu und fast alle rauchten. Die Luft war stickig und ich begann zu hüsteln. Glücklicherweise bemerkte mich niemand und ich drückte mich in eine Ecke, in der ein kleines, leeres Weinfass stand, und setzte mich darauf.

Der Matrose, der mich aufgefordert hatte mitzukommen, setzte sich an den Tresen und rief: »Cervisia her, aber schnell!« Ich glaube, er hatte mich schon vergessen. Sofort begann ich, das Gespräch der Tischrunde neben meinem Sitzplatz zu verfolgen. Da saßen Seeleute, die offenbar mit einem Handelsschiff aus Caesarea angekommen waren. Einer behauptete gerade: »So einen Sturm habe ich noch nie erlebt! Das Schiff hat es in zwei Teile zerrissen, unsere ganze Ladung ist ins Wasser gefallen.« – »Und wie hast du überlebt?«, fragte ein anderer. Der Erste grinste: »Ein Wunder! Ich habe mich an einer Schiffsplanke festgekrallt und wurde gerettet.« – »Schon klar!«, meinte ein Dritter und nickte vielsagend.

Ab diesem Zeitpunkt ging ich immer wieder heimlich im »Windschatten« eines Seemannes in den ›Schiffbruch‹. Dabei lernte ich auch Timon, den Sohn des Wirts, kennen und freundete mich mit ihm an. Vermutlich hat das alles meinen Eltern nicht gefallen, aber sie waren so weitherzig, dass sie mir den Umgang mit Timon und die Besuche in der finsteren Hafenkneipe nicht verboten haben: »Du weißt, dass das eigentlich kein Umgang für dich ist!«, ermahnte mich mein Vater, und dann fügte er hinzu: »Also, pass auf dich auf, und lass dich niemals zum Wein- oder Cervisia-Trinken überreden!« Ich nickte: »Niemals!« Und meine Eltern vertrauten mir.

Immer wieder zogen mich die oft fantastischen Geschichten der Seemänner in den ›Schiffbruch‹. Fast alle erzählten Unglaubliches von Stürmen und Schiffbrüchen, von fremden Ländern und Völkern, von Nymphen und Amazonen, aber auch von gefährlichen Seeschlachten – und oft zeigten sie als Beweis dann noch irgendeine Narbe, die sie aus diesem Kampf davongetragen hatten. Sicherlich wurde da kräftig Seemannsgarn gesponnen, nur um sich selbst wichtigzumachen. Aber es war spannend und interessant, und wahrscheinlich wurde in diesem Zusammenhang der Same des Fernwehs in mein Herz gesät. Ich nahm mir fest vor, auch weite Reisen zu unternehmen und Abenteuer zu erleben, wenn ich erwachsen wäre. Dass ich dieses Vorhaben tatsächlich später in die Tat umsetzte, hat mich selbst fast verwundert, zumal es aus Gründen geschah, die ich bis dahin mir überhaupt nicht vorstellen konnte.

So waren die Tage meiner Jugend gut ausgefüllt. Ich lernte und studierte unter Anleitung meines Vaters vielleicht etwas mehr als meine gleichaltrigen Freunde, aber ich hatte auch Freizeit, zumal ich nichts zum Familieneinkommen beitragen musste. Als Thora-Lehrer konnte mein Vater seine kleine Familie gut ernähren. Bis heute zehre ich von der Liebe und Wärme meiner Eltern.

Ein dunkler Schatten fiel auf meine Jugend, als es meiner Mutter zusehends schlechter ging. Bei immer mehr Arbeiten im Haushalt musste ich ihr zur Hand gehen. Sie klagte über Schwindel und Schwächegefühl. Vater sagte einmal scherzhaft: »Du wirst doch nicht etwa noch ein Kind zur Welt bringen?« Aber Mutter lächelte nur etwas gequält und schüttelte den Kopf: »In meinem Alter?« Da schickte mein Vater einen Boten zu Artemidoros von Milet und bat ihn zu kommen. Nach gut 20 Tagen war der Arzt wieder bei uns und untersuchte meine Mutter, die inzwischen gänzlich bettlägerig war.

Als er das Zimmer verließ, machte er ein ernstes Gesicht. Mein Vater erschrak: »Steht es schlimm um sie?« Der Arzt nickte: »Ihr Puls ist sehr schwach. Sie wirkt wie gelähmt. Die Zusammensetzung der vier menschlichen Säfte stimmt nicht mehr. Ich habe versucht, ihr etwas gelbe und schwarze Galle zuzuführen, aber ihr Körper nimmt nichts mehr an. Das Einzige, was ihr vielleicht noch helfen könnte, wäre eine Nacht im Heiligtum des Asklepios in Epidauros auf der Peloponnesos, wenn sie denn den Transport dorthin überleben würde.« Energisch schüttelte mein Vater den Kopf: »Das kommt überhaupt nicht in Frage! Wenn wir irgendwohin reisen, dann höchstens nach Jerusalem!« Aber der Arzt machte dann doch noch einen anderen Vorschlag: »Apollon ist der Vater des Asklepios. Vielleicht hilft es ja etwas, wenn du ein Opfer für deine Frau vor dem Smintheion hier in Alexandria darbringst.« Doch mein Vater schüttelte weiter den Kopf: »Auch das kommt überhaupt nicht in Frage. Artemidoros, ich schätze dich als Arzt sehr und deine Meinung ist mir stets wichtig, aber in Glaubensfragen kannst du uns keine Vorschläge machen. Wir sind Juden und glauben an den einen Gott, der Himmel und Erde erschaffen hat. Ihm sind wir nahe – egal ob wir in Jerusalem oder Alexandria Troas leben. Ihm vertrauen wir unser Leben an, und ihm wollen wir im Leben und im Sterben gehorsam sein. Und ich weiß, dass Elischeba auch so denkt.«

»Mein lieber Zacharias«, antwortete Artemidoros – er wählte stets die griechische Namensversion –, »du musst das entscheiden. Ich schätze dich sehr und ich weiß, wie ernst es dir ist, wenn du von deinem Glauben sprichst. Ich habe nur andeuten wollen, was ich zum Wohle meines Patienten tun würde – aber ich kann natürlich nicht garantieren, dass es hilft.« Der Arzt ist noch ein paar Tage bei uns geblieben und hat mich bis zu ihrem Tod in der Pflege meiner Mutter unterstützt. Ich erinnere mich noch daran, dass mein Vater und der Arzt nächtelang über Glauben und Unglauben diskutiert haben.

Kurz nach dem Tod und der Bestattung meiner Mutter, an der die ganze jüdische Gemeinde von Alexandria Troas teilnahm, nahm mich Artemidoros beiseite und meinte: »Lukas, du bist jetzt alt genug. Dein Vater hat große gesundheitliche Probleme. Ich kann nicht abschätzen, wie lange er noch leben wird. Es ist jetzt deine Aufgabe, auf ihn und seine Gesundheit aufzupassen. Auch er darf sich nicht mehr groß anstrengen. Nimm ihm ab, was du ihm abnehmen kannst. Sei für ihn da und sorge dafür, dass er früh ins Bett geht! Dein Vater hat mir gesagt, dass du die Abschriften kennst, die ich ihm einst überlassen habe. Das heißt, du bist in der Heilkunde durchaus bewandert. Deshalb kann ich dir zwei Medikamente da lassen. Die sollst du deinem Vater verabreichen, sobald er über Schwäche klagt.« Ich nickte, erschrak aber zugleich über die Worte des Arztes. Sollte ich auch meinen Vater bald verlieren? Über meine bisher unbeschwerte Jugend senkte sich eine dunkle Wolke der Sorge.

Tatsächlich dauerte es nur noch wenige Monate, bis sich der Gesundheitszustand meines Vaters ähnlich entwickelte wie der meiner Mutter kurz vor ihrem Tod. Ich schickte einen Eilboten nach Milet zu Artemidoros mit der Bitte um Hilfe. Gleichzeitig verabreichte ich meinem Vater die Medikamente, die der Arzt mir gegeben hatte. Trotzdem ging es mit meinem Vater stetig bergab. Ein eilig herbeigerufener Exorzist hatte auch keinen Erfolg bei seinem Versuch, die Krankheitsdämonen aus meinem Vater auszutreiben.

Oft saß ich mit Tränen in den Augen an seinem Bett. Aber mein Vater war ein tapferer Mann. Und die Gespräche, die wir miteinander führten, waren tief bewegend. »Bald«, sagte mein Vater auf seinem Sterbebett, »bald werde ich im Paradies mit deiner Mutter wieder zusammen sein!« – »Abba, bitte sag so etwas nicht! Ich brauche dich doch hier!«, warf ich mit tränenerstickter Stimme ein, aber mein Vater schüttelte den Kopf: »Mein Junge, du bist groß und stark. Meine Aufgabe hier ist erfüllt! Du kannst und du sollst jetzt dein eigenes Leben führen.« – »Aber ich habe doch nichts gelernt!«, flüsterte ich – und wieder deutete mein Vater ein Kopfschütteln an: »Das stimmt doch nicht. Du hast so viel von mir gelernt. Nahezu alles, was ich weiß, habe ich mit dir geteilt. Außerdem haben wir durch meine Arbeit als Lehrer genügend Rücklagen. Du könntest nach Jerusalem reisen und dort zur Schule gehen, um Pharisäer zu werden. Dann kannst du hierher zurückkehren und im Dienst des Herrn, unseres Gottes, Baruch Adonaj, wirken und mein Werk fortsetzen. Die Menschen in der jüdischen Gemeinde hier sind hungrig nach Gottes Wort. Sie brauchen jemanden, der ihnen sagt, wie sie die Thoragebote umsetzen sollen und glaubwürdig als Juden in der Diaspora leben können.«

Ungläubig fragte ich: »Du meinst, das wäre mein Weg?« – »Ich weiß es nicht, ob das dein Weg ist«, murmelte mein Vater mit schwacher Stimme. Ich glaube, an dieser Stelle zeigte sich wieder sein weites Herz. Kaum einer meiner Freunde konnte sich seinen Beruf frei wählen. In der Regel schrieben die Väter vor, was die Söhne beruflich zu tun hatten. Dann holte mein Vater wieder tief Luft und meinte, unterbrochen von einem Hustenanfall: »Ich kann dir nur Möglichkeiten aufzeigen, durch die Tür musst du alleine gehen. Aber ich kann dir aus meiner Lebenserfahrung sagen: Der Glaube an den Gott, der Himmel und Erde erschaffen hat, der sich das Volk Israel zum Eigentum erwählt hat, liebt freie und starke Menschen. Und wenn du Gott und den Menschen dienen willst, dann wäre das eine Möglichkeit, die ich an deiner Stelle in Betracht ziehen würde.«

Mir fiel dabei auf, dass mein Vater ganz allgemein von »den Menschen« sprach, denen ich dienen könnte, dass er aber doch eigentlich nur die Menschen jüdischen Glaubens meinen könnte. Ich vermied es, ihn auf seinem Sterbebett darauf anzusprechen. Stattdessen unterhielten wir uns in jener Nacht noch lange über den Gott, der sich Israel erwählt hatte, nicht weil das Haus Jakob ein großes oder mächtiges Volk ist, sondern weil er es liebt. In dem Wissen um diese Liebe Gottes zu seinem Volk ist mein Vater schließlich in dieser Nacht gestorben, und in diesem Wissen nahm ich mir vor, auch mein Leben führen zu wollen.

Doch jetzt übermannte mich der Schmerz über den Verlust meines Vaters. Nun war ich allein. Natürlich musste das eines Tages so kommen, und es ist nun mal der Lauf der Dinge, dass die Eltern vor den Kindern sterben, aber trotzdem tat es unendlich weh. Es wurde dunkel um mich und alles wirkte wie eine graue, trostlose Wüste, in der jeder Lebensmut in mir zum Erliegen kam. Nach der Sterbestunde meines Vaters ging ich in die Synagoge. Meine Hoffnung, dass mit dem Tod nicht alles vorbei sei, gab mir Kraft, und plötzlich ergab das Morgengebet, das mich mein Vater gelehrt hatte, für mich einen besonderen Sinn. Ich betete:

> »*Mein Gott, die Seele, die du mir gegeben hast, ist rein. Du hast sie mir eingehaucht, und Du bewahrst sie in meiner Mitte, Du wirst sie künftig von mir nehmen – und sie mir wieder geben in der kommenden Zukunft.*
> *Alle Zeit, da die Seele in meiner Mitte ist, lobe ich Dich, Ewiger, mein Gott und Gott meiner Väter,*
> *Meister aller Werke, Herr aller Seelen.*
> *Gepriesen seist Du, Ewiger, der die Seelen zurückkehren lässt in tote Körper.*«

Als ich mich Jahrzehnte später daran machte, eine Jesusgeschichte aufzuschreiben, setzte ich meinen Eltern als »Zacharias« und »Elisabeth«, als Vater und Mutter Johannes des Täufers, ein kleines literarisches Denkmal. Ihre Namen sollten nicht vergessen sein.

Wenige Tage nach der Beisetzung meines Vaters traf der Arzt Artemidoros ein. Ich fiel ihm um den Hals und brachte schluchzend nur den Satz heraus: »Abba ist gestorben!« Als wir die Umarmung lösten, sah ich, dass auch er Tränen in den Augen hatte. »Es tut mir so leid, dass ich nicht helfen konnte«, presste er hervor. »Wie kann Gott so etwas zulassen?«, schluchzte ich, »jetzt bin ich allein und habe keinen Vater und keine Mutter mehr. Dabei waren sie so gut und gottesfürchtig. Sie haben nichts Böses getan, und jetzt sind sie tot!«

Artemidoros sah mir in die Augen: »Die Götter sind manchmal nicht zu durchschauen. Sie handeln nach ihren Launen, und wir können nur versuchen, sie durch Opfer gnädig zu stimmen«, meinte er. Aber ich blitzte ihn durch einen Tränenschleier an: »An so einen Gott glaube ich nicht. Ich glaube an den Gott, Baruch Adonaj, der Himmel und Erde erschaffen hat, und ich will daran glauben, dass Gott es gut mit uns meint. Deshalb tun die Fragen, die ich mir stelle, so weh.« Dass mich diese Gedanken mein ganzes Leben nicht mehr loslassen sollten, wusste ich damals noch nicht. Artemidoros jedoch zuckte mit den Schultern und nahm mich erneut in den Arm: »Ich weiß nicht! Ich weiß nur, dass du dir nichts vormachen darfst. Du darfst dich nicht vor der Trauer verschließen. Du musst sie akzeptieren. Sonst zerreißt sie dich!« – Ich hörte seine Worte. Sie klangen weise und gut, aber ich konnte mir nicht vorstellen, was sie bedeuten.

Nach einer Weile meinte er: »Komm mit!« Er lenkte seine Schritte in Richtung Hafen. Schweigend gingen wir nebeneinander. Nach ein paar Minuten holte Artemidoros tief Luft und begann, mit mir über mein Leben und meine Perspektiven zu sprechen: »Ich halte sehr viel von dir, Lukas«, sagte der Arzt und fügte dann hinzu: »Du hast doch in den Schriften gelesen, die dein Vater besitzt?« Ich nickte und Artemidoros fuhr fort: »Wie wäre es, wenn du jetzt mit mir nach Milet kommst? Ich bin bereit, dich in die Heilkunst einzuführen. Da kannst du den Menschen wirklich helfen, indem du sie gesund machst. Das wird nicht immer gelingen, aber es gelingt immer wieder. Und es gibt nichts Schöneres als Menschen, die dir strahlend die Hand schütteln und sich bei dir für die Heilung bedanken.«

Ich stutzte: den Menschen helfen? So etwas Ähnliches hatte bereits mein Vater gesagt. Allerdings hatte er damit seinen Beruf, den des Schriftgelehrten gemeint. Was sollte ich nur tun? Ich war jetzt 17 Jahre alt (39 n.Chr.) und fühlte mich noch längst nicht als Mann. Sollte ich das Angebot des Artemidoros ausschlagen und wirklich schon auf eigene Faust nach Jerusalem reisen und mich im Tempel ausbilden lassen? Ich war hin- und hergerissen.

Das Wort meines Vaters wog schwer. »Mein Vater hat mir geraten, mich in Jerusalem zum Pharisäer ausbilden zu lassen«, murmelte ich. »Verstehe!« Artemidoros nickte, »und jetzt fühlst du dich ihm verpflichtet?« Ich schüttelte den Kopf: »Nein, so hat es mein Vater nicht gesagt. Es war mehr eine Möglichkeit, die er mir aufzeigen wollte.« Der Arzt war ein Mann der Tat: »Dann machen wir es doch einfach so: Du bist noch so jung! Lass dich von mir an die Hand nehmen und zum Arzt ausbilden. Danach kannst du immer noch eure heiligen Schriften studieren. Aber der Vorteil ist: Du hast dann schon einmal einen Beruf, durch den du dich sicher und gut ernähren und vielleicht irgendwann sogar eine Familie gründen kannst.«

Ich musste ihm beipflichten. Das klang einleuchtend. Ich war ja jetzt ein Waisenknabe und hätte mit meinen 17 Jahren schon auf eigenen Füßen stehen müssen. Da war es durchaus hilfreich, wenn ein Freund meines Vaters mich an die Hand nahm und in gewisser Weise die Vaterrolle übernahm. Nach kurzer Überlegung sagte ich in einem Tonfall, der ein bisschen pathetischer klang, als er gemeint war: »Hab Dank, heilkundiger Artemidoros, für dein Angebot! Da ich nun ein Waisenknabe bin, schließe ich mich dir sehr gerne an. Ich denke, das ist durchaus auch im Sinne meines Vaters, der dich sehr hoch schätzte!« So umarmten wir einander, und Artemidoros reiste umgehend zurück nach Milet.

Innerhalb der nächsten Woche verkaufte ich mein ganzes Erbe und verabschiedete mich tränenreich von meinen zahlreichen Freunden, die ich innerhalb und außerhalb der jüdischen Gemeinde hatte. »Ich werde wiederkommen und meine Kenntnisse, die ich in der Heilkunde dann erworben habe, euch zur Verfügung stellen«, versprach ich. Dann machte ich mich ebenfalls auf nach Milet. Zugleich nahm ich mir vor, sobald wie möglich nach meiner Ausbildung zum Arzt nach Jerusalem zum heiligen Tempel Gottes zu reisen. Auf jeden Fall wollte ich die Möglichkeit der Ausbildung zum Schriftgelehrten im Hinterkopf behalten. Das waren meine Reisepläne für die nächsten Jahre. Dass ich diese dann wirklich so durchführen konnte, war nur möglich durch die Führung Gottes, Baruch Adonaj!

Kapitel III

Ich werde Arzt (39–41 n.Chr.)

Mit gutem Wind segelte ich an Bord eines Truppentransportschiffes Richtung Süden. Der Zenturio sagte mir, die Kohorte sei nach Caesarea unterwegs. Ich schluckte. Caesarea ist der Mittelmeerhafen für Judäa und Jerusalem. Warum würden dort weitere Truppen benötigt? Und dann fiel mir ein, dass meine Eltern Jerusalem verlassen hatten, weil für Juden die Stadt Davids zunehmend unsicher und gefährlich war. Ich hatte gehört, dass seit der Statthalterschaft des Pilatus, der inzwischen schon wieder abberufen worden war, dort die Lage noch unübersichtlicher geworden war. Warum können die Römer unsere Art zu leben nicht verstehen? Aber es war nicht nur unsere Lebensart. Ich wusste, dass in Galiläa und Judäa viele Juden den Messias Gottes, Baruch Adonaj, herbeisehnten, der sie von der Römerherrschaft befreien sollte. Und ich wusste auch, dass viele Juden bereit waren, zur Waffe zu greifen. Die Übermacht der Römer schreckte sie nicht ab, weil sie sich sicher waren, dass sie mit dem Messias an der Spitze nicht verlieren könnten. Wenn sie sich nur nicht täuschten … Ich machte mir Sorgen. Aber anstatt weiter zu fragen, verdrängte ich diese Gedanken und konzentrierte mich auf das, was nun vor mir lag.

Nach zwei Tagen hatten wir Milet erreicht und ich ging von Bord. Geschäftiges Treiben erwartete mich dort. Ich staunte über die prachtvollen Bauten, das herrliche Weiß der Häuser und kleinen Paläste. Aber am meisten fiel mir die rechtwinklige Anlage der Stadt auf. Sie sah so aus, als sei sie am Reißbrett entstanden. Zugleich erleichterte mir ein derartiger Aufriss das Zurechtfinden.

Artemidoros konnte mich ja nicht am Hafen erwarten, da er nicht wusste, wann genau ich kommen würde. So versuchte ich, mich an die Wegbeschreibung zu erinnern, die er mir gegeben hatte. Tatsächlich fand ich zügig das Haus des Arztes.

»Willkommen in Milet, der heimlichen Hauptstadt der Provinz, mein lieber Lukas!«, rief er und umarmte mich. Ich strahlte und dankte ihm noch einmal dafür, dass er sich um mich kümmern wolle. »Jetzt komm erst einmal herein und fühle dich wie zu Hause!«, lud er mich herzlich ein. »Du musst hungrig und durstig sein!«, vermutete er, und nachdem ich meine Habseligkeiten in dem Zimmer, das er mir zuwies, verstaut hatte, setzte ich mich zu ihm an den Tisch, auf dem zwei gefüllte Weinbecher standen. »Trink, mein Sohn!« Ich stutzte. So hatte er mich noch nie genannt, aber vielleicht war es durchaus angebracht. Ich hatte einen Vater verloren, aber jetzt einen neuen hinzugewonnen. Jedenfalls sah es so aus. »Danke!«, sagte ich nur, aber es kam aus vollem Herzen.

Wir stießen an und leerten unsere Becher. Artemidoros schenkte sofort nach. »Wie bist du eigentlich zu deinem Namen gekommen?«, fragte ich ihn, wobei ich all meinen Mut zusammennahm. Es ist ja doch ein bisschen verwegen, vielleicht sogar unverschämt, einen Mann, der vom Alter her leicht mein Vater sein könnte, nach seinem Namen zu fragen. Er lächelte: »Ursprünglich komme ich aus Ephesus«, begann er, »dort steht der weltberühmte Artemistempel. Meine Eltern waren glühende Verehrer der Artemis. Sie hatten vor den Launen der Göttin höchsten Respekt und brachten ihr jede Woche ein Opfer dar. Ich war ihr erstes Kind und sie führten meine Existenz auf das Wirken und die Gnade der Artemis zurück. So nannten sie mich ›Artemisgeschenk‹. Seit die Römer da sind, wird die Artemis zwar oft auch Diana genannt, aber wir sind Griechen.

Meine nach mir geborenen fünf Geschwister bekamen dann auch Namen, die ihre Verehrung einer Gottheit gegenüber zum Ausdruck brachten. So heißt etwa mein jüngerer Zwillingsbruder nach dem Bruder der Artemis ›Apollodoros‹.« Ich schüttelte den Kopf, irgendwie war das für mich alles finsterster Aberglaube, aber ich scheute mich, meinem Lehrer das so unverblümt ins Gesicht zu sagen. Deshalb meinte ich bloß: »Aha!«

Nach einer kurzen Pause fragte ich weiter: »Und wo sind deine Geschwister jetzt?« – »Die meisten sind in Ephesus geblieben. Vielleicht können wir sie einmal besuchen.« – »Sag mal«, schloss ich an, »wo wir schon dabei sind! Darf ich fragen, warum du keine Frau hast?« Das Gesicht des Arztes wurde ernst und ich erschrak. Hatte ich ihn verletzt? Dann meinte er: »Sie ist gestorben. Ich habe ihr nicht helfen können. Es war ein Unfall. Wir waren in Ephesus und von hinten kam ein Streitwagen eines Legionärs mit galoppierendem Pferd. Ich war gerade noch rechtzeitig auf die Seite gesprungen, aber meine Frau wurde erfasst und zu Boden geschleudert. Sie war auf der Stelle tot.« – »Das tut mir leid«, sagte ich betreten, und Artemidoros fügte leise hinzu: »Sie war schwanger mit unserem ersten Kind. Aber es war nichts mehr zu machen. Ich habe nie wieder geheiratet.«

Jetzt schwieg ich endgültig. Was soll man da sagen? Vielleicht betrachtete mich Artemidoros tatsächlich wie einen Sohn, den er nie gehabt hatte. Ich hätte nichts dagegen. Dann fügte er hinzu: »Ich dachte damals, es wäre eine Laune der Göttin Artemis gewesen, die mir meine Frau nahm!« Verständnislos blickte ich ihn an. Hatte er gerade in der Vergangenheit gesprochen? Wenn ja, was glaubte er dann jetzt? Aber ich traute mich nicht, weiter nachzufragen.

Nach einer langen, für mich irgendwie unangenehmen Pause holte ich tief Luft und wechselte das Thema: »Wie sieht meine Ausbildung zum Arzt jetzt eigentlich aus?« – »Gut, dass du das ansprichst!« Artemidoros war sofort in seinem Element. Offenbar war es ihm auch recht, dass ich das Thema gewechselt hatte. »Morgen machen wir einige Krankenbesuche. Du wirst mich stets begleiten und mir über die Schulter schauen. Doch zuvor möchte ich, dass du diesen Text des Hippokrates liest und dir bewusst machst, was er für dich als angehenden Arzt bedeutet.« Er drückte mir eine kleine Schriftrolle in die Hand.

Inzwischen war es so dunkel geworden, dass wir eine Kerze anzünden mussten. »Wie wäre es? Ich kümmere mich jetzt um das Abendessen, und du fängst schon einmal das Studieren an?!« – »Gern«, meinte ich, setzte mich neben die Kerze und rollte das Schriftstück auf. Dort las ich: Bevor ein junger Mann die Tätigkeit eines Arztes ausführen darf, hat er Folgendes zu geloben:

Ich schwöre bei Apollon, dem Arzt, und bei Asklepios, Hygieia und Panakeia sowie unter Anrufung aller Götter und Göttinnen als Zeugen, dass ich nach Kräften und gemäß meinem Urteil diesen Eid und diesen Vertrag erfüllen werde: Denjenigen, der mich diese Kunst gelehrt hat, werde ich meinen Eltern gleichstellen und das Leben mit ihm teilen; falls es nötig ist, werde ich ihn mitversorgen. Seine männlichen Nachkommen werde ich wie meine Brüder achten und sie ohne Honorar und ohne Vertrag diese Kunst lehren, wenn sie sie erlernen wollen. Mit Unterricht, Vorlesungen und allen übrigen Aspekten der Ausbildung werde ich meine eigenen Söhne, die Söhne meines Lehrers und diejenigen Schüler versorgen, die nach ärztlichem Brauch den Vertrag unterschrieben und den Eid abgelegt haben, aber sonst niemanden. Ich werde niemandem, nicht einmal auf *ausdrückliches Verlangen, ein tödliches Medikament geben, und ich werde auch keinen entsprechenden Rat erteilen. Lauter und gewissenhaft werde ich mein Leben und meine Kunst bewahren. Über alles, was ich während oder außerhalb der Behandlung im Leben der Menschen sehe oder höre und was man nicht nach draußen tragen darf, werde ich schweigen und es geheim halten. Wenn ich diesen meinen Eid erfülle und ihn nicht antaste, so möge ich mein Leben und meine Kunst genießen, gerühmt bei allen Menschen für alle Zeiten; wenn ich ihn aber übertrete und meineidig werde, dann soll das Gegenteil davon geschehen.**

Ja, da musste ich erst einmal durchatmen, dann sagte ich: »Artemidoros!« Er drehte sich um und sah mich an. »Inhaltlich kann ich das alles gut verstehen und ich finde das auch gut, was ich da schwören soll, aber – bei Apollon und all den anderen Göttern kann ich nicht schwören. Das verbietet mir mein Glaube! Ich bin Jude, der die Heilige Schrift und ihre Vorschriften gut kennt. Neben dem Gott, der Himmel und Erde erschaffen hat, Baruch Adonaj, dürfen und werden wir keine anderen Götter anrufen oder gar anbeten.« Artemidoros lächelte: »Ich weiß, ich habe viele Nächte mit deinem Vater darüber gesprochen. Er hat mir ganz genau erzählt, was ihr Juden glaubt. Ganz ehrlich: Das hat mich immer sehr beeindruckt.« – »Und jetzt?«, fragte ich. »Niemals kann ich das so schwören!«

Beschwichtigend legte mir der Arzt die Hand auf die Schulter: »Das musst du auch nicht! Schwöre bei dem Gott, an den du glaubst, das reicht absolut!« – »Wirklich?«, fragte ich zurück. Artemidoros nickte und fügte hinzu: »Ich war übrigens schon einmal bei einem … wie nennt ihr das? … bei einer Feier am Abend des Venustages in der Synagoge von Milet.« – »Du warst wo?« Ich

---

* Der Hippokratische Eid – Scribonius Largus, Compositiones.

glaubte, nicht richtig gehört zu haben. »In der Synagoge«, bekräftigte Artemidoros und nickte, »es hat mich einfach interessiert, was da so gesagt wird. Dein Vater hat mich – ohne es zu wollen – für euren Glauben interessiert. Es scheint ja so zu sein, dass ihr nicht so viel Angst vor eurem Gott haben müsst wie wir vor unseren Göttern, die je nach ihren Launen handeln.« – »Und?«, fragte ich nach. »Hast du etwas verstanden von dem, was da gesagt worden ist?«

Plötzlich wurde mir klar, weshalb der Arzt vorhin davon gesprochen hatte, er habe früher geglaubt, Artemis hätte ihm seine Frau weggenommen. Artemidoros zog die Augenbrauen hoch: »Ja doch! Das eine oder andere war durchaus einleuchtend. Glücklicherweise fand die Feier auf Griechisch statt. Aber etwas zu essen gab es nicht.« – Ich lächelte. »Darf ich dich da kurz verbessern: Die ›Feier‹ heißt bei uns ›Gottesdienst‹, und der Tag, an dem wir zusammenkommen, ist für uns nicht der Venustag, sondern der Vorabend des Sabbat, an dem wir nicht arbeiten, weil Gott, Baruch Adonaj, am letzten Tag der Woche auch von seinem Schöpfungswerk ausgeruht hat.«

Mein Gesprächspartner nickte: »Ja, das habe ich bereits von deinem Vater gehört. Und deshalb hat mich das Ganze auch interessiert. Ich habe fest vor, wieder dorthin zu gehen, denn eure Art, an einen einzigen Gott zu glauben, gefällt mir.« – »Ach was?« Ich muss etwas ungläubig dreingeblickt haben. »Du interessierst dich für unseren Glauben?« Der Arzt nickte: »Weißt du, ich bin eigentlich schon lange auf der Suche. Dabei hat mich dein Vater immer wieder neu beeindruckt. Er hat so unaufdringlich von dem Gott gesprochen, an den die Juden glauben. Besonders im Gedächtnis ist mir das Gebot, das er einleitete mit einem Aufruf: ›Höre Israel, der Herr ist unser Gott, der Herr allein. Und du sollst den Herrn, deinen Gott ...‹« – »liebhaben von ganzem Herzen, von ganzer Seele und mit all deiner Kraft«,* fiel ich ein.

Wieder nickte Artemidoros: »Genau! Das hat mir gefallen, und ich habe deinen Vater gebeten, mir mehr davon zu erzählen.« – »Und?«, fragte ich, »was hat er dir denn noch so erzählt?« – »Alles Mögliche! Er sprach von den Geboten, die ihr sonst noch so habt, von der Weltschöpfung und in dem Zusammenhang sprach er davon, dass Gott den Menschen gottgleich gemacht habe. Das fand ich bemerkenswert.« – »Du meinst, dass Gott den Menschen nach seinem Bilde gemacht habe?! Wieso ist das für dich bemerkenswert?« – »Naja«, Artemidoros holte tief Luft, »eigentlich meinen die Griechen und Römer, dass nur der Kaiser in Wirklichkeit gottgleich ist. Und wenn ihr Juden sagt: Nein, jeder Mensch ist Gottes Bild, dann zeigt mir das: Ihr habt eine hohe Meinung vom Menschen. Irgendwo wird in eurer heiligen Schrift sogar gesagt, der Mensch sei nur wenig niedriger als Gott. Und deshalb würdet ihr auch niemals kleine Kinder, die ihr gar nicht mehr wolltet, aussetzen. Solche Gedanken fallen bei einem Arzt, dem die Heilung der Menschen am Herzen liegt, auf sehr fruchtbaren Boden.«

Ich lächelte. Er hatte recht. »Ja, willst du denn ein Jude werden?«, fragte ich ihn ganz unverblümt. Da zuckte er mit den Schultern: »Ich weiß noch nicht. Eher nicht, denn da gibt es auch ein paar Dinge, die mich stören.« – »Zum Beispiel?« – »Diese ganzen Speisevorschriften irritieren mich. Warum gibt es denn so viele Dinge, die bei euch als ›unrein‹ gelten? Warum hat Gott, wenn er denn die Erde und alles, was darin ist, erschaffen hat, so viel ›Unreines‹ erschaffen?« – »Ich muss sagen, das weiß ich auch nicht, aber es ist so, weil es so in der Thora steht – und die hat

* Deuteronomium 6,4f.

Mose direkt von Gott auf dem Berg Sinai erhalten.« – »Siehst du, genau das ist mein Problem!« Artemidoros war jetzt richtig in Fahrt, »ich möchte verstehen, warum das eine als ›rein‹ und das andere als ›unrein‹ gilt. Und das ›Totschlagargument‹ – bitte entschuldige den Ausdruck – deines Vaters war immer wieder: ›Weil es geschrieben steht‹. Aber damit kann ich mich nicht wirklich zufriedengeben.« »Verstehe«, reagierte ich und fügte hinzu: »Ich werde darüber nachdenken!«

»Ja, und eine Sache, mit der kann ich mich so überhaupt nicht anfreunden«, fuhr Artemidoros fort. »Die Beschneidung!« Ich hatte es mir gedacht. »Hm«, meinte ich, »das ist auch so eine Sache. Es ist für uns das Zeichen, zu Gott zu gehören, das Zeichen des Bundes zwischen Gott und seinem Volk. Und wer nicht beschnitten ist, wird sterben, weil er Gottes Bund gebrochen hat. So steht es in der Thora.« – »Siehst du?«, rief der Arzt, »da ist er schon wieder, der Satz ›weil es geschrieben steht‹. Ich möchte aber wissen, warum euer Gott das will, zumal ich medizinisch gesehen keinen Grund dafür finde«, ergänzte er. Und prompt rutschte mir als Antwort wieder so ein Satz heraus, den mein Vater wohl auch oft gesagt hat: »Weil es Gott so festgesetzt hat!« – »Und was heißt das für mich, der ich nicht beschnitten bin, und der sich wohl auch nie beschneiden lassen wird?«, fragte Artemidoros und fügte hinzu: »Ich darf gar nicht daran denken. Da bekomme ich schon Gänsehaut.«

Ich zuckte unwissend die Schultern. Aber dann fiel mir die Abrahamverheißung ein: »In der Thora steht, dass sich in Abraham *alle* Geschlechter auf Erden Segen erwerben können. Du bist also nicht verloren!« Jetzt mussten wir beide lachen. »Wie meinst du das?«, fragte Artemidoros, und ich redete ein bisschen ins Blaue hinein: »Ich glaube, das heißt: Die Menschen der anderen

Völker müssen nicht zum Judentum übertreten, und sie können dennoch von unserem Gott gesegnet sein, wenn ihnen bewusst wird, dass der Gott, zu dem wir gehören, Baruch Adonaj, der einzige Gott ist. Dann wird sich auch ihr Verhalten ändern, weil sie vielleicht manche der Gebote, die Gott uns gegeben hat, beachten.« – »Du meinst wirklich, ich brauche nicht zum Judentum überzutreten, muss mich nicht unbedingt beschneiden lassen?« – Ich dachte nach, und nach einer kurzen Pause murmelte ich: »Ja, das meine ich.«

Fast war ich ein bisschen stolz über den Gedanken, den ich gerade geäußert hatte, der mir vorher so noch nie bewusst gewesen war. Dann grinste Artemidoros: »Ich glaube, nicht nur ich werde dir etwas beibringen können, sondern du mir ebenso.« – »Das wäre schön!«, pflichtete ich ihm bei. An diesem Abend sprachen wir noch lange über unseren Glauben an den Schöpfer des Himmels und der Erde, aber auch über den Eid des Hippokrates, den ich ja – abgesehen von den Gottheiten, vor denen er eigentlich zu schwören war – für meine Tätigkeit zu bestätigen hatte. Wie gesagt: Inhaltlich fand ich den Eid ja auch in Ordnung. Wir redeten so lange, dass wir noch zwei neue Kerzen anstecken mussten, bis wir endlich zu Bett gingen.

Am nächsten Morgen weckte mich Artemidoros zeitig und nach einem kurzen Morgenmahl packte er eine Tasche. »Wir müssen heute einige Krankenbesuche machen«, eröffnete er mir, »und da ist es gut, wenn du dabei bist und meine Heilmethoden kennenlernst.« Morgens bin ich immer etwas wortkarg. Deshalb sagte ich erst einmal gar nichts und nickte nur stumm.

Der Arzt war jedoch schon längst in seinem Element und begann zu dozieren: »Die Patienten, die wir heute besuchen, haben im Grunde ihre Krankheit selbst verschuldet. Überhaupt haben fast alle Erkrankungen ihre Ursache darin, dass unser Leben nicht der Natur entspricht.« – »Das habe ich irgendwo schon einmal gelesen«, murmelte ich, und Artemidoros sagte: »Ich weiß auch, wo. Es steht in den Aufzeichnungen des Hippokrates von Kos, der beste Arzt, den es je gab.« – »Aha«, meinte ich nur. »Ja, mein Lieber, wenn wir von unseren Besuchen heute zu Hause sind, möchte ich, dass du beginnst, die Werke des Hippokrates, soweit ich sie besitze, zu lesen. Ich verspreche dir, das lohnt sich. Die von ihm beschriebenen Krankheitsgeschichten sollte jeder Arzt kennen.« – »Aha«, sagte ich erneut. Dann verließen wir das Haus.

Es war für mich beeindruckend, wie einfühlsam und sanft Artemidoros mit den Patienten umging. Dem einen verordnete er ein heißes Vollbad, während er den anderen massierte und ihm gymnastische Übungen anriet. Nur ganz selten verabreichte er eine Medizin aus seinem Arztkoffer. Später sprach ich ihn darauf an und er erklärte: »Ich gebe Medikamente nur, wenn nichts anderes mehr hilft. Normalerweise finde ich es viel besser, wenn es mir gelingt, ohne die Gabe von Medizin zu heilen. Die eigentlichen Motoren der Heilung sind die ureigenen körperlichen Kräfte. Als Arzt bin ich nur der Diener, der versucht, diese Heilungskräfte des Körpers anzuregen.« – »Ist es nicht so, dass die Krankheiten durch böse Geister hervorgerufen werden?«, fragte ich und fügte hinzu, »deshalb sprechen wir Juden vor dem Essen immer einen Segen über dem Essen, damit die Dämonen weichen.« Artemidoros lächelte: »Mein lieber Lukas, bei allem Respekt für deinen Glauben, aber die Sache mit den bösen Geistern – das ist doch finsterster Aberglaube! Meinst du nicht?«

Ich wog den Kopf hin und her: »Na, ich weiß nicht! Wir müssen doch mit dem Wirken des Bösen immer rechnen.

Deshalb vertrauen wir ja auf Gott.« – »Und für diesen Glauben brauchst du auch den Teufel und seine Helfershelfer? Na, das ist mir ja ein schöner Glaube!«, stellte Artemidoros fest. Ich kam ins Grübeln. Offenbar hatte mir der Arzt auch etwas über meinen eigenen Glauben beizubringen. Als wir am Abend noch einen Besessenen besuchten und uns nach seinem Befinden erkundigten, staunte ich nicht schlecht. Artemidoros hatte überhaupt keine Berührungsängste. Er fasste den Kranken an und redete mit ihm wie mit einem normalen Kranken. Später sagte er mir: »Freundlichkeit ist für mich ein Teil der Therapie!« – »Hast du denn keine Angst, dass die bösen Geister, von denen er besessen ist, auch auf dich überspringen?«, fragte ich und der Arzt schüttelte den Kopf: »Ich dachte, das hätte ich schon einmal gesagt: Ich glaube nicht an die Existenz von bösen Geistern. Der Mann ist krank in seiner Seele, und diese Krankheit kann eingedämmt werden, wenn man freundlich und möglichst normal mit ihm umgeht.«

Als ich abends im Bett lag, machte ich mir Gedanken darüber, was Artemidoros gesagt hatte. Welche Rolle spielen die Dämonen eigentlich in meinem Glauben? Ich grübelte und grübelte über geeignete Schriftstellen in der Thora. Aber eigentlich fiel mir kaum etwas ein. Ja, da war die Schlange im Garten Eden, die Eva und Adam dazu verführte, die Frucht vom Baum der Erkenntnis zu essen. Aber war sie denn deshalb von bösen Geistern besessen oder gar selbst der Satan? Ich zermarterte mir das Hirn, aber mir fiel keine Stelle der Thora ein, in der von einem Gegenspieler Gottes die Rede ist. Schließlich erinnerte ich mich an das Buch Hiob. Ja, da spielte der Widersacher eine Rolle; doch er war Gott untergeordnet und letztlich abhängig von Gott. Außerdem gehörte das Buch Hiob nicht zur Thora ... Über diesen Gedanken fiel ich in einen unruhigen Schlaf.

Am folgenden Morgen weckte mich Artemidoros freundlich: »Aufstehen, mein Sohn! Die Sonne lacht, und wir haben Arbeit!« – »Guten Morgen«, murmelte ich schlaftrunken. Mir fiel gleich auf, dass der Arzt mich erneut »mein Sohn« genannt hatte. Offenbar betrachtete er mich wirklich als seinen Nachkommen. Ich hätte nichts dagegen. Nach dem ausgiebigen Morgenmahl nahm ich mir vor, meine Gedanken, die ich gestern vor dem Einschlafen hatte, demnächst mit meinem Lehrmeister zu teilen.

So erlebte ich das erste Jahr meiner Lehrzeit als eine interessante und im Grunde auch sehr unbeschwerte Zeit. Ich lernte das ärztliche Handwerk und studierte immer wieder in den Schriften, die mir Artemidoros zur Verfügung stellte. Ich genoss es, nicht wirklich verantwortlich zu sein für die Genesung oder auch das Sterben der Patienten – auch wenn sich das in absehbarer Zeit ändern würde.

Immer wieder unterhielten wir uns über die Arten der Behandlung, die Artemidoros seinen Patienten vorschlug, und häufig kamen wir dabei auch auf den jüdischen Glauben zu sprechen. Ich staunte nicht schlecht: Artemidoros war offenbar schon öfter ›am Venustag‹ – wie er selbst sagte – in den Synagogengottesdiensten in Milet gewesen. Sowohl Rabbi Elihu als auch viele Gemeindeglieder begrüßten ihn wie einen alten Bekannten. Ein paarmal bemerkte ich, dass er dem Rabbi Geldbeträge gab. »Warum tust du das?« fragte ich ihn einmal. Das schien ihm fast peinlich zu sein. Offenbar wollte er nicht, dass man seine Spenden bemerkte. »Ich drücke damit meine Verbundenheit mit dieser Gemeinde und eurem Glauben aus«, meinte er, »ja, ich glaube, dass es einen Gott gibt, der es gut mit uns Menschen meint; ich rede von dem Gott, der das Volk Israel aus der Knechtschaft in die Freiheit geführt hat und der Hoffnung gibt auf ein Leben nach dem Tod.«

Ich war sprachlos: »Du redest wie einer, der an unseren Gott glaubt!« Artemidoros nickte: »So etwas Ähnliches hat Rabbi Elihu auch einmal zu mir gesagt; er meinte, ich sei ein ›Gottesfürchtiger‹ Mann!« – »Obwohl du kein Proselyt bist?«, fragte ich. Artemidoros nickte: »Ja, obwohl ich nicht zur jüdischen Gemeinde übertrete, weil ... naja, wir haben ja schon öfter darüber geredet.« Ich wusste, er meinte die Beschneidung und die vielen Essensgebote. Das schreckt ab. In mir begann es zu arbeiten: Weshalb können die Heiden nicht einfach auch zu Gott gehören? Aber dann tröstete ich mich wieder mit der Abrahamsverheißung. Demnach können auch die Heiden gesegnet werden. Und alles spricht dafür, dass Artemidoros ein Empfänger dieses von Gott auf Abraham und seine Nachkommen ausgehenden Segens ist. Außerdem gibt er durch seine Heilkunst jeden Tag diesen Segen an seine Patienten weiter.

Aber so ganz überzeugt war ich nach wie vor nicht, denn über die »Gottesfürchtigen«, die nicht zum eigentlichen Gottesvolk gehören, fand ich nichts in der Thora. Dieses Problem beschäftigte mich sehr, und es sollte noch fast 10 Jahre dauern, bis ich die Lösung fand.

Im dritten Jahr der Regierungszeit des Gaius Caesar, den alle Welt nur »Caligula« nannte (im Jahr 40 n.Chr.), geschah etwas, womit ich nicht gerechnet hatte: Artemidoros schickte mich nach Alexandria: »Du hast inzwischen viel von mir gelernt. Aber um ein guter Arzt zu sein, brauchst du mehr, als ich dir geben kann«, begann er. »Deshalb möchte ich, dass du ein Schiff besteigst und nach Alexandria reist. Dort findest du die größte Bibliothek der Welt. Du wirst die Schriften des Hippokrates in voller Länge studieren können, ebenso wie die Schriften des Herophilos von Chalkedon, des Praxagoras von Kos oder des Eudemos von Alexandria. Merke dir eines, mein Sohn: Bildung ist wachsender, seelischer Reichtum. Und deshalb sollst du dorthin gehen, um aus den Schriften der Weisen zu lernen. Dieses Wissen wirst du mit vielen Menschen teilen und so dazu beitragen, dass die Menschen um dich gesund, wissend und glücklich werden.«

Ich war schockiert: »Ich soll dich alleine zurücklassen?«, fragte ich ungläubig und auch etwas ängstlich. »Mein Sohn, ich will dir etwas sagen: Auch ich habe – als ich jung war – Alexandria gesehen. Diese Reise werde ich nie vergessen. Allein das Einfahren in den Hafen ist ein Erlebnis. Wenn du Glück hast, dann fährst du abends oder gar nachts in den Hafen ein, wenn das Leuchtfeuer oben auf dem Turm von Pharos entzündet ist. So etwas hast du noch nie gesehen. Und auch die Stadt selbst ist unbeschreiblich. Sie ist ähnlich angelegt wie Milet, die Straßen sind schnurgerade und die Kreuzungen immer rechtwinklig. Der Ptolemäerpalast ist riesig, und in der Bibliothek, die in einem Seitenflügel untergebracht ist, findet sich das gesamte Wissen der Welt aus allen Fachgebieten auf kleinstem Raum vereint. Alexandria ist das Herz der Wissenschaft der Welt. So etwas musst du gesehen haben. Du bist jung und voller Energie. Das Leben liegt noch vor dir. Geh dorthin, studiere im Museion und lies die wichtigsten Schriften der Welt! Erkunde die Welt! Wenn du erst einmal so alt bist wie ich, dann ist es zu spät. Der Herr, dein Gott, Baruch Adonaj, wird mit dir sein!«

Ich erschrak. So hatte ich meinen Lehrer noch nie reden hören. Er sprach, als wäre er ein Jude. Und was er sagte, traf mich tief ins Herz. Panik stieg in mir auf und

Tränen traten in meine Augen. »Artemidoros, warum schickst du mich weg?«, sagte ich mit zittriger Stimme, »bei dir fühle ich mich zu Hause, du unterstützt mich, du kümmerst dich wie ein Vater um mich, du hast mir nach dem Tod meiner Eltern eine neue Heimat gegeben. Ich will hierbleiben!« – Er lächelte: »Eben weil ich wie ein Vater für dich fühle und denke, muss ich dich jetzt wegschicken. Und ich bin mir sicher, es ist im Sinne deiner Eltern. Du solltest – nein, du musst gehen, wenn du weiterkommen willst. Und ich bin mir sicher: Aus dir wird einmal etwas ganz Besonderes.« – »Aber ich will nichts Besonderes werden!«, stammelte ich und fügte hinzu: »Außerdem ist so eine Reise gefährlich! Es kann so viel passieren, Stürme, Schiffbruch, Mord und Totschlag, und wer weiß: Vielleicht kann ich nie wieder zu dir zurückkehren!« – »Gefährlich sind die meisten Dinge im Leben, die es wert sind, dafür zu sterben«, meinte Artmidoros geheimnisvoll und ich wagte nicht, ihn weiter zu fragen, aber ich erkannte, dass es ihm ernst war. Deshalb fragte ich nach einer kleinen Pause nur kurz: »Wann?« Er nickte mir zu, als wollte er sagen: ›Du hast es verstanden‹. »So bald wie möglich!«

Die folgenden Tage verliefen eigentlich ganz normal. Entweder besuchten wir Kranke oder wir machten ausgiebige Wanderungen, bei denen Artemidoros Heilkräuter sammelte, aus denen er eine Salbe mischte oder einen Trank braute. Dabei erklärte er mir ausführlich die Auswirkung seiner Medizin auf die Gesundheit der Menschen. Immer wieder staunte ich über sein tiefgreifendes Wissen. Im Stillen hoffte ich, er würde seine Absicht, mich wegzuschicken, vergessen. Doch ein paar Tage später begann er erneut mit diesem Thema. Ich weiß nicht, ob es mein eigenes Phlegma war oder ob ich einfach nur glücklich war, nach dem Tod meiner Eltern wieder eine

Heimat gefunden zu haben. Auf jeden Fall machte ich erneut einen Versuch, ihn davon zu überzeugen, mich bei ihm zu lassen – vergeblich.

Ich weiß nicht mehr, wann ich aufgegeben habe. Irgendwann dachte ich mir, es sei ja vielleicht tatsächlich besser, die Reise nach Alexandria anzutreten. »Auf der Rückreise könnte ich möglicherweise auch noch Jerusalem besuchen«, murmelte ich vor mich hin, und mein Lehrer lächelte: »So gefällst du mir! Genau das machst du! Ich bin zu alt, um die Heilige Stadt zu besuchen, aber wenn du mir nach deiner Rückkehr von Jerusalem erzählst, wird es sein, als wäre ich dabei gewesen.«

Die eigentlichen Reisevorbereitungen waren schnell getroffen. Ich packte nur das Nötigste zusammen, in spätestens einem halben Jahr wollte ich wieder zurück sein. Ich überschlug die Kosten der Reise und nahm genügend Geld aus dem Erbe meiner Eltern mit. Seit meiner Ankunft in Milet hatte sich Artemidoros vehement und erfolgreich geweigert, Geld für Kost und Logis anzunehmen. »Behalte dein Geld!«, sagte er immer wieder, »ich benötige das nicht, ich habe genug. Und wer weiß, wozu du deinen Besitz noch einmal brauchen wirst!« Deshalb hatte ich nach wie vor mein gesamtes Erbe zur Verfügung.

Als mich Artemidoros zum Hafen brachte, wurden nicht nur seine Augen glasig. Schnell wurde ich mir mit dem Besitzer eines Handelsschiffs einig, das über Rhodos nach Alexandria segeln sollte. Nach dem Abschied von meinem Lehrmeister wischte ich mir noch einmal über die Augen und warf einen letzten Blick auf die Stadt, in der ich zwar nur gut eineinhalb Jahre gelebt, die mich aber geprägt hatte wie kaum eine andere. Hier war ich zum Arzt gereift. Und diese Ausbildung galt es nun abzurunden. Diese Überzeugung hatte mir mein Lehrer vermittelt, und im Grunde meines Herzens musste ich ihm Recht geben. Und nun war es wirklich Zeit aufzubrechen.

Das Schiff, mit dem ich reiste, gehörte dem Tuchhändler Jason, der – ebenso wie ich – aus Alexandria Troas stammte. Er selbst versprach sich vom Handel auf Rhodos und in Alexandria reichen Gewinn und war deshalb auch mit an Bord. Lange unterhielt ich mich mit ihm in der Sonne an Deck, während der Kapitän immer wieder geschäftig Befehle rief. Als er erfuhr, dass ich Jude bin, war er sehr interessiert: »Ich habe einen guten Freund in Alexandria, der ist auch Jude. Mit dem habe ich schon oft über Gott und die Welt geredet.«

Ich atmete auf. Es gab genügend Heiden, die massive Vorbehalte gegenüber Juden hatten. Die Gerüchte, die über uns gestreut wurden, waren oft haarsträubend. Einmal habe ich sogar die Behauptung gehört, unter uns Juden herrsche zwar unerschütterlicher Zusammenhalt, aber wir würden alle anderen Menschen hassen.* Deshalb fragte ich: »Und was ist deine Meinung über unseren Glauben?« – »Ich bin sehr beeindruckt von dem Gott, an den ihr glaubt«, erwiderte er, und dann fügte er an: »Ich weiß, dass bereits unsere großen Philosophen Platon und Aristoteles nicht mehr an Zeus und den ganzen Götterpantheon glaubten, sondern der Überzeugung waren, es gäbe nur einen einzigen Gott. Und dies trifft sich ziemlich genau mit dem Glauben von euch Juden, oder?«

Ich runzelte ein bisschen die Stirn: »Naja, was Platon unter Gott versteht, ist doch ein bisschen etwas anderes als der Gott, Baruch Adonaj, der unser Volk damals aus der Knechtschaft in Ägypten befreit hat.« – »Da magst du recht haben, aber es geht mir eigentlich nur darum,

---

* Vgl. Tacitus, Historien V,5,1 sowie 1. Thessalonicher 2,15.

dass beide nur von einem Gott sprechen«, räumte er ein. Und dann schwiegen wir eine Zeitlang. Schließlich fragte er: »Vielleicht kannst du mir ja den Sinn eurer seltsamen Bräuche erklären.« Ich nickte, und er fuhr fort: »Warum dürft ihr nicht alles essen?«

Jetzt lächelte ich, weil ich wusste, dass die Argumentation wieder auf die Bestimmungen der Thora hinauslaufen würde; dann sagte ich: »Es gibt nun mal reine und unreine Tiere, und die unreinen Tiere sind uns verboten.« Jason schüttelte den Kopf und legte die Stirn in Falten: »Woher willst du wissen, was rein und was unrein ist?« – »Es steht so in der Thora«, antwortete ich ihm – wohl wissend, dass er sich mit dieser Antwort nicht zufriedengeben würde. »Aber das ist doch seltsam!«, widersprach er, »wenn es stimmt, dass der Gott, den die Juden anbeten, die Welt erschaffen hat, warum hat er dann unreine Tiere erschaffen?« Die Frage war berechtigt, und mein Schweigen war meine Antwort. Aber dann sagte ich doch: »Ich weiß es nicht, es steht aber so in der heiligen Schrift. Und damit ist es Gottes Wille, Baruch Adonaj. Du musst wissen, Mose, der Prophet, hat auf dem Berg Sinai mit Gott selbst gesprochen; und diese Worte hat er für uns niedergeschrieben.«

Nach einer weiteren kurzen Pause meinte Jason: »Es gibt wirklich Bräuche bei euch, die ich nicht verstehe, manche finde ich sogar widerlich, aber manche Dinge finde ich – sagen wir – interessant!« – »Zum Beispiel?« Jason erklärte: »Die Vorstellung, dass diese wunderschöne Welt auf das Wirken eines Gottes zurückgeht. Außerdem scheint mir, dass ihr Juden vor eurem Gott zwar Ehrfurcht habt, aber keine Angst. Die Griechen haben eigentlich immer Angst vor den Launen ihrer Götter. Ihr aber, ihr verlasst euch darauf, dass euer Gott seine Zusagen, die ihr in eurer Schrift findet, einhält, dass er euch trotz aller Gefahren beschützt und liebt. Ja, das imponiert mir.«

Ich lächelte. Tatsächlich zeigte mir die Tatsache, dass Gott sein Eigentumsvolk aus der Knechtschaft geführt hat, dass wir auch in Zukunft auf seine Hilfe und seinen Beistand vertrauen können. Er wird sein Volk nicht im Stich lassen. Mitten in diese Gedanken hinein sprach Jason weiter: »Und noch etwas gefällt mir: Ihr Juden setzt niemals Kinder aus. Ich kenne einige Griechen, die ein unerwünschtes Kind einfach in die Berge getragen und dort abgelegt haben. So etwas habe ich nie verstanden. Ich habe vier Kinder und bin froh, dass ich sie habe.« Ja, dachte ich mir, wahrscheinlich kannst du dir das auch leisten. Aber ich sprach meinen Gedanken nicht aus. »Ach ja, noch etwas!« Jason war noch nicht fertig: »Ihr glaubt, dass Gott einst die Toten auferwecken wird, das gefällt mir auch. Wir Griechen denken immer wieder an den Hades, aus dem es kein Zurück mehr gibt; aber dass es Hoffnung gibt auf ein Leben nach dem Tod, das habe ich erst von meinem jüdischen Freund aus Alexandria erfahren.« – »Da bist du ja im Herzen ein Jude!«, attestierte ich ihm und wir lachten. Schließlich meinte er: »… wenn da nicht diese ganzen Verbote wären!« Wie sehr mich jetzt unser Gespräch an so manche Stunde mit Artemidoros erinnerte!

Auf unserer Fahrt redeten wir immer wieder über den Glauben an Gott und die Frage, ob die Griechen nicht auch Hoffnung auf ein Leben nach dem Tod haben könnten. Durch diese interessanten Gespräche wurde es für mich eine sehr kurzweilige Fahrt, und ich war glücklich, in Jason einen ähnlichen Interessenten an meinem Glauben gefunden zu haben, wie es mein Lehrer und zweiter Vater Artemidoros war.

Nach einer knappen Woche erreichten wir abends den Hafen von Alexandria. Dieses Schauspiel werde ich nie vergessen. Schon von Weitem erblickten wir hoch über der Wasseroberfläche ein helles Licht. »Das ist der Leuchtturm von Pharos«, erläuterte der Kapitän. »Er ist ein Wunder der menschlichen Technik und weist uns gerade in der Dunkelheit den Weg in den Hafen von Alexandria« Mit offenem Mund starrte ich auf das Feuer, das in schwindelerregender Höhe brannte und immer höher zu steigen schien, je näher wir dem Leuchtturm kamen. Der Kapitän erteilte geschäftig seine Befehle und wir segelten sicher an dem riesigen Turm vorbei in den Hafen von Alexandria. Dort wollte ich mich gerade von Jason verabschieden, als der meinte: »Bestimmt hast du heute noch keinen Schlafplatz. Du kannst hier auf dem Schiff bleiben, und morgen mache ich dich mit meinem jüdischen Freund Elasar hier in Alexandria bekannt. Der kann dir bestimmt weiterhelfen.«

Dankbar nahm ich das Angebot an und verbrachte noch eine Nacht auf dem Schiff. Als dann am Morgen die Sonne über den Horizont stieg, ging ich mit Jason von Bord und blickte mich um. Ähnlich wie in meiner Heimatstadt Alexandria Troas befand sich auch hier ein riesiges Standbild von Alexander dem Großen, dem Namensgeber der Stadt. Ich staunte über die Größe der Statue. Sie war ganz aus Marmor gefertigt und schneeweiß. Alexander war ganz in seiner Rüstung mit einem Speer in der Hand und dem Schwert an der Seite. Grimmig und entschlossen blickte er auf den Hafen. Auf seinem Kopf stritten sich in der Morgensonne zwei Möwen um den herrlichen Aussichtsplatz. Schließlich gab eine Möwe auf und flog kreischend davon, aber nicht ohne dem Standbild noch einmal auf den Kopf etwas zu hinterlassen. Ich schüttelte etwas amüsiert den Kopf.

Dann wollte ich noch einen Blick auf den draußen auf dem Meer stehenden Leuchtturm werfen. Er zog mich sofort wieder in seinen Bann. Auch aus dieser Entfernung war er eine imposante Erscheinung, tatsächlich ein Wunderwerk menschlicher Ingenieurskunst! Im unteren Teil erkannte ich auf die Entfernung einen etwa 60 Meter hohen, sich nach oben verjüngenden Bau aus Marmor, der von einem Fries abgeschlossen wurde. Darauf befand sich ein weiterer Aufbau, auf dem dann ein Säulenrondell stand, und ich überlegte, wie diese Säulen wohl an ihren Platz gekommen waren. Darüber befand sich offenbar die Stelle für das Feuer, das uns in der vergangenen Nacht die Einfahrt in den Hafen gezeigt hatte. Über der Feuerstelle stand eine mächtige Götterstatue – ich nehme an, dass Zeus, der Stammvater des ptolemäischen Herrscherhauses, dort dargestellt war. Ob sich in seiner Hand ein Speer oder ein Dreizack befand, konnte ich aus der Entfernung nicht erkennen. Wenn es allerdings ein Dreizack wäre, würde es sich um den Meeresgott Poseidon handeln. ›Egal!‹, murmelte ich vor mich hin und erschrak fast ein bisschen. Führte ich jetzt schon Selbstgespräche? Doch dann schob ich den Gedanken beiseite und betrachtete weiter die Statue auf dem Leuchtturm.

Trotz der Entfernung konnte man die riesigen Ausmaße des Leuchtturms erkennen. Insgesamt war der Turm das höchste von Menschenhand gebaute Gebäude, das ich je gesehen hatte. Wie lange ich das Bauwerk staunend und schweigend angestarrt habe, kann ich nicht sagen; plötzlich zog mich Jason am Gewand: »Hallo, ist jemand zu Hause?«, fragte er schelmisch und meinte dann: »Du siehst aus wie in Stein gemeißelt! Komm, ich habe nicht so lange Zeit. Ich bringe dich jetzt zu Elasar. Ich muss nämlich zurück sein, sobald meine Waren entladen sind.«

Wir gingen zusammen durch das Straßengewirr der Großstadt. Ich hatte Mühe, ihm zu folgen, weil ich ja mein gesamtes Gepäck zu tragen hatte, und Jason hatte es eilig. Ähnlich wie Milet waren die Straßen in Alexandria rechtwinklig angelegt. Jede Straßenkreuzung sah auf den ersten Blick aus wie die andere. Es war sehr verwirrend für mich, und ich machte mir gar nicht erst die Mühe, mir den Weg zu merken. Ich war einfach nur froh, dass mich auch hier jemand buchstäblich an die Hand nahm und mich führte. Nach wenigen Minuten standen wir vor einem gewöhnlichen Haus, das wie alle anderen aussah, und ich fragte mich, wie man diese Häuser voneinander unterscheiden konnte. Energisch pochte Jason an die Haustür. Nichts rührte sich. »Wahrscheinlich schläft er noch, der alte Faulenzer«, murmelte er, aber da wurde die Tür geöffnet. »Jason, mein Freund!«, rief der Bewohner und fiel ihm um den Hals.

Er war einen Kopf größer als Jason und musste sich bücken. Seine dunklen Augenbrauen verliehen seiner Miene auf den ersten Blick einen finsteren Ausdruck, aber seine Augen blitzten freundlich darunter hervor. ›Er sieht fast aus wie die Alexanderstatue im Hafen‹, dachte ich mir und schätzte sein Alter auf etwa 40 Jahre. »Sei gegrüßt, Elasar! Hast du geschlafen?«, sagte Jason lachend. Elasar schüttelte den Kopf: »Schalom, Jason! Schlafen kann ich, wenn ich tot bin. Ich genieße mein Morgenmahl. Komm doch rein!« Da schob Jason mich nach vorne: »Leider habe ich nicht viel Zeit, ich muss gleich wieder zum Hafen zurück und auf meine Waren aufpassen. Hier habe ich dir Lukas – nein – Judas mitgebracht. Er will in der Bibliothek studieren. Vielleicht könntest du ihm die Eingewöhnung in Alexandria etwas erleichtern …?« – Elasar lachte mich an und umarmte mich ebenfalls: »Schalom, Bruder! Komm herein!«

Jason verabschiedete sich zügig und ich blieb erst einmal zurück. »Jasons Freunde sind meine Freunde«, meinte er freundlich und fügte hinzu: »Wenn Jason schon nicht will, möchtest du nicht vielleicht mit mir essen? Dabei redet es sich auch besser.« Ohne eine Antwort abzuwarten, wandte er sich ab und tischte auf, was die Küche hergab – es war zwar nicht viel, aber er gab, was er hatte. »Greif zu!« Ich ließ mich nicht zweimal bitten. Elasar setzte sich mir gegenüber und steckte sich ein Brotstück mit etwas Honig in den Mund, »In die Bibliothek willst du also?«, sagte er dann, und ich begriff, dass er etwas über mich erfahren wollte. »Hm«, begann ich mit vollem Mund, »also, meinen Namen kennst du ja schon. Aber meine Eltern haben mir auch noch den griechischen Namen ›Lukas‹ gegeben. Ich stamme aus Alexandria Troas an der kleinasiatischen Westküste.«

Das Lächeln von Elasar ermunterte mich, zwischen den Bissen weiterzureden. Und so erzählte ich von meinen Eltern, die aus Jerusalem stammten, von ihrer Kinderlosigkeit und ihrer Reise, die eigentlich Lukanien als Ziel hatte. Ich erzählte, dass ich dann in Alexandria Troas geboren worden sei, von meiner Kindheit, von meinen Thorastudien unter der Anleitung meines Vaters, vom Tod meiner Eltern und meiner Freundschaft mit dem Arzt Artemidoros aus Milet. Ich erzählte von meiner Ausbildung zum Arzt und dem Grund meiner Reise nach Alexandria.

Elasar lächelte immer noch: »Da hat dein Lehrmeister absolut recht gehabt, dich nach Alexandria zu schicken.« – »Wie meinst du das?« – »Naja, wir haben nicht nur die größte Bibliothek der Welt, sondern hier in Alexandria befindet sich auch die größte jüdische Gemeinde außerhalb von Israel. Und wenn du Interesse an der Thora hast, kann ich dich auch mit dem größten jüdischen Gelehrten der Gegenwart bekannt machen, mit dem ehrwürdigen Philon.« – »Mit wem?«, fragte ich verwundert, »sei mir nicht böse, aber wer ist Philon? Ich habe noch nie etwas von ihm gehört.« »Ist nicht schlimm«, beruhigte mich Elasar, »aber ein Besuch bei diesem Gelehrten ist immer sehr aufschlussreich. Es gibt kaum etwas in der Thora, über das er nicht Bescheid weiß.«

Nun hielt mein Gastgeber kurz inne: »Aber jetzt noch etwas anderes: Wo willst du denn hier in Alexandria wohnen?« – Ich zuckte mit den Schultern. »Vielleicht kannst du mir eine Herberge empfehlen?« Aber Elasar lachte schon wieder: »Du kannst bei mir bleiben. Wo Platz für einen ist, kann auch ein zweiter wohnen!« – »Das, das kann ich nicht annehmen.« Aber Elasar nickte: »Oh doch, das kannst du! Oder hast du schon eine andere Herberge gefunden?« Ich schüttelte den Kopf. »Na, siehst du!« Dann blickte er aus dem Fenster: »Die Sonne steht schon hoch am Himmel. Ich muss jetzt mein Geschäft öffnen. Begleite mich doch! Dein Gepäck kannst du hierlassen. Meine Töpferei ist nicht weit entfernt vom Palast, in dem die Bibliothek untergebracht ist. Alles Weitere kann ich dir dann dort erklären. Hast du Papyrus und etwas zu schreiben dabei?« Ich nickte. »Prima, nimm das mit, du wirst viel zu schreiben haben!«

»Elasar, warum tust du das alles für mich? Du hast doch selbst nicht viel«, fragte ich ihn, als wir auf der Straße standen, und mein Gegenüber lächelte erneut: »Wir Brüder müssen doch zusammenhalten!«, meinte er nur kurz und verriegelte sorgfältig seine Haustür. Nach wenigen Minuten erreichten wir seine Töpferei. Gewissenhaft stellte er die Tische auf, auf denen er seine Waren feilbot. Bevor er sich an seine Töpferscheibe setzte, ging er mit mir noch einmal auf die Straße und beschrieb mir den Weg zum Palast, in dem die Bibliothek untergebracht war. »Dort kannst du studieren, so viel du willst. Wenn die Sonne sinkt, will ich mein Geschäft wieder schließen;

dann wäre es gut, wenn du wieder hier bist. Sonst musst du den Weg zu meinem Haus alleine finden.« Er lachte wieder.

Ich versprach, rechtzeitig wieder zurück zu sein, und wandte mich in die Richtung, die er mir gewiesen hatte. Bald darauf stand ich vor dem Palast und staunte über die gewaltigen Ausmaße dieses Gebäudes. Von hier aus hatten einst die ptolemäischen Herrscher regiert. Unzählige korinthische Säulen aus weißem Marmor schmückten die Fassade über vier Etagen. Gut 80 Meter breit war der Palast, der eine ganze Seite des rechteckigen Platzes beherrschte, auf dem er stand. Einzelne Götterstandbilder waren davor platziert, ebenso wie die Wachsoldaten, die ähnlich grimmig und entschlossen dreinblickten. Was müssen das für mächtige Herrscher gewesen sein, die diesen Palast errichten ließen! Ich konnte meine Blicke kaum davon lösen.

Ich wusste, dass im Museion, in einem Seitenflügel des Palastes, die Bibliothek untergebracht ist. Suchend irrten meine Augen hin und her. Die Menschen um mich herum schienen von mir keine Notiz zu nehmen. Einen der Wachsoldaten zu fragen traute ich mich nicht. So ging ich auf einen Früchtehändler zu, der gerade seinen Stand aufbaute. Er wies mit der Hand auf die Westseite des Palastes, die in der Morgensonne besonders hell zu strahlen schien. Ich bedankte mich und ging los. Tatsächlich fand sich dann schnell noch ein weiterer großer Eingang. Auch hier stand eine Wache, die aber, als ich an ihr vorbei das Gebäude betrat, keine Notiz von mir nahm.

Staunend blieb ich stehen und betrachtete die Pracht des Eingangssaales, der sich über zwei Stockwerke erstreckte und in dem ich mich jetzt befand. Der Boden war kunstvoll mit glänzenden Steinen ausgelegt, an den

Wänden waren Mosaike zu bestaunen, und auch hier gab es viele Säulen aus Marmor und Alabaster. Ich ging auf einen alten und – wie mir schien – äußerst gelehrten Mann zu und erkundigte mich, wie man an die Schriftrollen, die hier aufbewahrt würden, kommen könne. Der Alte lächelte. Überhaupt fiel mir auf, dass ich bisher stets mit freundlichen Menschen zu tun hatte. Das machte mir Mut. Bereitwillig und ausführlich erklärte er mir den Aufbau der Bibliothek. Als ich ihn nach den medizinischen Fachbüchern fragte, hellte sich sein Gesicht noch weiter auf: »Du bist Arzt?«, fragte er, und ich nickte. »Ich auch! Na, dann komm mit, Kollege!« forderte er mich auf und ich folgte ihm in ein großes Nebenzimmer. »Hier findest du alles, was die moderne Heilkunst über den Menschen herausgefunden hat. Nimm Platz und lies!«

Mir fiel auf, dass er flüsterte. Aber das lag wahrscheinlich an den Männern, die in der Mitte des Raumes um einen großen Tisch saßen und in einzelne Schriftrollen vertieft waren. Schon wieder kam ich aus dem Staunen kaum heraus. Sämtliche vier Seitenwände waren bis zur Decke voll mit Regalbrettern, auf denen einzelne Schriftrollen lagen. »Die Ordnung ist etwas kompliziert, aber du wirst dich schon zurechtfinden«, flüsterte mein Fremdenführer, und dann fügte er noch hinzu: »Ich habe leider keine Zeit, dir diese zu erklären, denn jetzt muss weiter – ich habe noch eine wichtige Verabredung. Lass es dir gutgehen!« Mit diesen Worten verließ er mich und ich begann leise einen Rundgang, um mit dem Aufbau der medizinischen Abteilung der Bibliothek vertraut zu werden.

Bald stieß ich auf unzählige Schriften des Hippokrates von Kos – es mögen an die 70 gewesen sein –, von denen ich nur ganz wenige kannte. Auch die Werke des Aristoteles waren breit vertreten. Ich fand die pflanzenkundlichen Werke des Theophrastos von Eresos ebenso wie Untersuchungen des Herophilos von Chalkedon und des Erasistratos von Chios. Dann stieß ich auf Schriften des Asklepiades von Bithynien. Großartig, diese Bibliothek ist wirklich ein Schatz der Menschheit! Nachdem sich meine Aufregung etwas gelegt hatte, nahm ich mir eine Schrift des Hippokrates, die ich noch nicht kannte, setzte mich und begann zu lesen. Doch bald wurde mir klar, dass ich das alles unmöglich im Kopf behalten konnte. Also holte ich das Schreibzeug aus meiner Tasche und begann, das Gelesene zu exzerpieren ...

Als das Licht in dem Raum immer schwächer wurde, weil es draußen dämmerte, wurde mir klar, dass ich die Zeit total vergessen hatte. Ich blickte mich um und stellte fest, dass ich tatsächlich der Einzige in dem großen Raum war. Sorgfältig packte ich meine Unterlagen zusammen, legte das gerade gelesene Werk an seinen angestammten Platz zurück und machte mich auf den Weg. Auch in der Eingangshalle waren kaum noch Menschen. Ich eilte nach draußen und lief zügig zu Elasars Töpferwerkstatt. Doch ich kam zu spät – die Werkstatt war schon geschlossen. Ich musste zu Elasar nach Hause, aber heute Morgen hatte ich nicht auf den Weg geachtet. War das ärgerlich! Mich befiel ein gewisses Unbehagen. Denn nach dem Weg fragen konnte ich auch nicht, weil ich ja seine Adresse nicht kannte. Doch dann ließ ich mir den Weg zum Hafen beschreiben, in der Hoffnung, von dort aus Elasars Haus leichter finden zu können. Aber weit gefehlt.

Ich irrte eine gute Stunde durch das dämmrige Alexandria ehe ich an Elasars Tür klopfen konnte. Er öffnete sofort: »Da bist du ja endlich! Ich habe mir schon fast Sorgen gemacht!«, meinte er lachend und ließ mich ein. »Du wirst großen Hunger haben! Setz dich! Ich decke schnell den Tisch!« Beim Abendessen erzählte ich ausgiebig von meinen Forschungen, und mein Gastgeber bemerkte sofort meine Begeisterung. »Heute habe ich eine Schrift von Hippokrates gelesen. Dadurch ist mir klar geworden, dass es ganz unterschiedliche Krankheitsverläufe gibt. Hippokrates unterscheidet akut, chronisch, endemisch und epidemisch ...«

Ich unterbrach mich selbst: »Aber ich glaube, ich langweile dich! Bitte entschuldige!« Doch Elasar verneinte. Geradezu philosophisch meinte er dann: »Bildung ist der Schlüssel zum Erfolg.« – »Du redest wie mein alter Lehrmeister Artemidoros«, sagte ich und er fragte zurück: »Siehst du das etwa anders?« Ich zuckte mit den Schultern: »Ich gehe immer nur einen Tag nach dem anderen an.« Und nach einer kurzen Pause fragte ich ihn: »Wie war denn dein Tag?« – »Ach ja«, meinte er – und die Tatsache, dass er auf meine Frage antwortete, signalisierte mir, dass ich ihn mit meinem Vortrag über die Medizin tatsächlich gelangweilt haben muss – »bei mir ist eigentlich ein Tag wie jeder andere – abgesehen vom Sabbat natürlich. Darauf freue ich mich immer sehr, weil da die Arbeit ruhen kann.« – »Hast du gute Geschäfte gemacht?« Elasar nickte: »Ich bin zufrieden!« Und dann fügte er hinzu: »Ich nehme an, in den nächsten Tagen wirst du noch weiter gerne in der Bibliothek forschen. Aber übermorgen ist Sabbat. Da könnte ich dich mit unserem weltberühmten Rabbi Philon bekannt machen. Wie findest du das?« – »Ja, gerne! Das wäre wundervoll. Mein Vater war auch Rabbi. Er hat mir viel über die Thora und ihre Auslegung beigebracht.«

Am folgenden Venustag, wie Artemidoros sagte, musste ich meine medizinischen Studien ein bisschen eher abschließen, damit wir, als die Sonne über dem Horizont unterging, rechtzeitig zum Gebet in der Synagoge waren. Es fiel mir schwer, mich von den Darlegungen des Hippokrates über die Lungenheilkunde zu lösen. Aber im Laufschritt erreichte ich gerade noch rechtzeitig den bereits festlich gekleideten Elasar: »Da bist du ja endlich!«, empfing er mich ein wenig vorwurfsvoll, aber lächelnd. Etwas außer Atem signalisierte ich ihm, dass ich mich noch schnell umziehen müsse.

Zügig machten wir uns auf den Weg zur Synagoge. Diese war ein mächtiges, architektonisch stark von der griechischen Kultur geprägtes Gebäude. Der Innenraum bot Platz für etwa 300 Menschen und war durchzogen von unterschiedlichen Mäandermustern. Der Schrein, in dem die Thorarollen aufbewahrt wurden, war prachtvoll verziert. Nach dem Gottesdienst gingen wir wieder zurück in Elasars Haus und genossen ein reichhaltiges Sabbatmahl, das mein Gastgeber am Nachmittag vorbereitet hatte. Mit Freuden fiel mir auf, dass für drei Personen gedeckt war. Wir Juden rechnen stets mit der Rückkehr des Propheten Elia. Zwischen zwei Bissen verkündete mir mein Gastgeber: »Und morgen, am Sabbat, besuchen wir Philon. Er ist schon sehr alt, aber sein Geist ist immer noch wach. Du wirst dich wundern, was er alles weiß.«

Tatsächlich machten wir beide uns am nächsten Tag auf den Weg. »Warum war Philon gestern nicht in der Synagoge?«, fragte ich unterwegs. »Er war dort! Du hast ihn nur nicht gesehen, weil er so klein ist ... und weil du ihn nicht kennst. Aber das wird sich ja gleich ändern!« Nach einer guten halben Stunde Wegstrecke – Alexandria ist wirklich eine große Stadt – erreichten wir das Haus, in dem der große jüdische Theologe wohnte. Was sage ich »Haus«, es war schon ein kleiner Palast, und mein Gastgeber flüsterte mir zu: »Der Meister stammt aus einer der reichsten Familien Alexandriens.« Dann klopfte er an die mächtige Tür aus Zedernholz. Die Beschläge und die Scharniere waren edel versilbert. Nach einiger Zeit – Elasar wollte schon wieder anklopfen – hörten wir Schritte und die Tür öffnete sich langsam. Ein zierliches, hübsches, junges Mädchen öffnete. »Schalom!«, begrüßte Elasar die Dienerin Philons, »ich bin Elasar ben Jizchaq, und das ist mein Freund Judas ben Sacharja – wir würden gerne Rabbi Philon besuchen.« So feierlich hatte ich Elasar noch nie reden hören – »Schalom webaruch habaim!« lächelte uns das Mädchen an.

Sie sprach mit einem seltsamen Akzent und ich vermutete, dass nicht Aramäisch, sondern Griechisch ihre Muttersprache war. Sie öffnete die Tür und wir traten in einen riesigen Eingangssaal. Rechts und links führten Treppen ins Obergeschoss. Nur ein paar Kerzen erhellten den Raum, sodass er trotz der hohen Außentemperaturen am späten Vormittag angenehm kühl wirkte.

»Folgt mir bitte!«, sagte das Mädchen. Sie führte uns in einen großen Seitenraum, bot uns dort zwei Liegen an und fragte, ob sie uns eine kleine Erfrischung reichen könne. Wir verneinten dankend, setzten uns und sie verschwand. Nach einigen Minuten betrat ein weißhaariger, alter Mann, gestützt auf einen Stock den Raum. Wir erhoben uns. Bevor wir etwas sagen konnten, begrüßte auch er uns auf Aramäisch: »Schalom webaruch habaim!« Auch hier fiel mir der seltsame Akzent auf. Ob der weise Mann überhaupt aramäisch beherrschte? Und wenn nein, wie könne er dann die Thora lesen? Wir erwiderten den Gruß, bedankten uns, dass er sich Zeit für uns nehmen wolle, und er bat uns, wieder Platz zu nehmen.

»Du bist also Judas ben Sacharja?«, begann Philon das Gespräch und ich nickte. Ausgiebig befragte er mich über die Herkunft meiner Familie. Er wollte alles wissen, auch über meine Ausbildung zum Arzt bei Artemidoros. Als ich erzählte, dass mein Vater Schriftgelehrter in Jerusalem gewesen sei, horchte er auf. »Dann bist du wohl auch der Meinung, dass wir hier in der Diaspora falsch mit der Thora umgehen und sie viel zu lax interpretieren?«, fragte er mich, und ich schüttelte den Kopf. »Rabbi Philon, ich bin ein Jude aus der Diaspora, aus Alexandria Troas, und ich stoße als solcher auf Probleme, die meines Erachtens in der Thora nicht behandelt werden.« – »Sprich!«, forderte der Meister mich auf. »Als Jude in der Diaspora bin ich mit vielen Heiden freundschaftlich verbunden. Viele zeigen sich interessiert an meiner Religion, scheuen aber den Übertritt. Sie sehen die Notwendigkeit unserer Speisegebote, sowie – vor allem – der Beschneidung nicht ein. Wenn sie aber nicht beschnitten sind, gehören sie nicht zum Volk Gottes und werden einst ausgerottet. Ich habe Schwierigkeiten, die Worte aus der Thora zu deuten.«

Der alte Mann lächelte: »Mein Sohn«, fing er an, »du bist noch jung und unerfahren. Es mag sein, dass du schon viel von der Thora weißt, aber du scheinst nicht zu wissen, wie sie zu interpretieren ist. Wir leben hier als Juden schon seit Jahrhunderten außerhalb des Heiligen Landes, und wir leben hier gut. Damit auch Griechen unsere Thora lesen können, wurde sie hier in der Gemeinde von Alexandria vor über zweihundert Jahren ins Griechische übersetzt.«

Wahrscheinlich war es mein erstaunter Gesichtsausdruck, der ihn zögern ließ. »Was ist?«, fragte er, »hast du noch nie etwas davon gehört?« Ich verneinte, und er erklärte mir, wie es zu dieser Übersetzung gekommen war. Zweiundsiebzig jüdische Gelehrte hätten dieses große Werk der Übersetzung auf sich genommen. Jeder habe eine Abschrift nicht nur der Thora, sondern der gesamten hebräischen Bibel gehabt und sich zurückgezogen. Nach vielen Wochen der Arbeit seien alle fertig gewesen und hätten ihre Ergebnisse miteinander verglichen. Wort für

Wort hätte jeder dieselbe Übersetzung vorgewiesen. Dieses Wunder sei der Erweis für die Richtigkeit der Übersetzung durch den Herrn, Baruch Adonaj.* Ich staunte nicht schlecht.

Plötzlich stand er auf und verließ den Raum, aber nur, um wenige Augenblicke später zurückzukehren. In der Hand hielt er eine riesige Rolle, es war eine griechische Thorarolle. »Auf diese Weise können auch unsere Kinder, die – so wie ich selbst – ihre Probleme mit der hebräischen Sprache haben, die Thora noch lesen und verstehen«, erklärte er mir und ich überlegte, wie auch ich an ein Exemplar einer solchen Rolle kommen könnte. Als habe er meine Gedanken erraten, bot Rabbi Philon mir an: »Ich kann dir diese Rolle für eine gewisse Zeit überlassen, damit du sie abschreiben kannst – wenn du möchtest.« Ich nickte: »Das wäre wunderbar!« – »So machen wir es!«, resümierte er und fügte dann hinzu, »seid mir nicht böse, aber ich bin jetzt müde. Ein Mann in meinem Alter braucht viel Schlaf. Ich würde mich freuen, wenn ihr mir in – sagen wir – einer Woche erneut einen Besuch abstattet.« – »Gerne«, antwortete ich schnell und Elasar nickte: »Wir danken dir, Rabbi Philon, für die Zeit, die du mit uns geteilt hast. Schalom!«

Nach einer kurzen Verabschiedung verließen wir den Gelehrten und machten uns auf den Heimweg. Ich war beeindruckt – vor allem von der griechischen Übersetzung der Thora. Was würden meine griechischen Freunde in Milet und Alexandria Troas sagen, wenn ich ihnen eine Abschrift unserer Thora in ihrer eigenen Sprache zeigen konnte? In Elasars Haus angekommen, wollte ich mich sofort an die Arbeit machen, aber Elasar ergriff meinen Arm: »Judas, was soll das? Heute ist Sabbat!« Ich zuckte

---

* Vgl. Aristeasbrief. Diese Übersetzung wird als *Septuaginta* bezeichnet.

zurück. Er hatte recht! Aber dann fiel mir ein: »Am Sabbat ist die Beschäftigung mit der Thora doch erlaubt, oder? Und zwischen Lesen und Schreiben ist nicht wirklich ein Unterschied! Ich denke, der Herr, Baruch Adonaj, würde es begrüßen, wenn ich mit der Abschrift zügig beginnen würde.« Elasar nickte und fügte lächelnd hinzu: »Und Jerusalem ist weit!« Ich lächelte und machte mich an die Arbeit.

Während meines Aufenthaltes im Haus des Elasar besuchte ich Philon, den Gelehrten, immer wieder. Häufig hielt er mir Vorträge über seine Theologie und Philosophie. »Meine Augen sind trübe geworden«, sagte er immer wieder, »aber in dir erkenne ich etwas Besonderes. Lies, lies, lies, so viel du kannst, mein Sohn!«, forderte er mich immer wieder auf. Und begierig nahm ich seine Anregungen auf und die einzigartige Bibliothek von Alexandria hatte Abschriften von allen Werken der Weltliteratur. So empfahl mir Philon zum Beispiel die Werke Platons: »Platon wird meines Erachtens viel zu wenig gelesen. Lies seinen Dialog ›Politeia‹! Dann reden wir weiter!«

Als ich in der Bibliothek das platonische Werk in den Händen hielt, erschrak ich etwas über dessen Länge. Doch nach drei Tagen hatte ich mich durchgequält, denn ich wollte unbedingt Philons Meinung dazu hören. Bei meinem anschließenden Besuch versuchte mir der Gelehrte deutlich zu machen, wie aus seiner Sicht auch die Heiden des Heiles unseres Gottes teilhaftig werden könnten. »Wenn du Platons ›Politeia‹ gelesen hast, dann weißt du ja jetzt«, eröffnete er mir, »dass der menschliche Körper ein Gefängnis der Seele ist.« Wer gerettet werden wolle, dessen Seele müsse aus diesem Gefängnis befreit werden. Diese Befreiung geschehe dadurch, dass die Seele nach dem Tod, also nachdem sie den Leib verlassen habe, in einen rein geistigen Bereich gelange, in welchem die Gottesschau möglich sei. »›Jisra-el‹«, so meinte Philon, »heißt doch nichts anderes als ›derjenige, der Gott sieht‹. Insofern können vielleicht sogar Heiden zur Gottesschau gelangen und so gerettet werden.«*

»Meinst du wirklich?« Ich wusste nicht, wie ich mich zu diesen Überlegungen stellen sollte. Sie erinnerten mich an die stoische Philosophie, von der ich in Milet gehört hatte. Die Stoiker waren der Überzeugung, dass sich der menschliche Logos nach dem Tod mit dem Weltlogos vereine. Aber Philon hatte diese Lehre stark verändert und versucht, sie in die jüdische Theologie zu integrieren.

Von Philon lernte ich eine völlig neue Sicht auf die Thora. Er hielt bei meinen Besuchen immer wieder eine Art Vorlesung über das eine oder andere Thema. Ich besuchte ihn, als hätte ich eine Audienz bei einem König. Immer wieder versuchte ich, dem Meister bei seinen Ausführungen geistig zu folgen, war aber nicht selten unsicher, ob ich ihn auch wirklich verstand. Bei einer dieser Vorlesungen fasste ich den Entschluss, auf meiner Rückreise nach Milet tatsächlich den Umweg über Jerusalem zu machen. Ich musste einfach den Tempel sehen und erfahren, wie die Jerusalemer Tempeltheologie die Gedanken Philons beurteilen würde. Ich konnte mir nicht vorstellen, dass man in Jerusalem über die philonische Theologie Bescheid wusste.

Mein Abschied aus Alexandria stand bevor und damit auch der Abschied von Philon. Schon bei meinem letzten Besuch im Hause des Gelehrten war mir klar, dass ich den großen jüdischen Theologen nicht mehr wiedersehen würde. Rabbi Philon war während meines Aufenthaltes

* Vgl. Philon, Migr 39,199-201

sichtlich schwächer geworden. Zwar freute er sich augenscheinlich immer über meine Besuche, aber die Gespräche und seine Vorträge strengten ihn zusehends an. Nur wenige Wochen nach meinem Abschied aus Alexandria ist Rabbi Philon dann tatsächlich verstorben. Dankbar für die Zeit, die ich gewissermaßen als sein Schüler verbringen durfte, befahl ich ihn im Gebet der Fürsorge des Herrn, Baruch Adonaj, der Himmel und Erde erschaffen hat, an. Möge seine unsterbliche Seele Gott schauen und die Vollkommenheit erreichen!

Insgesamt dauerte mein Aufenthalt in Alexandria fast ein Jahr. Ich war froh, dass Elasar mich aufgenommen hatte. Nach einigem Hin und Her durfte ich ihm doch Kost und Logis bezahlen. Ich hätte es nicht ertragen, wenn ich mich an den Ausgaben für meinen Aufenthalt bei ihm nicht hätte beteiligen dürfen, zumal er als Töpfer für sich selbst gerade so über die Runden kam. So verging die Zeit wie im Flug, und es ist eine sehr gute Freundschaft gewachsen. Aber mit dem nahenden Ende meiner Studien in der Bibliothek wuchs in mir die Sorge, wie es meinem Lehrmeister Artemidoros ergehe. Nebenbei hatte ich viele philosophische Werke gelesen, mich aber auch mit Epen und der Historie beschäftigt. Das war eine große Bereicherung für mich.

Ich nahm mir vor, darüber noch weiter nachzudenken. Und insgeheim stellte ich fest, dass ich zwar ursprünglich wegen der medizinischen Werke nach Alexandria gekommen war, aber letztlich fast nur noch philosophische Literatur las. Darüber hinaus machte ich mir die Mühe, nicht nur die Thora, sondern auch den ganzen Tanach, die Sammlung Heiliger Schriften der Juden, auf Griechisch abzuschreiben. Die Pergamentrollen, die ich dafür kaufte, kosteten mich ein kleines Vermögen. Trotzdem: Dieser Besuch in Alexandria hat sich wirklich gelohnt. Das bevorstehende Sukkotfest, das jüdische Laubhüttenfest, nahm ich zum Anlass, von Alexandria aus erst einmal nach Jerusalem zum Tempel zu reisen. Als ich mich von Elasar verabschiedete, ahnte ich bereits, dass ich auch ihn nicht mehr wiedersehen würde. So ein tüchtiger, ehrlicher Mann! Leider habe ich nach meiner Abreise aus Alexandria nie wieder etwas von ihm gehört. Mögen wir einander einst wiedersehen in Abrahams Schoß! Auch ihm setzte ich später mit der Figur des Lazarus ein kleines literarisches Denkmal.*

Als das Schiff, an dessen Bord ich war, am Leuchtturm von Pharos vorbeisegelte, konnte ich meine Augen erneut nicht von diesem Bauwerk lösen. So nah hatte ich dieses Wunderwerk der Baukunst und Technik bei Tageslicht noch nicht gesehen ... und es war noch schöner und großartiger, als bisher erkannt. Und erst als die Spitze des Leuchtturms am Horizont hinter uns verschwunden war, wandte ich mich um und beschäftigte mich mit dem nächsten Ziel meiner Reise: die hochgebaute Davidsstadt Jerusalem.

* Vgl. Lukas 16, 19-31.

Kapitel IV

Der Wendepunkt: Jerusalem! (41–49 n.Chr.)

Im Herbst des Jahres 41 – ich war gerade 19 Jahre alt – reiste ich also von Alexandria nach Jerusalem. Weil, wie gesagt, das Sukkotfest bevorstand und sich daher viele Juden auf die Wallfahrt nach Jerusalem begaben, fand sich recht schnell ein Schiff, auf dem ich von Alexandria das Nildelta entlang nach Joppe reisen konnte. An Bord waren überwiegend Juden mit dem Ziel Jerusalem. So verbrachte ich die Reise bei durchweg sonnigem Wetter in angenehmem Gespräch mit freundlichen Menschen, die einen ähnlichen Hintergrund hatten wie ich.

In Joppe angekommen, fiel mir sofort auf, dass es hier ganz anders aussah und zuging als in der Weltstadt Alexandria Joppe war ziemlich heruntergekommen. Die Gebäude am Hafen schienen noch in Ordnung, aber nachdem ich den Hafen verlassen hatte, zeigte sich ein trauriges Bild. Die Menschen hausten in einfachen, teilweise verfallenen Hütten. Römische Soldaten sah ich nur wenige. Da es später Nachmittag war, machte ich mich zügig auf die Suche nach einer einfachen Herberge, in der ich mich stärken und die Nacht verbringen konnte. Aber die Stadt schien bereits hoffnungslos überfüllt zu sein mit jüdischen Pilgern aus dem gesamten Mittelmeerraum, und ich war froh, als ich ein Bett bei einem freundlichen Wirt ergattern konnte.

Am nächsten Morgen wollte ich mich zügig auf den Weg Richtung Jerusalem machen. Zwar war ich früh aufgestanden und hatte schnell meine wenigen Habseligkeiten zusammengepackt, doch trotzdem waren schon einige Pilger unterwegs Richtung Jerusalem. So schloss ich mich einer Pilgergruppe an, und bereits am Mittag erreichten wir Lydda. Die Stadt liegt ungefähr auf halbem Weg nach Jerusalem. Während sich die meisten dort etwas zu essen suchten, eilte ich weiter nach Emmaus. Aber der Weg war doch weiter, als gedacht. Die ersten Häuser erreichte ich, als es bereits dunkel war. Jetzt noch irgendwo um ein Nachtlager zu bitten, schien mir unangebracht, und so nächtigte ich unter freiem Himmel.

Ich schlief schlecht und bin ziemlich früh aufgewacht. Doch so konnte ich den Tag sehr gut nutzen. Ich besorgte mir in Emmaus frühmorgens in einem Gasthaus ein kleines Frühstück, ehe ich Richtung Osten weitereilte. Es war später Vormittag, als ich die Heilige Stadt auf dem Berg sehen konnte. Ich blieb mit offenem Mund stehen und staunte. »Jerusalem, die Stadt Davids!« Ich sank auf die Knie. Hier hatten meine Eltern gelebt, ehe sie Richtung Lukanien aufgebrochen und dann nur bis Alexandria Troas gekommen waren. »Die heilige Stadt!«, murmelte ich vor mich hin und kniff im hellen Sonnenlicht die Augen zusammen. Tatsächlich, man konnte sogar den Tempelberg mit dem Tempel des Herrn, Baruch Adonaj, und der Burg Antonia im Sonnenlicht erkennen! Da musste ich hin. Nach einigen Minuten wanderte ich weiter. Jerusalem, du hochgebaute Stadt, endlich bin ich da!

Von Westen kommend, betrat ich die Stadt durch das Genath-Tor am Palast des Herodes. Unzählige Menschen liefen durcheinander und ich versuchte, mich zurechtzufinden. Eine Herberge aufzutreiben schien mir angesichts des bevorstehenden Sukkotfestes aussichtslos und ich hatte mich damit abgefunden, heute Nacht vor den Toren der Stadt wieder irgendwo im Freien zu schlafen. Jetzt begab ich mich auf direktem Weg zum Tempelbezirk.

Ehrfürchtig stieg ich die 33 Stufen empor, ehe ich das sogenannte Doppelte Tor zur Königlichen Halle erreichte. Hier saßen Gruppen von Schriftgelehrten mit ihren Schülern auf dem Boden und diskutierten über die Thora. Ich durchschritt zügig die breite Halle, deren Dach von zwei Reihen korinthischer Säulen gestützt wurde, und betrat den Vorhof der Heiden. Hier herrschte ein reges Treiben: Da konnte man Tauben, Ziegen oder Schafe kaufen, um sie vor dem eigentlichen Tempel den Priestern zur Opferung übergeben zu können. Ja, es gab sogar an einer Stelle einen Esel zu kaufen. Außerdem hatten die Pilger die Möglichkeit, ihr Geld in die hier in Jerusalem übliche Währung zu tauschen. ›Halsabschneider!‹, dachte ich, als ich die Tische der Geldwechsler sah, und ging weiter. Dann waren erneut 10 Stufen – zwanghaft musste ich die Stufen zählen, die ich nahm – zu überwinden, ehe ich durch ein weiteres Tor in den Vorhof der jüdischen Frauen gelangte. Diesen durchquerte ich ebenfalls zügig und erreichte nach weiteren fünf Stufen und einem Durchgang den eigentlichen Vorhof.

Hier standen viele jüdische Männer, teilweise mit ihren Opfertieren im Käfig oder an einem Seil, um sie an die Priester zu übergeben. Die Priester des Herrn, Baruch Adonaj, hatten tatsächlich alle Hände voll zu tun. Etwa zehn waren mit der Reinigung der Opfertiere und weitere zehn mit dem Schächten beschäftigt, während die anderen dafür sorgten, dass das Feuer auf dem Altar niemals ausging. Ich drückte mich in eine Ecke dieses letzten Vorhofes, betrachtete interessiert die Geschäftigkeit der Männer und bestaunte dann den eigentlichen Tempel. »Hier wohnst du also, Herr des Himmels und der Erde!«, hörte ich mich selbst murmeln und dachte zugleich über meine eigenen Worte nach. War es wirklich denkbar, dass der Herr der Welt, der Schöpfer des Universums, hier in diesem Gebäude wohnte? Da fiel mir das Smintheion, der Apollontempel von Alexandria Troas, ein. Wie kann es sein, dass der Tempel eines heidnischen Gottes viel schöner und größer war als dieser hier?

In all der Geschäftigkeit um mich herum hielt ich nach und nach innerlich Ruhe und Einkehr. Ich war angekommen am Tempel meines Gottes, Baruch Adonaj! Hier war ich ihm ganz nah, oder? Und ich sprach im Stillen ein Gebet: »Herr, Gott des Himmels und der Erde, gepriesen seist Du für Deine Taten unter uns Menschen! Ich danke Dir: Du hast mich wohlbehalten hierhergeführt. Du hast mich alle Jahre meines Lebens geleitet und beschützt, hast mir immer Menschen an die Seite gestellt, die mich unterstützt und mir geholfen haben. Hilf mir, immer den Weg zu erkennen, den Du mich führen willst! Lege Deine Hände auf meine Schultern. Senke mir Deine Liebe ins Herz und hilf mir zu erfüllen, was Du mit meinem Leben vorhast! Bleibe bei mir, dann brauche ich vor der Zukunft keine Angst zu haben. Deiner Fürsorge befehle ich meine Eltern an. Lass sie schauen, was sie geglaubt haben; lege sie in Abrahams Schoß und führe mich einst wieder mit ihnen zusammen! Das sei gewisslich wahr.«

Ich weiß nicht, wie lange ich in der Ecke dieses Vorhofes gestanden und mir die Opfer angesehen habe. Jedenfalls schaute ich irgendwann auf zur Burg Antonia, die zwar klein, aber stolz ganz nah über den Vorhöfen des Tempels zu thronen schien, und ich erschrak: Dort standen dicht an dicht Soldaten, die das Geschehen im Tempelbezirk genau beobachteten. Kaum ein Jude scherte sich um sie, aber ich fand diesen Anblick beklemmend. Es wirkte wie eine Drohung, die über dem Geschehen stand: ›Vergiss nicht, dass Israel ein besetztes Land ist! Wir sind hier die Herren! Wage es nicht aufzubegehren...‹ So sehr mich diese Gedanken über die römische Besatzungsmacht belasteten, sie wurden schließlich überdeckt vom Knurren meines Magens. Tatsächlich hatte ich seit heute Morgen nichts mehr gegessen. Langsam wandte ich meinen Blick von den Soldaten ab und ließ ihn noch einmal über den Tempelvorplatz schweifen. Dann verließ ich den ganzen Tempelbezirk, um mir in der Stadt etwas zu essen zu besorgen.

Während in den Tempelvorhöfen praktisch keine römischen Soldaten anwesend waren, zeigten sie sich in der übrigen Stadt umso deutlicher. Immer wieder begegneten mir Patrouillen von fünf bis zehn Legionären. Immer wieder befragten und durchsuchten sie jüdische Passanten. »Was machen die da?«, fragte ich leise einen zufällig vorbeikommenden Pilger, als direkt vor mir wieder ein einzelner Mann von römischen Soldaten durchsucht wurde. Der Fremde lächelte: »Die sind auf der Suche nach Zeloten«, meinte er. »Was sind das für Leute?«, fragte ich zurück. »Na, Widerstandskämpfer eben, die mit Gewalt und der Hilfe Gottes die Römer aus dem Land vertreiben wollen. Und gerade jetzt, wenn so viele Juden in der Stadt sind, dann sind die Römer besonders nervös. Insbesondere bei unseren Wallfahrtsfesten hat es immer wieder Leute gegeben, die versucht haben, die Menschen gegen die Römer aufzustacheln.« Ich dankte für die Auskunft und ging nachdenklich weiter.

Zeloten, das heißt »Eiferer« – ich als Diasporajude hatte den Ausdruck noch nie vorher gehört, aber ich konnte mir vorstellen, dass sie sich so nennen wegen ihres Eifers für Gottes Willen. Als ob ich nicht für Gott, Baruch Adonnaj, eifern würde!?! Insgesamt empfand ich die Präsenz der römischen Soldaten ziemlich bedrückend, und ich begann, meine Eltern zu verstehen, die ein gutes halbes Jahr vor meiner Geburt der heiligen

Stadt den Rücken gekehrt hatten. Diese übergriffige römische Militärpräsenz sollte ich bald auch am eigenen Leib erfahren.

Überall in der Stadt sah ich außerdem Juden, die an oder vor ihrer eigenen Hütte eine kleine Laubhütte bauten. Ja, auch in der heiligen Stadt selbst lebte weiterhin der Brauch, an Sukkot eine Woche lang in einer Laubhütte zu nächtigen und zu essen. ›In 40 Jahren Wanderschaft durch die Wüste hat der Herr, Baruch Adonaj, sein Volk bewahrt, es mit Wasser, Wachteln und Manna ernährt‹, ging es mir durch den Kopf.* Anlässlich des Sukkotfestes beschloss ich, in den nächsten Tagen – vielleicht schon morgen – ein kleines Zicklein zu kaufen und es den Priestern zur Opferung zu übergeben. Mit dem Rauch des Opfers soll mein Dank-, Bitt- und Lobpreisgebet zum Herrn, Baruch Adonaj, aufsteigen!

Rückblickend hat Gott mich durch alle Gefahren hindurch bewahrt. Mein bisheriges Leben erinnerte mich durchaus an den Weg des Volkes durch die Wüste. Nicht alles war so gegangen, wie ich es mir gewünscht hatte, aber am Ende steht Gottes Bewahrung über allem. Natürlich hätte ich gerne länger mit meinen lieben Eltern gelebt, natürlich wäre ich gerne noch länger ein Kind geblieben, aber der Tod meiner Eltern forderte mich heraus, mein Leben in die Hand zu nehmen. Und dann nahm mich Artemidoros an die Hand, sah mich als sein Kind und wurde mein zweiter Vater. Und auch in Alexandria war ich nicht alleine. Elasar nahm mich wie einen alten Bekannten in sein Haus auf. Er war wie ein Bruder zu mir.

»Oh Herr, gepriesen seist du!«, hörte ich eine Stimme in mir, »*meine Erfahrung lehrt mich: Du hältst mich bei meiner rechten Hand, du leitest mich nach deinem Rat und*

---

* Vgl. Exodus 12.

nimmst mich am Ende mit Ehren an. Wenn ich nur dich habe, so frage ich nichts nach Himmel und Erde. Wenn mir gleich Leib und Seele verschmachtet, so bist du doch, Gott, allezeit meines Herzens Trost und mein Teil. Aber das ist meine Freude, dass ich mich zu Gott halte und meine Zuversicht setze auf Gott, den Herrn, dass ich verkündige all dein Tun.« Ganz unversehens war mein stilles Dankgebet in den Psalm 73* eingemündet. Ich fasste den Entschluss, morgen ein Opfer im Tempelbezirk darzubringen. Doch vorher wollte ich noch ein Nachtlager suchen. Eine Herberge schien aussichtslos, aber mir würde schon etwas einfallen. Was ich noch nicht ahnte, war, dass ich meinen Plan, dem Herrn, Baruch Adonaj, ein Dankesopfer für die Begleitung und Bewahrung darzubringen, nicht würde umsetzen können.

Ich erkundigte mich bei einem Jerusalemer, den ich daran erkannte, dass er seine Laubhütte gerade fertiggebaut hatte, wo man hier am besten unter freiem Himmel übernachten könne. Er blickte gar nicht auf, sondern meinte nur: »Westlich des Tempelberges ist der Garten Gethsemane. Das ist ein Park, in dem viele Pilger die Nacht verbringen.« Ich bedankte mich und machte mich gleich auf den Weg. Der Tempelberg fällt an der Westseite steil ab und ich musste den Weg nach unten ein bisschen suchen. Fast wäre ich ein paarmal mit meinem Gepäck gestürzt. Doch als ich das Kidrontal endlich erreicht hatte, war der Garten schnell gefunden. Am Eingang standen glücklicherweise ein paar judäische Bauern, die Obst und Gemüse verkauften – wahrscheinlich wollten sie sich hier, außerhalb der Stadtmauern, den Zoll für die Stadt sparen. So kam ich tatsächlich noch zu einem einfachen Abendessen, legte mich unter eine Zeder und ließ in der

* Psalm 73, 23b-26.28.

kurzen Abenddämmerung den Tag vor meinem inneren Auge Revue passieren.

Ich dachte an die Römer und an die Zeloten. Offenbar gab es tatsächlich Juden, die meinten, gegen die römische Besatzungsmacht kämpfen zu müssen. Dabei waren die Römer militärisch doch weit überlegen. Ein Kampf gegen die römischen Legionen käme einem Selbstmord gleich, dachte ich mir. Ja, und dann dachte ich an meine Eltern, die hier irgendwo gelebt hatten – hier in der Heiligen Stadt, die sie dann besorgt verließen! Mein Vater hatte in der Säulenhalle des äußeren Tempelvorhofs die Thora gelernt und später gelehrt. Dort wollte ich morgen nach meinem Opfer unbedingt hin. Ich wollte hören, wie dort die Thora ausgelegt wird. Außerdem wollte ich die griechische Übersetzung der hebräischen Bibel zeigen und die Schriftgelehrten nach ihrer Meinung dazu befragen. Ja, ich freute mich auf einen ereignisreichen Tag. Doch bereits die Nacht sollte schon überaus ereignisreich verlaufen.

»Aufwachen!« Durch diesen Ruf und einen kräftigen Stoß eines Holzstiels auf mein Brustbein wurde ich mitten in der Nacht geweckt. Über mir stand ein römischer Soldat – er hatte mir den Schaft seiner Lanze auf meine Brust gesetzt – und als ich mich noch etwas schlaftrunken umschaute, sah ich noch viele weitere Soldaten. Blitzschnell war ich wach. Was wollten die hier? Ich schob den Lanzenstiel beiseite und sprang auf die Beine: »Was«, fragte ich, »was ist denn los?« – »Kontrolle!«, sagte einer der Soldaten – er trug den Helm eines Optio, eines unteren Offiziers. »Was wird denn kontrolliert?«, fragte ich. »Schnauze!«, brüllte der Optio, »du redest nur, wenn du gefragt wirst!« Ich verstummte und dachte mir: ›Eure Waffen sind wirklich gute Argumente.‹ Mein Gepäck wurde bereits von einem Soldaten akribisch durchsucht. Der Optio fragte mich: »Name?« – Ich zögerte. Sollte ich ihm meinen jüdischen oder meinen griechischen Namen sagen, entschied mich aber dann für den jüdischen (hätte ich bloß anders entschieden!): »Juda ben Sacharja. Ich komme aus Alexandria Troas und bin römischer Staatsbürger.« Der Optio nickte: »Ist klar, Jude! Das sagen sie alle!«

Währenddessen war die Durchsuchung meiner Habseligkeiten abgeschlossen. Der Soldat hielt mein Reisegeld sowie die vielen Schriftstücke, die ich in der Bibliothek von Alexandria abgeschrieben hatte, in der Hand und rief: »Fund!« »Was ist das?«, fragte mich der Optio, und ich antwortete: »Ich bin Arzt und komme gerade aus Alexandria am Nil. In der dortigen Bibliothek habe ich studiert und mir ein paar Notizen gemacht.« – »Ganz schön viele Notizen!«, stellte der Optio fest. »Die müssen wir erst einmal überprüfen! Und wozu braucht ein Arzt so viel Geld?« – »Das ist das Geld, das ich für meine Reisen benötige!«, stellte ich klar. Der Optio schüttelte den Kopf und wandte sich an zwei Soldaten: »Dieser Mann ist verdächtig. Festnehmen! Abmarsch!« Die beiden Soldaten salutierten und stellten sich an meine rechte und linke Seite.

Ich konnte es kaum glauben, aber ich war tatsächlich verhaftet. Ich holte tief Luft, um zu protestieren, doch ich biss mir auf die Zunge. Die römischen Soldaten wirkten sehr nervös und ich hatte mir nichts zuschulden kommen lassen. Es wird sich schon alles irgendwie aufklären! Und mir wurde schnell klar: Nur, wenn ich freundlich blieb und kooperierte, würde ich die Soldaten von meiner friedlichen Absicht überzeugen können. Offenbar dachten die wirklich, ich wäre ein Zelot. Außer mir wurden noch weitere zehn junge Männer, die im Garten

Gethsemane die Nacht verbringen wollten, mit mir auf die Burg Antonia verbracht. Wie ein Schwerverbrecher wurde ich abgeführt. Auf der Burg angekommen, warf man uns in ein hoffnungslos überfülltes Verlies. Es stank dort erbärmlich.

Wenn ich geahnt hätte, dass ich in so einen Kerker kommen könnte, hätte ich einen anderen Übernachtungsort als den Garten Gethsemane gewählt. Vergeblich versuchte ich, mit meinen Mitgefangenen ins Gespräch zu kommen. Sie waren offenbar alle so eingeschüchtert, dass keiner irgendetwas sagte. Manchen war anzusehen, dass man sie ausgepeitscht hatte. Andere waren mit Ketten gefesselt. Abgemagert waren sie alle. Drohte mir auch so eine Strafe, vielleicht sogar die Todesstrafe? Aber ich hatte doch nun wirklich nichts Verbotenes getan! Zwischen Hoffen und Bangen schlief ich schließlich noch ein paar Stunden zusammengekauert in einer Ecke.

Den ganzen darauffolgenden Tag passierte gar nichts. Die Situation erschien hoffnungslos. Wir bekamen nicht einmal etwas zu essen oder zu trinken. »Wenn du den Fraß siehst, den wir hier an jedem zweiten Tag vorgesetzt bekommen, vergeht dir der Appetit!«, murmelte ein zerlumpter Gefängnisinsasse mir zu. Er war offenbar schon länger inhaftiert. »Weshalb bist du hier?«, fragte ich ihn, und er grinste mich mit seinen lückenhaften Zähnen an. »Hochverrat!«, zischte er, »Sie werfen mir vor, ich hätte einen Aufstand anzetteln wollen.« – »Glaubst du, sie bringen uns alle hier um?«, fragte ich ängstlich und er fauchte mir zu: »Ich habe Freunde draußen. Die werden mich bestimmt rausholen. Ich werde jedenfalls nicht so lange warten, bis ich erfahre, was sie mit mir vorhaben.« Ich fragte nicht weiter. Manchmal ist es besser, nichts zu wissen. Aber die Ungewissheit nagte an mir. Warum bin ich hier inhaftiert? Und dann sagte ich mir immer wieder: ›Du hast nichts verbrochen. Außerdem bist du römischer Staatsbürger. Sie können dich nicht so einfach töten. Nicht einmal auspeitschen dürfen die dich, weil du nichts Unrechtes getan hast.‹

Am zweiten Tag öffnete sich die Gefängnistür und ein Bottich mit Wasser sowie ein Trog, wie er sonst für die Fütterung von Tieren verwendet wird, wurden hereingetragen In dem Trog waberte eine seltsame Brühe. Offenbar war das die Verpflegung der Gefangenen. Viele stürzten sich hungrig auf die »Suppe« und schlürften direkt aus dem Trog. Ich stand weit hinten und hätte wahrscheinlich überhaupt nichts mehr zu essen oder zu trinken bekommen. Doch da hörte ich, wie der Optio, der mich hatte festnehmen lassen, meinen Namen rief: »Juda ben Sacharja aus Alexandria Troas!« – »Hier!«, rief ich hoffnungsfroh. »Mitkommen!«, rief er, und ich bahnte mir meinen Weg durch die an die Tröge drängenden Gefangenen. Meinem Gesprächspartner vom Vortag warf ich noch einen aufmunternden Blick zu. Hinter mir wurde die Kerkertür wieder abgesperrt.

Wortlos folgte ich gehorsam den Soldaten die Treppen hinauf. Oben angekommen, lag mein gesamtes Gepäck – allerdings komplett durchwühlt – auf einem Tisch. »Wir haben deine Schriften geprüft. Du scheinst tatsächlich ein Arzt und Schriftgelehrter zu sein – auf jeden Fall sieht es nicht so aus, dass du ein Zelot bist. Deshalb darfst du jetzt gehen!« Der Optio warf mir einen scharfen und skeptischen Blick zu.

Hastig packte ich meine Habseligkeiten zusammen. Dabei stellte ich fest, dass ein Großteil meines Geldes fehlte. Ich holte tief Luft, nahm meinen ganzen Mut zusammen und fragte: »Wo ist der Rest meines Geldes?« Der Optio grinste hämisch: »Wir sind der Meinung, dass du zur Heimreise gar nicht so viel Geld brauchst. Deshalb wurde das meiste davon beschlagnahmt! Wir haben bessere Verwendung dafür.« Nickend fügte er noch hinzu: »Außerdem sollst du nicht auf dumme Gedanken kommen!« – »Bitte«, sagte ich, »ich wollte damit ein Opfertier kaufen, und jetzt reicht das Geld nicht einmal mehr, um mit dem Schiff nach Alexandria Troas zurückzukehren.« – »Pech«, meinte der Soldat spöttisch, »dann musst du eben zu Fuß gehen! Du bist doch noch jung! Aber wenn du weiter rumjammerst, kannst du auch gerne hierbleiben. Ist ja kuschelig hier. Und du brauchst überhaupt kein Geld!« Er lachte dreckig. Ich verstummte. Ich konnte nichts machen. Er hatte recht. Wenigstens meine teuren Schriften und Exzerpte hatten sie mir gelassen! Wortlos nahm ich mein Gepäck und machte mich davon.

Als ich die Burg Antonia verließ, hatte Jerusalem etwas von seinem Glanz verloren und sah gar nicht mehr so schön und einladend aus. Als Erstes ging ich zum Teich Bethesda, unweit der Burg Antonia, um mich ausgiebig zu reinigen. Dann zählte ich die wenigen mir verbliebenen Münzen und überschlug, wie lange ich noch in Jerusalem bleiben könnte, denn ich wollte mich ja noch mit den hiesigen Schriftgelehrten über die Thora unterhalten. ›Wenn ich unter freiem Himmel nächtige, wird es wohl noch für eine Woche reichen‹, dachte ich und ärgerte mich über den dreisten Diebstahl der Römer! Dabei wurde mir auch klar, dass das mir verbliebene Geld jetzt nicht mehr für eine Opferziege reichte. ›Vielleicht‹, dachte ich, ›ist es noch genug für eine Taube … ja, vergiss nicht, dass die Römer die Herren im Land sind!‹

Dieser letzte Satz ging mir immer wieder durch den Kopf. Nachdem ich mich gereinigt hatte, ging ich wieder die Stufen hinauf in die Säulenhalle am äußeren Tempelvorhof. Hier saßen die Schriftgelehrten und unterrichteten ihre Schüler. Ich gesellte mich zu einer dieser Schülergruppen und hörte, wie der alte Mann auf Aramäisch dozierte: »Die Thora ist das eine Wort Gottes. Mose hat sie auf dem Berg Sinai direkt von Gott empfangen. In ihr ist Gottes Wille unabänderlich festgelegt. Wir sind Gottes auserwähltes Volk und von ihm dadurch ausgezeichnet, dass wir – anders als die Heiden – die Thora bekommen haben. Durch sie schenkt Gott uns Leben.« – »Warum hat Gott aber das Volk Israel ausgewählt?«, rief einer der Schüler dazwischen.

Der Schriftgelehrte blickte ihn etwas ungehalten an, dann fragte er zurück: »Was meinst du denn? Etwa weil wir so ein großes und mächtiges Volk wären? Nein, dann hätte Gott die Römer ausgewählt. Nein, die Antwort liegt in der unergründlichen Liebe Gottes. ›*Israel ist mein erstgeborener Sohn und ich gebiete dir, dass du meinen Sohn ziehen lässt, dass er mir diene!*‹* Das waren die Worte, die Mose dem Pharao in Ägypten sagen sollte.« Da platzte es aus mir heraus: »Was ist mit den Heiden?«, fragte ich in die Gruppe, und ich fügte hinzu: »Wenn Gott, Baruch Adonaj, Israel als seinen erstgeborenen Sohn bezeichnet, heißt das doch, dass er noch weitere Söhne hat? Und welche Möglichkeit haben die Heiden, zum Herrn, Baruch Adonaj, zu gelangen?«

Jetzt blickte mich der Schriftgelehrte unwirsch an. Vermutlich erkannte er an meinem Akzent, dass ich ein Diasporajude war, der normalerweise griechisch sprach. Seine Augen blitzten, als er mir entgegnete: »Darum geht es nicht! Die Heiden können sich höchstens Segen erwerben, wenn sie akzeptieren, dass wir Gottes auserwähltes Volk sind und sich uns gegenüber dementsprechend verhalten. Deshalb bekommt unser Stammvater Abraham

* Exodus 4,22b-23a.

auch die Zusage, dass sich in ihm ›*alle Geschlechter auf Erden*‹* Segen erwerben können. Aber Gottes auserwähltes Volk, das sind nun mal wir. Mehr ist dazu nicht zu sagen!« Offenbar war der letzte Satz eine Bekräftigung, die der Schriftgelehrte immer wieder sagte. Seine Schüler nickten zustimmend und ich schwieg.

Als der Unterricht vorüber war, nahm ich noch einmal meinen ganzen Mut zusammen und sprach den Gelehrten an: »Verehrter Rabbi, verzeiht, dass ich euch anspreche, aber mich bewegt eine große Frage.« Jetzt lächelte der alte Mann. Offenbar war er angetan von der etwas unterwürfigen Anrede: »Sprich!« – »Ich bin gerade aus Alexandria am Nil angereist. Dort hat man mir eine griechische Übersetzung unserer heiligen Schrift gezeigt. Ich habe mir sogar die Mühe gemacht, sie abzuschreiben. Durch diese Übersetzung kann unsere Thora in der ganzen Welt bekannt gemacht werden, und auch diejenigen, die unsere hebräische Sprache nicht sprechen, können mit Gottes Wort, Baruch Adonaj, bekannt gemacht werden. Wie steht ihr dazu?« Während meiner Rede verzog der Rabbi das Gesicht: »Die Mühe des Abschreibens hast du dir umsonst gemacht!«, fauchte er verärgert. »Das Wort Gottes gibt es nur auf Hebräisch. Eine Übersetzung ist nichts wert! Vergiss es!« Mit diesen Worten ließ er mich stehen.

Ich konnte nicht glauben, was ich gehört hatte. Blickte man in der heiligen Stadt wirklich so geringschätzig auf diese – wie ich fand – grandiose Übersetzung, die ich selbst als große Errungenschaft ansah? Nachdenklich verließ ich die Säulenhalle, um mir auf dem Markt etwas zu essen zu kaufen. Danach setzte ich mich in den Schatten eines Hauses, um die Früchte, die ich mir auf dem

---

* Genesis 12,3b.

Markt gekauft hatte, zu mir zu nehmen und über meine Erfahrungen nachzudenken. Vielleicht gibt es in Jerusalem aber doch noch andere Ansichten über die Thora, deren Übersetzung und vor allem über die Bedeutung der Heiden. Die Antwort des Rabbi, es käme nur darauf an, wie sie sich dem auserwählten Gottesvolk gegenüber verhalten, stellte mich nicht zufrieden. Außerdem war mir unklar, was das bedeutete, wenn Gott Israel als seinen »erstgeborenen« Sohn bezeichnete. Gab es denn wirklich keine weiteren Söhne?

Nachdem ich mich gestärkt und mein übriges Geld erneut gezählt hatte, beschloss ich, mein Vorhaben doch noch einzuhalten und wenigstens eine Opfertaube zu kaufen. Im äußeren Tempelvorhof besorgte ich mir das Tier und ging zügig durch die weiteren Vorhöfe bis zum Tempel. Als ich die Taube dem Priester aushändigte, sah der mich herablassend an: »Mehr war wohl nicht drin für den Herrn, Baruch Adonaj?« Der Ton in seiner Stimme war so gehässig, dass ich vor Scham vor ihm beinahe im Boden versank. Mein Opfer war tatsächlich ein Opfer, denn meine Reserven waren jetzt praktisch aufgebraucht. In mir begann es zu brodeln. Am liebsten hätte ich ihm die Taube wieder abgenommen. Aber ich wollte keinen Ärger machen. So zuckte ich nur mit den Schultern und sagte: »Ja, mehr habe ich leider nicht!« – »Na dann!«, sagte der Priester und brachte die Taube zum Schächter. Ich sah zu, wie dieser das Tier fachmännisch tötete und ausbluten ließ. Schließlich wurde es an den Opferaltar gebracht und dem Herrn, Baruch Adonaj, geopfert. Ich betrachtete den Rauch, wie er aufstieg und begleitete diesen mit einem Dank- und Bittgebet. Dann sprach ich ganz leise – mehr für mich selbst, denn angesichts meiner aufgebrauchten Geldmittel hatte ich allen Grund, mir Sorgen zu machen – das Psalmwort:

»Befiehl dem Herrn deine Wege und hoffe auf ihn, er wird's wohlmachen!«*

Ich holte tief Luft und wandte meinen Blick vom Himmel. Versehentlich streifte er dabei die Burg Antonia und ich erschrak erneut über die Soldaten – es mögen zehn oder gar zwölf gewesen sein – oben auf den Zinnen, die das Treiben im Tempelvorhof genau im Auge behielten. Mit denen will ich erst einmal nichts mehr zu tun haben! Schließlich wandte ich mich ab. Die Sonne hatte ihren Zenit längst überschritten und ich beschloss, erneut in die Säulenhalle des äußeren Tempelvorhofs zu gehen, um mich an dem einen oder anderen Gespräch über die Bedeutung der Thora zu beteiligen. Es war mir inzwischen klar, dass ich als Jude aus der Diaspora vielfach eine andere Sichtweise hatte als die Jerusalemer Pharisäer und Schriftgelehrten. Meine theologischen Fragen ließen mir keine Ruhe. So ging ich erwartungsvoll wieder in die Halle des äußeren Tempelvorhofs. Und was dort passierte, sollte mein Leben tatsächlich auf einen Schlag für immer ändern.

Es war genau am Spätnachmittag, als ich diesen Namen zum ersten Mal hörte: »Jesus von Nazareth«! Eigentlich wurde er mir zunächst bekannt unter seinem ursprünglichen Namen »Jehoschua« – so nannten ihn nämlich die Juden aus Galiläa und Judäa, die mir von ihm erzählten. Ich möchte jedoch in meiner Biographie von »Jesus« reden und auch den Aramäern diesen Namen in den Mund legen, weil der Nazarener unter seinem griechischen Namen »Jesus« weithin bekannt wurde. Außerdem habe ich ihn in meinen späteren Berichten über sein Leben und Sterben und in der daran anschließenden Kirchengeschichte auch immer so genannt. Aber der Reihe nach!

---

* Psalm 37,5

Ich stieg also die Stufen zum äußeren Vorhof hinab und drängte mich durch das Gewühl der Geldwechsler und Tierhändler. Schließlich erreichte ich die Säulenhalle und blieb sofort stehen, denn ich hörte eine durchdringende Stimme: »… von den Toten auferstanden. Du brauchst gar nicht so ungläubig zu schauen. Wenn ich es dir sage: Ich habe ihn gesehen. Er ist mir drei Tage nach seiner Kreuzigung lebendig erschienen.« ›Bitte, was hat dieser Mann mit dem Rauschebart und den buschigen Augenbrauen da vorne gerade gesagt?‹, fragte ich mich und kam neugierig näher. Es standen etwa zehn Menschen um ihn herum, und der Fremde redete weiter.

Er sah aus wie ein Handwerker mit zerfurchten Gesichtszügen, groß gewachsen und hatte eine Stirnglatze. Seine Augenbrauen waren über der Nasenwurzel zusammengewachsen, was ihm einen fast finsteren Gesichtsausdruck verlieh. Er trug einen grob gewebten, grauen Überwurf, der aussah, als wäre er aus Sackleinen gefertigt. Seine Hände waren unglaublich groß und kräftig; offenbar war er es gewohnt zuzupacken. »Jesus von Nazareth! Ja, den hat Pontius Pilatus, der damalige Statthalter, auf Drängen des Hohen Rates vor zehn Jahren hier in Jerusalem kreuzigen lassen. Und drei Tage später habe ich ihn lebendig wiedergesehen. Stellt euch das mal vor: Gott hat ihn von den Toten auferweckt.«

Manche Zuhörer tippten sich an den Kopf und sagten abfällig: »Gekreuzigt? Na, dann war er wohl ein Schwerverbrecher! Nur Schwerverbrecher werden gekreuzigt.« Und damit wandten sie sich ab. Der Fremde ließ sich davon nicht beirren. Andere fragten nämlich interessiert nach: »Ist dir klar, was du da behauptest? Du willst einen Toten wieder lebendig gesehen haben? Bist du dir sicher, dass es keine Halluzination war?« – »Natürlich war es keine Einbildung von mir!«, bekräftige der Mann und fuhr fort: »Danach ist Jesus auch noch den anderen Jüngern als der Lebendige erschienen. Später haben ihn ganz viele, ungefähr fünfhundert Leute, auf einmal gesehen. Ich kann euch viele Namen nennen; und die Leute können es euch bestätigen.« – »Aber«, schaltete ich mich in das Gespräch ein, »Gott wird doch erst am Ende der Tage die Toten auferwecken.« Der Bärtige sah mich an und nickte: »Und wer sagt dir, dass das Ende der Tage nicht unmittelbar bevorsteht?« Ich kam ins Grübeln. So hatte ich die Sache bisher nicht gesehen. Könnte es sein, dass Gott mit der Auferweckung der Toten schon begonnen hat ... und es demnächst fortführen wird? Was bedeutete das für meine verstorbenen Eltern?

Ich wollte mehr darüber wissen. »Aber weshalb sollte Gott diesen Jesus von den Toten auferwecken? Ausgerechnet ihn?« – »Das kann ich dir sagen: Jesus war der Messias. Er war aber nicht der Messias, wie ihn sich die meisten unserer Glaubensbrüder vorstellen. Er war kein politischer Messias. Er hat nicht versprochen, uns von der römischen Besatzungsmacht zu befreien. Ich war sein Schüler in Galiläa. Er hat vielmehr verkündigt, dass das Reich Gottes nah ist! Und als Bekräftigung dieser Verkündigung hat er viele Menschen geheilt. ›Ja‹, hat er gesagt, ›wenn ich mit dem Finger Gottes die Dämonen austreibe, dann ist das Reich Gottes schon zu euch gekommen.‹ Als er mich damals am See Genezareth berufen hat, wusste ich noch nicht, wer das wirklich ist. Ich bin ihm einfach gefolgt. Und ich habe es nie bereut! Jesus hat meinem Leben einen neuen Sinn gegeben.« – »Das interessiert mich«, antwortete ich und reichte ihm die Hand, »ich bin übrigens Judas ben Sacharja.«

Der Mann lächelte: »Angenehm! Ich bin Kephas!« – »Kephas? Was ist denn das für ein seltsamer Name? Wer nennt sein Kind denn ›Fels‹?« Der Mann lächelte: »Eigentlich heiße ich Simon. Ich war Fischer am See Genezareth in Galiläa. Es war eine verrückte Geschichte. Ich wollte Jesus nachfolgen. Und dafür habe ich meine Arbeit aufgegeben und meine Familie zurückgelassen. Das würde jetzt zu weit führen, sie zu erzählen. Aber zu meinem neuen Namen bin ich gekommen, weil Jesus seine Schüler einmal fragte, wer er unserer Meinung nach sei. Und da habe ich tief Luft geholt und gemeint, er sei der Messias. Daraufhin sagte er mir, ich solle ab jetzt Kephas heißen.«

Ich nickte: »Und wie ein Fels verkündigst du jetzt die Nachricht von der Predigt und der Auferweckung dieses Jesus von den Toten?« Da machte Kephas, der – wie ich später erfuhr – unter seinem griechischen Namen »Petrus« bekannt wurde (deshalb werde ich den Namen »Petrus« jetzt auch weiterverwenden), plötzlich ein trauriges Gesicht: »Ganz so einfach war es nicht. Und ganz so felsenfest war ich auch nicht immer. Aber ...« Er blickte sich um. Keiner der Umstehenden war unserem Gespräch gefolgt. Wir standen allein am Rand der Säulenhalle des äußeren Tempelvorhofs. »Aber wenn du weiter daran interessiert bist, komm doch mit zu mir. Dann kann ich dir in aller Ruhe noch viel, viel mehr erzählen! Außerdem ist jetzt langsam Essenszeit. Komm doch einfach mit und sei mein Gast!«

Mir war sofort klar: Das war ein Zeichen Gottes, Baruch Adonaj! Ich hatte keine Wohnung, kein Geld und keine Ahnung, wo ich die nächste Nacht verbringen könnte. Und jetzt lud mich ein Mann zu sich ein, den ich überhaupt nicht kannte, aber dessen Geschichte mich sehr interessierte. Ich deutete eine Verbeugung an: »Petrus, ich danke dir. Gerne komme ich mit dir, aber ich muss dir sagen, dass ich kein Geld mehr habe. Die Römer haben mich kürzlich verhaftet und mir fast all mein Geld abgenommen.« Petrus lächelte: »In unserer Gemeinde ist für jeden etwas da. Jesus wollte nicht, dass irgendeiner Mangel hat. Deshalb teilen wir, wenn einer gar nichts hat.«

Ich war beeindruckt. Petrus schien das zu spüren und fuhr fort: »Weißt du: Mir ist als Jünger Jesu klargeworden: Alles, was du besitzt, besitzt irgendwann dich! Und deshalb halten wir es mit dem Privateigentum so: Was erwirtschaftet wird, wird abgegeben und an alle verteilt. So hat jeder etwas. Das funktioniert bei uns in der Regel ganz gut. Wie heißt du doch gleich?« Offenbar hatte er meinen Namen schon wieder vergessen. »Ich bin Judas ben Sacharja, aber vielleicht ist es hier in Jerusalem besser, wenn man mich mit meinem griechischen Namen anspricht, den meine Eltern mir gegeben haben: ›Lukas‹. Ich stamme aus Alexandria Troas und bin zum Sukkotfest nach Jerusalem gekommen. Die vergangenen zwei Nächte habe ich im Gefängnis der Burg Antonia verbracht.« – »Verstehe, da haben dich die Römer für einen Zeloten gehalten und erst einmal eingesperrt. Das tut mir leid!« Er klopfte mir auf die Schulter und machte sich zum Aufbrechen bereit. »Jetzt komm erst einmal mit mir und wir werden sehen, ob wir nicht noch etwas zu essen auftreiben!« – »Vielen Dank, Petrus!«, sagte ich noch einmal. – »Nicht der Rede wert! Du bist mein Gast.«

Wir gingen durch die verwinkelten Gassen der Altstadt und immer weniger Menschen begegneten uns. Schließlich blieben wir vor einer kleinen, unscheinbaren Hütte stehen: »Hier wohnen wir!«, sagte Petrus und schloss die Tür auf. Ich fragte: »Wer sind ›wir‹?« – »Ach ja, das habe ich ganz vergessen«, meinte er, »mit mir wohnt in dieser Wohnung noch ein weiterer Jünger Jesu, Johannes, und außerdem der Bruder von Jesus, er heißt Jakobus. Der kann dir auch noch viel über Jesus erzählen.« Die beiden anderen Männer empfingen mich wie einen alten Freund und tischten auf, was die Küche hergab. Ihre Gastfreundschaft war überwältigend!

Am folgenden Sabbat nahmen die drei mich zu ihrer Gemeindeversammlung mit, in der die Geschichten von Jesus erzählt wurden: »Liebe Schwestern und Brüder, das Reich Gottes ist nahe!« Mit diesem Satz leitete Jakobus, der als Bruder Jesu offenbar eine ganz besondere Stellung in der Gemeinde hatte, seine Predigt ein. Und er erzählte schier unglaubliche Geschichten aus der Kindheit und Jugend seines Bruders. Ich erinnere mich eigentlich nur an zwei davon: Einmal habe Jesus aus Lehm kleine Vögel geformt. Als er fertig war, habe er in seine lehmverschmierten Hände geklatscht und gerufen: »Husch, husch, fort mit euch!« Und augenblicklich hätten die Lehmspatzen die Flügel ausgebreitet und seien davongeflogen. Bereits damals habe er, der jüngere Bruder, erkannt, dass Jesus etwas Besonderes sei. »Das ist ja unglaublich!«, rief einer dazwischen. »Erzähle uns mehr solche Geschichten!« Der Zwischenrufer lispelte sehr deutlich. Später erfuhr ich seinen Namen: Silas. ›Wie passend – mit zwei s-Lauten!‹, habe ich mir da nur schmunzelnd gedacht.

Jakobus hatte jedoch die Aufmunterung gehört und erzählte weiter von seinem großen Bruder: »Einmal ist Jesus durch Nazareth gegangen und ein Junge ist zu ihm gelaufen und hat ihn an der Schulter gestoßen. Da ist Jesus sauer geworden und hat zu ihm gesagt: ›Du sollst deinen Weg nicht fortsetzen!‹ Und sofort ist der Junge hingefallen und gestorben.«[*] – »Da hat er es ihm aber gezeigt!«, rief schon wieder dieser Silas dazwischen. Er schien ein recht kindliches Gemüt zu haben. Auch ich

---

[*] Beide Geschichten aus dem Kindheitsevangelium des Thomas 4,1 (übers. v. K. Ceming / J. Werlitz).

war anfangs von diesen Geschichten beeindruckt. Aber je mehr ich von Jesus erfuhr, desto unglaubwürdiger fand ich diese Kindheitsgeschichten und verstand sie eher als gleichnishafte Märchen. Solche Zaubertricks passen nicht zu einem Messias und Gottessohn. Als ich viele Jahre später meine Jesusgeschichte niederschrieb, ließ ich diese Geschichten beiseite. Ich konnte mir nicht vorstellen, dass der Jesus, den ich im Laufe meines Lebens kennengelernt habe, so etwas tut. Vermutlich hat sich Jakobus da einiges ausgedacht, zumal Menschen wie Silas begierig waren, so etwas zu hören.

Eine andere Geschichte erschien mir wesentlich glaubhafter: Nach Jakobus muss Jesus ungefähr zwölf Jahre alt gewesen sein, als sich die ganze Familie, die Eltern Josef und Maria mitsamt ihren sieben Kindern, auf den Weg nach Jerusalem zum Passafest machten. Dort, in der Säulenhalle des Tempels, habe der zwölfjährige Jesus über die Bedeutung der Thora mit den Schriftgelehrten diskutiert. Diese seien tief beeindruckt gewesen von der Schriftkenntnis des Jungen. Als die Familie dann wieder auf dem Heimweg war, habe die Mutter am Ende des ersten Reisetages festgestellt, dass Jesus verschwunden sei. So hieß es »Umkehren und Suchen«! Schließlich habe man Jesus in der Säulenhalle des Tempels gefunden, wo er immer noch mit Schriftgelehrten über die Thora sprach. Die Eltern hätten ihm Vorhaltungen gemacht und sich furchtbar um ihn gesorgt, aber Jesus habe ganz ruhig darauf geantwortet: »*Wusstet ihr nicht, dass ich sein muss in dem, was meines Vaters ist?*«* Er selbst, Jakobus, habe dieses Wort lange nicht verstanden. Erst viel später sei ihm klar geworden, wie der Satz zu verstehen sei, denn Jesus sei ja Gottes Sohn.

* Lukas 2,49b.

Petrus und Johannes berichteten dann von ihrer Tätigkeit als Fischer am See Genezareth. Sie redeten von diesem Jesus, der eigentlich Bauhandwerker gewesen war, aber offenbar auf einer Pilgerreise nach Jerusalem am Jordan mit einem Prediger namens Johannes zusammengetroffen sei. Dieser habe vom bevorstehenden Zorn Gottes gepredigt und die Leute dazu aufgerufen, sich von ihm taufen zu lassen, wenn sie gerettet werden wollen. Jesus habe sich taufen lassen und sei dann nicht mehr an seinen Arbeitsplatz in Galiläa zurückgekehrt. »Und? Wie ging's weiter?«, fragte ich erwartungsvoll. Petrus zuckte mit den Schultern: »Naja, Jesus war irgendwann mit dem, was der Täufer predigte, nicht mehr einverstanden. Er erzählte uns, dass er sich immer wieder mit ihm gestritten habe, weil das, was der Täufer da verkündigte, nicht so recht stimme. Irgendwann habe er ihn jedenfalls verlassen und sei nach Galiläa zurückgekehrt. Der Anlass hierfür war, glaube ich, eine Vision, von der er einmal erzählt hat. Er habe gesehen, dass der Satan aus dem Himmel geworfen worden sei. Diese Vision hat Jesus so gedeutet, dass Gott für seine Geschöpfe nur das Gute will und die Macht des Bösen eigentlich gebrochen ist, obwohl der Teufel hier auf der Erde immer noch viel Böses tun kann.* Jedenfalls hat er in Galiläa seine Arbeit als Bauhandwerker nicht wieder aufgenommen.

Stattdessen ist er nach Kapernaum am See Genezareth, in meine Heimatstadt, gekommen und hat von der Nähe des Gottesreiches gepredigt. Ja, er hat gesagt: ›Nicht Gottes Zorn über die Sünden der Menschen, sondern das Reich Gottes ist nahe. Seine Aufrichtung steht unmittelbar bevor.‹« – »Was hat er denn unter dem Reich Gottes verstanden?«, unterbrach ich ihn. »Na, dass man

---

* Vgl. Lukas 10,18.

sich darauf verlassen kann, dass Gott, Baruch Adonaj, für alle sorgt. Ich erinnere mich ganz genau an seine Worte. Er hat gesagt: ›*Seht die Lilien, wie sie wachsen: Sie arbeiten nicht, auch spinnen sie nicht. Ich sage euch aber, dass auch Salomo in aller seiner Herrlichkeit nicht gekleidet gewesen ist wie eine von ihnen. Wenn nun Gott das Gras, das heute auf dem Feld steht und morgen in den Ofen geworfen wird, so kleidet, wie viel mehr wird er euch kleiden, ihr Kleingläubigen!*‹* Ja, er hat sich darum gesorgt, dass alle genug zu essen haben, dass alle gesund sind, dass alle zu Gott gehören, dass Gott sich über alle erbarmt. Und deshalb hat er auch Menschen gesund gemacht und böse Geister ausgetrieben«, und Jakobus fügte hinzu: »Einmal hat er sogar gesagt: ›Wenn ich mit dem Finger Gottes die bösen Geister austreibe, dann ist das Reich Gottes schon gegenwärtig.‹«

Dies alles ließ mich aufhorchen. Ich fragte nach: »Wenn Gott, Baruch Adonaj, sich über alle erbarmt, dann gilt das doch auch für die Heiden? Oder was hat Jesus zu den Heiden gesagt?« Auf einmal wurde alles still. Man hätte eine Stecknadel fallen hören. Hatte ich etwas Falsches gesagt? Dann räusperte sich Jakobus und meinte: »Mein Bruder hat nur in Israel gepredigt. Es ging ihm um die Juden. Von Heiden weiß ich nichts.« – »Doch, einmal«, warf Johannes ein, »einmal waren wir auch in Tyrus, da hat Jesus die Tochter einer Heidin gesund gemacht. Weißt du das nicht mehr?« Jakobus nickte: »Doch schon, aber das war eine Ausnahme! Er hat doch selbst gesagt: ›*Es ist nicht recht, dass man den Kindern ihr Brot nehme und es werfe vor die Hunde*‹** ... und mit den Hunden meinte er die Heiden.« Da war es wieder, mein

* Lukas 12,27-28.
** Matthäus 15,26

Problem! Was war mit den Heiden? Sollte die Botschaft dieses Jesus doch keine Lösung für meine große Frage bieten können?

Eines Abends fragte ich Petrus, wie das mit der Kreuzigung Jesu hier in Jerusalem vor sich gegangen sei. Da wurde er ganz still, und ich begriff, dass es ihm wehtat, darüber zu sprechen. Nach einer langen Pause holte er tief Luft und begann nachdenklich: »Das ist eines der dunkelsten Kapitel auch in meinem Leben!« Und dann erzählte er mir von dem triumphalen Einzug Jesu hier in Jerusalem, er erzählte, wie Jesus zu ihrer aller Überraschung im äußeren Tempelvorhof auf einmal randaliert habe. So hätten sie ihren Meister noch nie erlebt. Möglicherweise habe er es sich dadurch endgültig mit dem Hohen Rat verdorben. Denkbar wäre auch, dass den Hohenpriestern erzählt worden sei, dass er gesagt habe, er könne den Tempel abbrechen und ihn in drei Tagen wieder aufbauen.«* – »Was bedeutet das?«, wollte ich wissen, und Petrus zuckte mit den Schultern: »Ich weiß es auch nicht. Überhaupt habe auch ich nicht alles verstanden, was Jesus gesagt hat.«

Dann erzählte er vom letzten Abendmahl, das sie, im Gedenken an die Kreuzigung Jesu am folgenden Tag, nun in ihren Gemeindeversammlungen miteinander hielten. Und dann ahnte ich, weshalb er immer leiser sprach. Judas, ein Jünger Jesu, habe die Gemeinschaft heimlich am Ende dieses letzten Abendmahls verlassen. Er selbst, Petrus, habe das gar nicht bemerkt. Aber als sie dann in den Garten Gethsemane gegangen seien, um die Nacht dort zu verbringen, da sei ihm dann doch aufgefallen, dass einer der Jünger nicht mehr da war. Mir selbst fiel sofort meine eigene Erfahrung im Garten Gethsemane

* Matthäus 26,61

ein. Dort war ich verhaftet worden. Petrus fuhr fort, er habe sich da noch nichts Böses gedacht. Dann sei ihm aber aufgefallen, dass Jesus plötzlich vor Kälte – oder war es aus Angst? – gezittert habe. »Hier habe ich das erste Mal versagt«, fügte er hinzu, »Jesus hatte gesagt, wir sollten wachbleiben und beten. Aber mir sind einfach die Augen zugefallen. Vielleicht hatte ich beim Essen auch einfach zu viel Wein erwischt, ich weiß es nicht. Jedenfalls hat Jesus mich zweimal wecken müssen, und beim zweiten Mal kamen Soldaten mit Fackeln ... und Judas war bei ihnen. Er ging auf Jesus zu und gab ihm einen Kuss. Später habe ich dann erfahren, dass dies das verabredete Zeichen war, mit dem er ihn an die Soldaten verraten hat.« Petrus spuckte auf den Boden. »Mir wird bis heute schlecht davon!« – Ich zuckte zusammen. »Judas« – das war auch mein Name.

Nach einer kurzen Pause fragte ich: »Wie ist es mit dem Verräter weitergegangen?« Petrus zuckte mit den Schultern: »Ich weiß es nicht. Manche sagen, er habe sich aufgehängt, andere, er sei auf dem Acker, den er sich von dem Geld gekauft habe, das er für den Verrat erhalten hatte, durch einen Unfall ums Leben gekommen. Es ist ja auch egal. Auf jeden Fall wollte keiner mehr etwas mit ihm zu tun haben.«

›Judas‹ Ich dachte an meinen Namen. Bisher war ich immer stolz darauf, so zu heißen, weil der Name meine Zugehörigkeit zum Gottesvolk und zu dem Land, das uns Gott versprochen hatte, bedeutete – aber jetzt? Ich dachte ein paar Augenblicke nach: Sollte ich mich weiter »Judas« nennen lassen, und die Menschen denken womöglich: Judas ... das ist doch derjenige, der den Messias verraten hat!

Petrus riss mich aus meinen Gedanken, als er plötzlich den Gesprächsfaden wieder aufnahm: »Als sie Jesus verhaftet haben, wirkte er auf mich wie ausgewechselt. Vorher schien es, als ahnte er, was ihm bevorstand, und er zitterte davor, aber bei der Verhaftung war er mutig und geradezu furchtlos. Er ist auf die Soldaten zugegangen und hat sich gestellt. ›Lasst die anderen gehen‹, hat er auch noch gesagt, und so sind wir auf freiem Fuß geblieben. Ich bin den Soldaten von ferne gefolgt und habe gesehen, wie sie ihn in das Haus des Hohen Rates brachten. Dort wurde er offenbar verhört.«

Während Petrus erzählte, sprach er immer leiser, und dann folgte ein Geständnis: »Ich habe an dieser Stelle erneut versagt!« – »Wie das?«, fragte ich zurück und er erzählte: »Um mich zu wärmen, ging ich in einen Hinterhof, in dem ein Feuer brannte. Neben mir stand eine alte Frau. Ich bemerkte, dass sie mich von oben bis unten musterte. Zu den Umstehenden sagte sie dann: ›Gerade haben sie diesen Galiläer abgeholt, diesen Jesus‹, und dann wandte sie sich mir zu und sagte so laut, dass es die Umstehenden deutlich hören konnten: ›Du bist doch auch einer von denen, die mit ihm aus Galiläa hergekommen sind?!‹ Mir schlug das Herz bis zum Hals und ich schüttelte den Kopf: ›So ein Blödsinn! Ich bin Jerusalemer!‹ – Aber die Alte ließ sich nicht beirren: ›Doch, doch! Ich höre es an deinem Dialekt! Du bist einer von denen – ganz sicher!‹ Da wurde ich wütend: ›Weib, hör zu: Ich bin von hier und ich kenne diesen Mann, den sie da verhaftet haben, nicht!‹ – Aber die Alte war jetzt richtig in ihrem Element: ›Hör auf zu leugnen, ich habe dich doch gestern mit dem Typen zusammengesehen. Freilich bist du einer von ihnen.‹ – Da stellte ich mich zu voller Größe auf, erhob die rechte Hand und sagte mit lauter Stimme: ›Ich schwöre bei Gott, Baruch Adonaj, dass ich diesen Galiläer, den sie gerade verhaftet haben, nicht kenne!‹ Da war die Alte endlich ruhig.«

Petrus hielt kurz inne. Er seufzte und fuhr fort: »Dann, im prasselnden Feuer, hörte ich das Krähen eines Hahnes. Da fiel es mir wie Schuppen von den Augen und ich rannte los, einfach weg. Tränen schossen mir in die Augen. Wohin ich gerannt bin und wie lange, weiß ich nicht. Irgendwann bin ich an der Stadtmauer stehengeblieben und habe bitterlich geweint. Plötzlich stand mir alles wieder vor Augen: Beim letzten Abendmahl hatte ich zu Jesus gesagt, als er über seinen Tod sprach: ›Meister, ich werde dich nie verlassen, ich werde immer mit dir gehen, und wenn es sein muss, auch in den Tod.‹ Und weißt du, was Jesus geantwortet hat?« Ich schüttelte den Kopf und Petrus redete weiter: »Er sagte: ›Simon, Simon, wenn ich verhaftet bin, wirst du, noch ehe der Hahn kräht, dreimal gesagt haben, dass du mich nicht kennst.‹ Verstehst du, Judas? Er hat es gewusst, er hat alles vorher gewusst. Auch dass er mich in diesem Augenblick nicht ›Petrus, Fels‹ nannte, sondern ›Simon‹, das war bereits ein Hinweis. Jetzt war auch ich zum ›Judas‹ geworden.«

Petrus spuckte wieder auf den Boden, als ekelte er sich vor sich selbst. Ich schwieg. Dieses Geständnis des Petrus machte mich betroffen. Er tat mir leid! Klar, er hätte niemals so vollmundig und großspurig daherreden dürfen. Niemand weiß, wie man reagiert, wenn Gefahr für Leib und Leben droht! Hochmut kommt vor dem Fall. An diesem Abend ging ich sehr nachdenklich schlafen. »Judas« – so hieß ich auch. Und Petrus hat sich selbst »Judas« genannt. »Judas« – der Name war offenbar zum Synonym für einen Verräter geworden. Wollte ich mit dem Makel dieses Namens weiterleben?

Am folgenden Morgen fragte ich Petrus, wie er zu der Überzeugung gekommen sei, dass Jesus ihm vergeben habe. Im Stillen dachte ich mir noch, dass der bei dem Feuer geleistete Schwur ja ganz besonders schwer wiegen müsse. »Ja«, meinte er, »ich war erst einmal am Boden, und aus dem Weinen über meine Schwachheit bin ich kaum noch herausgekommen. Ich hatte erfahren, dass Jesus nach dem Verhör vor dem Hohen Rat am nächsten Morgen dem Statthalter Pontius Pilatus überstellt und dort zum Tod am Kreuz verurteilt worden war. Alles schien verloren. Jesus war gescheitert und ich ein Versager auf der ganzen Linie. Aber dann geschah es, das Wunder der Auferweckung! Ich habe Jesus drei Tage nach der Kreuzigung gesehen.

Er war lebendig! Hier, in diesem Raum, als ich ganz allein und verzweifelt in der Ecke saß.« – »Und was hat er gesagt?«, fragte ich ihn, und Petrus strahlte plötzlich, als er mich anschaute: »Er hat mir gesagt: ›Hör auf zu weinen! Petrus, ich brauche dich! Du sollst die Botschaft von der Nähe des Reiches Gottes und von meiner Auferstehung vielen Menschen verkünden. Was ich dir damals am See Genezareth gesagt habe, als du mir nachgefolgt bist, das hat immer noch Gültigkeit. Mach dich ans Werk!‹« – »Und du bist dir sicher, dass das keine Halluzination, kein Wunschtraum war?«, fragte ich weiter, »ich meine, es ist doch völlig unmöglich, dass ein Toter nach drei Tagen wieder lebendig wird.«

Petrus nickte: »Da hast du recht, das ist eigentlich unmöglich. Und wahrscheinlich hätte ich dieser Erscheinung auch keine weitere Bedeutung beigemessen. Aber einen Tag später kamen noch andere, die ähnliche Erfahrungen gemacht hatten. Dazu erzählten die Frauen, die am Tag nach dem Sabbat zum Grab gegangen waren, um den Leichnam zu salben, dass das Grab offen und leer war! Zwei Männer in leuchtenden Gewändern hätten ihnen gesagt, Jesus sei von den Toten auferweckt worden.* Da habe ich auch von meiner Erscheinung er-

---

* Vgl. Lukas 24,1-12.

zählt. Nach und nach ist mir dann klargeworden: Die Kreuzigung bedeutete weder das Scheitern Jesu noch war sie der Beweis, dass seine Predigten falsch sind. Sondern die Tatsache, dass Gott, Baruch Adonaj, Jesus von den Toten auferweckt hat, ist ein Hinweis auf die Wahrheit der Verkündigung: Die Aufrichtung des Gottesreiches steht unmittelbar bevor! Gott hat mit der Auferweckung des Messias damit bereits angefangen. Es kann sich nur noch um Tage, höchstens um Wochen handeln, bis Gott, Baruch Adonaj, endgültig in den Lauf der Welt eingreift.«

Das klang für mich alles sehr einleuchtend, aber die Auferstehung eines Gekreuzigten schien mir dann doch ziemlich schwer nachzuvollziehen: »Meinst du wirklich, dass Jesus von den Toten auferstanden ist?« Petrus nickte: »Ich verstehe deine Zweifel, aber ich habe ihn wirklich gesehen! Außerdem ist er auch noch zwei anderen Jüngern, die heute nicht hier sind, erschienen. Sie waren nach der Kreuzigung todtraurig, weil sie es auch so empfanden, dass die Kreuzigung sein Scheitern offenbarte. Als sie dann auf dem Weg nach Emmaus waren, zurück in ihren früheren Wohnort, hat er sie auf dem ganzen Weg begleitet. Erst wussten sie nicht, wer er war. Und als sie beim gemeinsamen Abendbrot bei sich zu Hause erkannten, dass es Jesus war, ist er vor ihren Augen verschwunden. Die beiden sind sofort nach Jerusalem zurückgeeilt und haben uns die Geschichte erzählt. Das kann doch alles kein Zufall sein! Und mit Halluzination hat das nichts zu tun.« Ja, das musste ich zugeben: Wenn wirklich derart viele unabhängig voneinander die Erfahrungen mit diesem auferweckten Jesus gemacht hatten, dann musste etwas daran sein. War Jesus wirklich auferweckt worden? Langsam freundete ich mich mit diesem Gedanken an.

Beim Mittagessen fragte ich beiläufig, was man tun müsse, um zu Jesus zu gehören: »Reicht die Beschneidung?« Petrus schüttelte den Kopf: »Auch wenn sich Jesus vom Täufer losgesagt hat, die Taufe an sich hat er nie abgelehnt. Deshalb taufen wir diejenigen, die zu Jesus gehören wollen, auf seinen Namen.« – »Was ist ›Taufe‹? Ist das so etwas wie ›Reinigung‹? Das tue ich immer wieder im Teich Bethesda.« Jakobus, der unser Gespräch mit angehört hatte, schaltete sich ein: »Nein, Taufe ist etwas anderes. Wenn du auf den Namen Jesu getauft wirst, dann gehörst du zu ihm. So eine Taufe gibt's und braucht's nur einmal im Leben, und außerdem kannst du dich nicht allein taufen. Da brauchst du einen Täufer.« – »So, wie Jesus selbst auch von Johannes dem Täufer getauft worden ist«, warf Petrus ein.

Ich dachte nach: Will ich zu diesem Jesus gehören? Will ich daran glauben, dass Gott ihn von den Toten auferweckt hat? Mir fiel ein Wort aus dem Danielbuch ein: ›*Und viele, die im Staub der Erde schlafen, werden aufwachen.*‹* Und plötzlich war mir klar: Ja, zu diesem Gott, der Jesus auferweckt hat, will ich auch gehören. Schließlich fragte ich: »Was hindert's, dass ich mich taufen lasse?« Jakobus lachte mich an: »Ja, nichts!« Und ich fragte gleich ganz konkret: »Jakobus, Bruder unseres Messias Jesus, würdest du mich denn taufen?« – »Mit dem größten Vergnügen!«, freute er sich, und wir machten uns gleich auf den Weg zum Teich Bethesda. Dort entkleidete ich mich bis auf einen Lendenschurz und stieg zu Jakobus ins Wasser. Er fasste mich bei den Schultern und sprach ganz feierlich: »Judas Ben Sacharja, ich taufe dich auf den Namen Jesu Christi zur Vergebung deiner Sünden, auf dass auch du die Gabe des Heiligen Geistes empfängst«,

* Daniel 12,2.

und ehe ich mich versah, hatte er mir mit seinem Unterschenkel die Beine zur Seite gestoßen und drückte mich unter die Wasseroberfläche.

Als ich patschnass wieder auftauchte, lachte Jakobus mich an und umarmte mich: »Bruder Judas! Sei willkommen in der Gemeinschaft Jesu Christi! Wenn Jesus einst wiederkommt, wird er dich zu sich holen.« Ich spürte einen Stich im Herzen: Er hat mich schon wieder »Judas« genannt. Der Name ist verflucht! Und plötzlich sagte ich in feierlichem Ton: »Höre Jakobus, Sohn des Josef, ich will nicht mehr ›Judas‹ heißen!« – »Bitte was?«, fragte Jakobus erstaunt. »›Judas‹, das ist der Name des Verräters. Wenn ihr von ihm sprecht, empfindet ihr Schmerz. – das Wort ist in eurem Sprachgebrauch gleichbedeutend mit ›Verräter‹ geworden. Und ich verstehe das. Dieser Name scheint für alle Juden, die glauben, dass Gott, Baruch Adonaj, den Messias Jesus von den Toten auferweckt hat, verflucht. Ich danke meinen Eltern, dass sie mir auch noch einen zweiten Namen gegeben haben. Und deshalb bitte ich dich und euch für alle Zukunft: Nennt mich ›Lukas‹!«

Jakobus nickte: »Verstehe!« Auch die anderen nickten verständnisvoll. Dann fügte Jakobus hinzu: »So sei es! Also Bruder Lukas, sei uns willkommen!« So hatte ich meine Taufe gleich mit einer Namensänderung verbunden. Ja, jetzt war ich getauft, so wie Jesus selbst auch, und jetzt gehörte ich zu ihm. Ich fühlte mich zugehörig zu einem Gott, der die Toten wieder lebendig macht, der – wie man an Jesus sehen kann – schon mit der Auferweckung der Toten angefangen hat, zu einem Gott, der sein Reich der Liebe und des Heils unter den Menschen aufrichtet und der nicht mit dem Tod und dem Gericht droht … ja, zu diesem Gott wollte ich auch gehören, ich, Lukas, der Sohn des Sacharja, aus Alexandria Troas!

Am Abend meines Tauftages bat ich Petrus, Johannes und Jakobus, noch mehr von Jesus zu erzählen. Ich wollte einfach wissen, was er gepredigt hat und wie das war mit der Heilung von Kranken. »Das wichtigste Wort für Jesus war – nein: ist – ›Reich Gottes‹! Ursprünglich war Jesus am Jordan ja von dem Bußprediger Johannes getauft worden. Aber der Täufer – so hat es uns Jesus selbst einmal erzählt – hat so finster vom Zornesgericht Gottes gepredigt, dass Jesus sich bald von ihm wieder verabschiedete. Er ist zurück nach Galiläa gegangen und hat gepredigt – so etwas hast du noch nicht gehört: Das Reich Gottes ist nahe! Gott kommt den Menschen heilvoll entgegen. Er predigte von den Vögeln unter dem Himmel, die sich nicht sorgen müssten und doch von ihrem himmlischen Vater ernährt würden. Er erzählte von den Blumen auf dem Feld, die schöner gekleidet seien als Salomo in all seiner Pracht. Noch viel mehr würde Gott für uns Menschen sorgen, weil wir Menschen viel mehr wert seien als die Feldblumen.«[*]

Er unterbrach sich selbst: »Entschuldige, Lukas, ich kann das längst nicht so schön ausdrücken, wie Jesus es getan hat. Ich bin halt nur ein Fischer, der von Jesus den Auftrag bekommen hat, Menschen für ihn und seine Gemeinde zu sammeln.« – »Nein, nein«, beschwichtigte ich ihn, »das klingt auch aus deinem Mund überzeugend.« Dann erzählte Johannes von einer Geschichte mit einem Samariter, die Jesus auch erzählt habe, der einen, der unter die Räuber gefallen war, vom Straßenrand aufgelesen und in eine Herberge gebracht hatte.[**] »Du musst wissen«, fügte Jakobus etwas schulmeisterlich an, »wir Juden wollen mit den Samaritern eigentlich nichts zu tun

---

[*] Vgl. Matthäus 6,25f.
[**] Vgl. Lukas 10,25-37.

haben. Die denken, sie gehören zum Volk Gottes, aber sie beten irgendetwas anderes auf dem Berg Garizim an. Den Tempel und damit den Wohnort des wahren Gottes gibt es aber nur in Jerusalem.«

Diese Anschauung kam mir, der ich aus dem griechischen Teil Kleinasiens gekommen war, sehr kleinkariert vor, sagt dazu aber jetzt nichts. »Was wollte Jesus eigentlich mit der Geschichte deutlich machen?«, fragte ich dann, und Johannes meinte: »Ich glaube, er wollte sagen, dass es wichtig ist, sich um den Nächsten, der deine Hilfe braucht, zu kümmern, wer immer es auch ist.« – Ich lachte: »Da könnte ich jetzt sagen: Genau deshalb bin ich auch Arzt geworden. Aber damals wusste ich von Jesus ja noch nichts.« Da wurde Petrus ganz ernst: »Ich glaube nicht, dass es ein Zufall war, dass du Arzt geworden bist. Es war die Führung des Auferstandenen. Ich glaube auch nicht, dass wir einander im Tempelvorhof zufällig begegnet sind. Ja, ich glaube fest daran, dass alles einen Sinn hat, dass Gott, Baruch Adonaj, das so möchte.« Dem konnte und wollte ich auch nicht widersprechen.

In den nächsten Tagen erzählten sie mir noch viel von Jesus, auf dessen Namen ich jetzt getauft war. Und weil ich Sorge hatte, dass ich vieles im Lauf der Zeit wieder vergessen würde, machte ich mir ein paar Notizen. Diese wurden später, als ich meine eigene Jesusgeschichte niederschrieb, unendlich wertvoll. Waren sie doch Informationen von echten Augenzeugen, gewissermaßen aus erster Hand!

Jakobus, Petrus und Johannes waren wirklich freundliche Gastgeber, und ich war froh, in Jerusalem untergekommen zu sein. Hier konnte ich auch mein Handwerk, die Heilkunst, wieder ausüben und etwas für die Gemeindekasse dazuverdienen. Sehr schnell hatte ich in Jerusalem einen großen Patientenstamm. Und so erwarb ich schließlich eines Tages doch noch eine Ziege, um sie einem Priester zur Opferung zu übergeben und so mein Versprechen von meinem ersten Tag in Jerusalem noch einzulösen. Nahezu täglich ging ich außerdem mit Petrus in den Tempelvorhof, wo er jedoch im Grunde recht erfolglos versuchte, Menschen von Jesus zu erzählen.

Die Soldaten, die durch das Stadtgebiet patrouillierten, waren allgegenwärtig. Nach meiner schlechten Erfahrung während des Sukkotfestes betrachtete ich sie mit Argwohn. Wenigstens schien die römische Militärpräsenz seit dem Ende des Festes deutlich abgenommen zu haben. Jetzt waren ja auch keine fremden Pilger mehr in der Stadt. Viele Juden, die im Tempelvorhof etwas kauften oder verkauften, nahmen Petrus überhaupt nicht ernst: »Ist klar! Jesus ist von den Toten auferweckt worden! Träum weiter!«, riefen ihm viele zu, wenn sie ihn wiedersahen. Einmal sagte ein Schriftgelehrter zu ihm: »Hör zu, Simon aus Kapernaum, ich sage es dir ein letztes Mal: Wir Juden haben die Thora von Gott durch Mose geschenkt bekommen. Sie ist unser Weg zum Leben. Mehr brauchen wir nicht. Also verschone uns mit deinen neuen Lehren, die kein Mensch braucht! Und verschwinde von hier!«

Aber Petrus war standhaft in der Überzeugung, weiter den Auftrag Jesu ausführen zu müssen, und ließ sich nicht beirren. Ich fragte mich allerdings, warum die allermeisten jüdischen Mitbürger nichts von Jesus wissen wollten? Häufig machten sich die Schriftgelehrten in der Säulenhalle über den galiläischen Fischer Petrus auch lustig, indem sie ihm Schriftstellen aus der Thora vorlegten und ihn aufforderten, diese vorzulesen. Und wenn Petrus dann schwieg, lachten sie und meinten: »Siehst du: Du hast doch keine Ahnung von der Thora! Du kannst sie ja noch nicht einmal richtig lesen!«

Und so blieb die Jesus-Gemeinde, welche die drei »Säulen« – so wurden Petrus, Jakobus und Johannes in der Gemeinde gerne genannt – um sich versammelten, relativ klein. Nachdem ich mehrere Wochen ihre Gastfreundschaft genossen hatte, spürte ich, dass das Verlangen, wieder zu meinem Lehrmeister und väterlichen Freund Artemidoros nach Milet zurückzukehren, immer größer wurde. Ob es ihm gut ging? Von Tag zu Tag wurde ich unruhiger und schließlich – es war kurz vor dem Chanukkafest – eröffnete ich der Gemeinde, dass ich sie in den nächsten Tagen verlassen wolle. Es sei für mich höchste Zeit, nach über einem Jahr Abwesenheit wieder nach Milet zurückzukehren, um dort nach dem Rechten zu sehen. Alle verstanden meine Absicht und mein Verlangen; nur Silas bat mich, noch länger zu bleiben. Aber Jakobus, Petrus und Johannes hofften, dass ich auch dort die Botschaft vom beginnenden Gottesreich und der Auferweckung Jesu weitererzählen würde. »Ich werde sehen, was ich tun kann, aber ich bin kein großer Redner vor dem Herrn«, sagte ich den dreien beim Abschied. »Jesus wird dir eingeben, was du sagen sollst!«, meinte Jakobus und wir gaben einander den Bruderkuss – ebenso Petrus und Johannes. Als ich mich von Silas verabschiedete, ahnte ich nicht, dass er der Einzige aus der Jerusalemer Gemeinde sein würde, mit dem ich bis zuletzt eng verbunden bleiben würde.

So machte ich mich auf den Weg. Ich hatte zwar alles, was ich durch meine berufliche Tätigkeit als Arzt in Jerusalem verdient hatte, in die Gemeindekasse gegeben, aber das Geld für die Heimreise wurde mir von Jakobus wieder ausgezahlt. Ich bekam genau so viel, wie die Fahrt auf einem Schiff von Joppe nach Milet kosten müsste, dazu noch etwas Geld, damit ich mir Proviant kaufen konnte. Mein

Abschied aus Jerusalem war tränenreich. Hatte ich doch jetzt das Gefühl, zu dieser Gemeinde Jesu zu gehören! Nahezu alle baten mich, doch möglichst bald wiederzukommen. Ich versprach nichts, aber ich äußerte die Absicht: »Vielen Dank für eure Gastfreundschaft! Danke für alles! Ich werde wiederkommen, so Gott, Baruch Adonaj, es will und wir leben. Bleibt in seiner Liebe – bis Jesus wiederkommt!« Ich umarmte jeden Einzelnen aus der Gemeinde, und Jakobus sprach mir den Segen Jesu zu. Dann wandte ich mich mit frohem Herzen zügig Richtung Westen nach Emmaus. Diesen Weg mussten die beiden Jünger zusammen mit Jesus vor gut zehn Jahren gegangen sein. Ich betrachtete jeden Strauch am Wegesrand und dachte mir jedes Mal: ›Wenn der reden könnte, …‹ Leider gesellte sich Jesus nicht zu mir, und so erreichte ich alleine Emmaus, wo ich in einer Herberge übernachtete. War es dieselbe, in der Jesus mit den beiden Jüngern das Brot geteilt hatte? Ich traute mich nicht zu fragen, zumal ich damit rechnen musste, dass der Wirt sich niemals an die Leute von damals erinnern würde. Am folgenden Tag stand ich sehr früh auf, denn ich wollte bis zum Abend den Hafen von Joppe erreichen. Diesmal ging ich nicht so langsam wie am ersten Tag, wo ich hinter jedem zweiten Strauch mit der Möglichkeit gerechnet hatte, dass Jesus zu mir stoßen könnte, sondern brachte im flotten Wanderschritt Meile um Meile hinter mich. Tatsächlich erreichte ich am Abend Joppe, wo ich in einer Herberge direkt am Hafen eine Übernachtungsmöglichkeit fand.

Andertags machte ich mich auf die Suche nach einem Schiff nach Milet – allerdings erfolglos. Es dauerte drei Tage, bis ich schließlich eines fand, das Milet als Ziel hatte und dessen Kapitän bereit war, mich mitzunehmen. Weil die Winde nicht so günstig standen, brauchten wir vier Tage bis dorthin. So endete meine erste große Reise von Milet nach Alexandria und Jerusalem und wieder zurück! Dankbar betrat ich den Hafen von Milet. Gott, Baruch Adonaj, hatte mich auf allen Wegen beschützt und behütet – auch im Gefängnis von Jerusalem. Jetzt war ich wieder an meinem Ausgangspunkt –, aber ich war in der Zwischenzeit ein anderer geworden: Ich gehörte jetzt zu Jesus, dem Messias. Und ich war sehr gespannt, was Artemidoros zu meinen neuen medizinischen und theologischen Erkenntnissen sagen würde. Hoffentlich ging es ihm gut!

Zügig verließ ich das Schiff, um schnell zum Haus meines Freundes Artemidoros zu gelangen. Es dämmerte bereits, als ich an die Tür klopfte und Artemidoros selbst mir die Tür öffnete. »Baruch Adonaj, es geht dir gut!«, rief ich ihm zu, als ich ihn sah, und fiel ihm um den Hals. »Judas, endlich bist du da!« Artemidoros lachte mich an, umarmte mich und zog mich in die Wohnstube: »Willkommen, mein Sohn!« Und sofort begann er, mich auszufragen. Aber anstatt eine Antwort abzuwarten, schlug er sich an den Kopf: »Junge, ich richte uns aber erst einmal etwas zu essen.« Er bereitete mir ein königliches Abendessen.

Während ich aß und dazu einen köstlichen Wein trank, erzählte ich zwischendurch von meiner Reise nach Alexandria. Ich versäumte auch nicht, von meinen Besuchen bei Philon und der Übersetzung der hebräischen Bibel ins Griechische zu reden. Ja, und dann berichtete ich noch von meinem Abstecher nach Jerusalem, von meiner Inhaftierung und dem Gefängnisaufenthalt in der Burg Antonia. Auch die Gemeinde der messiasgläubigen Juden unter Jakobus, Petrus und Johannes, die alle der Überzeugung waren, dass Gott, Baruch Adonaj, diesen Jesus von den Toten nach drei Tagen wieder auferweckt hatte, beschrieb ich genau.

Doch da schaute mich Artemidoros etwas skeptisch an: »Du glaubst das wirklich, dass ein Toter wieder lebendig geworden ist?« Ich nickte: »Aber sicher! Du hättest die mal hören müssen. Das klang überaus glaubwürdig! Außerdem gehört das ja sowieso zu unserem Glauben, dass Gott, Baruch Adonaj, einst die Toten auferwecken wird. Warum sollte er damit nicht schon beginnen?« Artemidoros wiegte den Kopf hin und her: »Solche Leute gibt es auch in Milet und in Ephesus«, sagte er. »Tatsächlich?« Artemidoros nickte: »Offenbar schon!«

»Weißt du, was mich wirklich überzeugt hat?«, fragte ich. Ohne eine Antwort abzuwarten, sagte ich: »Die haben alles, was sie verdient haben, zusammengelegt und das Gesammelte untereinander aufgeteilt. Als ich Petrus, der selbst Jünger dieses Jesus gewesen war, danach gefragt habe, hat er erzählt, Jesus habe nicht gewollt, dass irgendjemand unter seinen Jüngern Mangel habe. Deshalb würden sie so und nicht anders mit dem Geld umgehen.« – »Also, wenn das möglich ist und geschieht, dann ist das schon beeindruckend!«

Artemidoros wirkte fast interessiert, und ich räumte ein: »Naja, es hat auch Probleme gegeben. Nicht alle haben alles abgeliefert, und dann gab es wieder Leute, die fanden, ihnen würde mehr Geld aus dem Gemeinschaftstopf zustehen. Ich jedenfalls habe alles, was ich als Arzt in Jerusalem verdient habe, in die Gemeinschaftskasse gegeben. Und als ich abreisen wollte, hat Jakobus die Kosten für die Schiffsreise und das Essen überschlagen und mir aus der Kasse ausreichend Geld mitgegeben.« Das brachte ihn offenbar zum Nachdenken. Und ich redete weiter: »Also, ich habe mich dann sogar taufen lassen«, fügte ich hinzu. »Du hast was?«, fragte mein Lehrer erstaunt. »Taufe! Das praktizieren die, wenn sie einen aufnehmen! Da taucht dich einer in ein Wasser und sagt dazu: ›Ich taufe dich auf den Namen Jesu Christi.‹ Und dann gehörst du dazu!« – »Das ist so etwas wie ein jüdisches Tauchbad in einer … Miwe?«, fragte Artemidoros. »Mikwe!«, verbesserte ich ihn und schüttelte den Kopf. »Nein, Taufe geschieht nur einmal im Leben, und außerdem wirst du getauft und taufst dich nicht selbst; jemand aus der Jesus-Gemeinde tut dies und nimmt dich in deren Namen in sie auf«, erklärte ich ihm.

Es folgte eine lange Pause, bis Artemidoros sagte: »Ich denke, es ist an der Zeit, dass wir zu Bett gehen. Morgen ist auch noch ein Tag!« Ich nickte, aber dann entwickelte sich doch noch mal eine längere Unterhaltung, in der ich meinem Lehrer erklärte, warum ich nicht mehr »Judas« genannt werden wollte. Ich denke, er hat es verstanden, und ich hatte den Eindruck, »Lukas« war ihm auch lieber.

Die Zeit in Milet verging wie im Flug. Artemidoros war froh, mich an seiner Seite zu haben. Jetzt konnte er sich langsam als Arzt zurückziehen. Ich übernahm seine Patienten und erarbeitete mir in Milet bald einen guten Ruf. Nach und nach übernahm ich – wie ich in meinem Eid geschworen hatte – auch die Finanzierung und Pflege meines Lehrmeisters, der mit den Jahren immer schwächer wurde. Kurz vor seinem Tod ließ er sich dann tatsächlich von mir noch taufen, weil er auch zu Jesus gehören wollte. Als er schließlich im Jahr 47 alt und lebenssatt starb, hatte er ein stattliches Alter erreicht. Ich trauerte sehr um ihn.

In Milet hatte ich mittlerweile zwar viele Freunde gefunden und war Teil der jüdischen Gemeinde geworden, aber nach dem Tod meines Lehrmeisters hielt es mich nicht länger in der Stadt. Ich wollte unbedingt zurück in meine Heimat nach Alexandria Troas. Zudem fiel mir mein Versprechen ein, das ich dort vor ungefähr acht Jahren zum Abschied gegeben hatte: »Ich werde zurückkehren!« – »So sei es!«, murmelte ich wenige Tage nach dem Tod Artemiodoros' vor mich hin und begann damit, mein Hab und Gut zu Geld zu machen. »Alles, was du besitzt, besitzt irgendwann dich!« Diesen Satz hatte mir Petrus in Jerusalem gesagt, und ich erkannte dessen Wahrheit. So ging ich dazu über, das Meiste von dem, was mir gehörte, an meine Schwestern und Brüder in der jüdischen Gemeinde zu verschenken. Konnte ich doch darauf vertrauen, dass ich mich durch mein Handwerk, die ärztliche Kunst, an jedem Ort würde ernähren können! So wurde es ein stimmiger, erleichteter Abschied von Milet und der jüdischen Gemeinde dort.

Kapitel V

Und dann kam Paulus, der Theologe und Missionar – mein Bruder im Herrn! (49 n.Chr.)

Noch am gleichen Tag bestieg ich ein Schiff, das mich nach Alexandria Troas bringen sollte. Kurz vor Assos gerieten wir jedoch in einen schrecklichen Sturm. Selbst der Kapitän, ein finsterer Geselle und erfahrener Seemann, war furchtbar aufgeregt. Nachdem der Himmel immer dunkler und der Wind immer stärker geworden war, begann es plötzlich zu schütten wie aus Kübeln. So einen Regen hatte ich noch nie erlebt. Der Kapitän schrie Befehle über das Deck, die kaum jemand verstand, weil der Wind so heulte. Die Mannschaft hatte das Segel zu spät eingeholt; deshalb war es durch den Sturm zerfetzt worden. Nur noch einzelne Lappen wurden vom Wind hin und her gerissen. Der Mastbaum ächzte und stöhnte, als wolle er gleich brechen.

Aus dem Bruchstück eines Satzes, den ich aufschnappte, schloss ich, was der Kapitän von mir und den anderen Passagieren wollte: Wir sollten unter Deck gehen, damit wir nicht über Bord gespült würden. Und wir sollten zu den Göttern beten. Ich wankte die Leiter hinunter in den Schiffsbauch. Dort waren schon einige Passagiere. Viele übergaben sich. Es stank erbärmlich. Zugleich wurde das Schiff wie eine Nussschale hin und hergeworfen. Ich krallte mich an einem Tau, das eigentlich zur Befestigung der Ladung an der Bordwand angebracht war, fest, fiel auf die Knie und begann laut zu beten: »Herr Jesus Christus, du hast bereits einmal einen Sturm zum Verstummen gebracht und deine Jünger nach ihrem Glauben gefragt. Heute brauche ich deine Hilfe. Ich bin mir gewiss, dass der Weg in meine Heimatstadt der Weg ist, den du mich führst. Ich kann nicht glauben, dass das Schiff, auf dem ich jetzt bin, untergehen wird und ich sterben soll. Ich weiß, dass du die Macht hast, diesem Unwetter Einhalt zu gebieten. Deshalb bitte ich dich: Lass die Winde verstummen, auf dass wir alle wohlbehalten an unser Ziel kommen. Ich vertraue darauf, dass du alles zu einem guten Ende führen wirst. Amen.«

Der Sturm tobte trotz meines Gebetes unvermindert weiter. Immer wieder hörte ich dumpfe Schläge an Deck. Es waren wohl die Fässer, die hin und her rollten, weil sie nicht richtig befestigt waren. Mehrmals kam ein blutender Matrose zu uns nach unten und bat mich, seine Wunden zu verbinden. Einer keuchte: »Ihr könnt euch nicht vorstellen, wie es da oben zugeht. Selbst der Käpt'n hat die Hoffnung aufgegeben. Oben krallen sich die Leute an der Reling fest, damit sie nicht über Bord gehen. Einzig der Steuermann ist auf seinem Posten und hält das Steuerruder fest – oder besser ausgedrückt: Er hält sich am Steuerruder fest. Wenn das nicht bald aufhört, ...« Er redete nicht weiter. Ich verband seine blutende Kopfwunde und hielt ihn fest, damit er nicht erneut stürzen und sich weiter verletzen könnte.

Gefühlt eine Stunde später (wahrscheinlich war die Zeit wesentlich kürzer) geschah jedoch das Wunder: Der Wind ließ langsam nach, der Regenguss ging in einen warmen Sommerregen über und wir konnten nach und nach uns langsam wieder auf unsere Beine stellen und an Deck kommen. Der Kapitän brüllte sofort seine Matrosen wieder an, sie sollten das Schiff von oben bis unten untersuchen, ob sich irgendwelche Schäden feststellen ließen. Dann befahl er, das Ersatzsegel aus dem Laderaum zu holen und es zu hissen. Von uns Passagieren verlangte er, wir sollten den Laderaum von dem Erbrochenen reinigen, was wir auch widerspruchslos taten. Wieder im Bauch des Schiffes dankte ich im Stillen meinem Herrn Jesus, der uns beschützt und bewahrt hatte – so sah ich das Ganze jedenfalls. Der Kapitän mag das auf die Tüchtigkeit seiner Mannschaft zurückgeführt haben – ich sah darin eine göttliche Fügung.

Etwa zwei Stunden später hatte auch der Regen ganz aufgehört und das Meer lag vor uns wie ein glatter Wasserteppich, als wäre nichts gewesen. Sogar die Sonne kam wieder heraus, und kleine Wellen schlugen plätschernd an den Schiffsbauch. Das Segel blähte sich und wir konnten unsere nasse Kleidung an Deck trocknen. Jetzt kamen wir wieder gut Richtung Norden voran und fuhren wohlbehalten am Abend dieses Tages in den Hafen von Alexandria Troas ein. Die dortige Statue Alexanders des Großen, die auch hier den Möwen als Ausguck und Möglichkeit, sich zu erleichtern, diente, war deutlich kleiner als die von Alexandria am Nil – wie mir jetzt besonders auffiel, und Alexandria Troas hat auch nicht so einen wunderschönen Leuchtturm vor der Küste. Jedenfalls atmete ich genüsslich tief die Luft meiner Heimatstadt ein.

Ich konnte es kaum erwarten, endlich anzulegen. Ich raffte meine Habseligkeiten zusammen, verließ das Schiff und blinzelte in die Abendsonne. Dann fiel ich auf den Boden und küsste ihn. Das Pathos war vielleicht etwas übertrieben, aber es war für mich aus zwei Gründen geboten: Erstens waren wir gerade wohlbehalten durch einen fürchterlichen Sturm gekommen, und zweitens war dies der Boden meiner Heimatstadt, der Stadt, in der ich geboren wurde und in der meine Eltern verstorben waren. Der Herr hatte mich wieder wohlbehalten zurück zu meinen Wurzeln geführt. ›So viel hat sich hier aber nicht verändert‹, dachte ich und wandte mich gleich der Hafenkneipe zu, die vor Jahren dem Vater meines Freundes Timon gehörte. Ob er sie inzwischen übernommen hatte? Ob er noch lebte?

Als ich die Wirtsstube betrat, war sie gut gefüllt mit Männern aus aller Herren Länder. Ich ging zielstrebig an die Theke, setzte meinen Seesack auf den Boden und fragte nach Timon. »Krank!«, sagte trocken der Mann hinter dem Schanktisch. »Ich bin Arzt. Kann ich mal nach ihm sehen?«, fragte ich weiter. Der Mann sah mich kurz an, zog die Mundwinkel nach unten und zuckte mit den Schultern. Dann nahm er noch ein paar tiefe Züge aus der Pfeife und blies den Qualm in die Luft. Er schien unschlüssig. Aber schließlich sagte er dann doch »Nachbarhaus!« und wandte sich wieder seinen Gästen zu. ›Danke für das aufschlussreiche Gespräch‹, dachte ich, sagte aber immerhin »Vielen Dank!«, und verließ die Kneipe.

Nun stand ich vor dem nächsten Problem: Hatte der »freundliche« Barmann das linke oder das rechte Nachbarhaus gemeint? Ich versuchte, mich zu erinnern, wohin Timon immer gegangen war und entschied mich für das rechte Nachbarhaus. Auf mein Klopfen öffnete eine junge Frau mit einem fragenden Gesichtsausdruck. Ich kannte sie nicht und stellte mich vorsichtig vor: »Entschuldige bitte die Störung! Mein Name ist Lukas und ich bin Arzt. Timon war früher mein Spielkamerad gewesen. Wohnt er denn noch hier?« Die Miene der jungen Frau hellte sich auf: »Komm herein, Lukas! Es ist gut, dass du da bist. Timon geht es sehr schlecht. Ich erinnere mich: Wenn er von früher erzählt hat, hat er immer auch von dir gesprochen. Er liegt hier gleich im Zimmer rechts.« Ich bedankte mich, klopfte vorsichtig und betrat langsam den Raum. Kaum hatte ich das Zimmer betreten, erschrak ich: Die Luft in dem Raum war total verbraucht und abgestanden. Timon war leichenblass. Er lag auf einer Pritsche und röchelte. Offenbar hatte er Schwierigkeiten zu atmen. »Timon, altes Haus«, begrüßte ich ihn, aber er sah mich unverwandt an: »Wer bist du? Ich kenne dich nicht.« – Ich bemühte mich zu lächeln: »Und ob du mich kennst! Ich bin Lukas – wir haben immer in der Kneipe deines Vaters gespielt.« So langsam dämmerte es ihm: »Lukas, ja stimmt! Was treibt dich hierher?« – »Ich habe gehört, dass du krank bist und, weil ich inzwischen Arzt geworden bin, wollte ich sehen, ob ich dir helfen kann.« Ein Lächeln huschte über das Gesicht des Kranken: »Oh ja, das wäre schön!« Während ich sofort daran ging, die Fenster zu öffnen, um frische Luft hereinzulassen, stieß er schwer atmend hervor: »Schon einige Ärzte haben es versucht, aber keiner konnte mir bisher helfen. Du bist meine letzte Hoffnung.« – »Merk dir eins, Timon: So leicht stirbt es sich nicht«, sagte ich beschwichtigend.

Die junge Frau – offenbar Timons Ehefrau – stand unterdessen noch in der Tür. Ich bat sie, für die bevorstehende Untersuchung den Raum zu verlassen, was sie sofort tat: »Wenn ihr Hilfe braucht, bin ich da!«, sagte sie noch und schloss die Tür hinter sich.

Ich untersuchte meinen Freund gründlich und sprach lange mit ihm. Meine Diagnose war für ihn niederschmetternd: »Krankheit ist die Art deines Körpers, dir zu sagen, dass du etwas ändern musst. Von zwei Dingen, mein lieber Freund, solltest ab sofort die Finger lassen: Wein und Rauch! Oder anders gesagt: Du musst sofort aufhören, zu rauchen und zu trinken. Deine körperliche Konstitution hält das sonst nicht mehr lange aus. Stattdessen musst du viel an die frische Luft. Als Erstes würde ich deine Frau – wie heißt sie eigentlich ...?« – »Medea«, antwortete Timon und hustete. Ich fuhr fort: »... würde ich deine

Frau Medea bitten, dir ein heißes Bad zu bereiten. Ich selbst mache mich gleich hier in Alexandria auf die Suche nach den Kräutern, die dir Linderung, vielleicht sogar Heilung bringen werden. Die sind dann in dein Vollbad zu streuen. Du wirst sehen, das hilft!« – »Wenn du es sagst«, Timon war nicht so recht von dem Erfolg überzeugt, da die bisherigen Heilungsversuche meiner Kollegen fehlgeschlagen waren. Aber er war bereit, sich darauf einzulassen. Und so machte ich mich in der Abenddämmerung auf die Suche nach den Kräutern, die Timon guttun würden, während seine Frau ihm ein heißes Bad vorbereitete.

Als er aus dem Bad stieg, das ich mit duftenden Heilkräutern angereichert hatte, hustete er noch ein paarmal, aber es schien ihm wirklich besser zu gehen. »Nie mehr rauchen? Und keinen Wein mehr trinken?«, fragte er mich, als wir bei ihm zu Tisch saßen. Ich setzte meine strengste Miene auf: »Nie mehr!« – »Aber was mache ich dann mit meiner Kneipe? Ich habe sie schon in der dritten Generation«, warf er ein, und ich antwortete ganz emotionslos: »Setze doch einen Verwalter ein! So wie es jetzt gerade läuft, kann es doch weiterlaufen! Übrigens ist der Mann hinter dem Schanktisch nicht gerade der Gesprächigste!« Timon lachte und hustete zugleich. Seine Gesichtsfarbe war nun nicht mehr blass, sondern eher rötlich vor Anstrengung – aber das gefiel mir wesentlich besser. »Ja, Kritias muss erst auftauen. Gegenüber den Gästen, die er kennt, ist er sehr gesprächig, und er weiß immer zuerst die allerneuesten Neuigkeiten.« – »Naja, wenn das so gut läuft, dann lass ihn doch weiter die Kneipe führen. Du kannst dann im Hintergrund bleiben«, schlug ich vor und Timon dachte nach.

Nach einer Weile sagte er: »Mal was anderes: Wie ist es dir eigentlich in der Zwischenzeit ergangen? Ich erinnere mich noch daran, dass du Alexandria verlassen hast, nachdem deine Eltern gestorben waren.« Und so erzählte ich ihm in Kurzform, was in den vergangenen Jahren alles geschehen war – von meiner Ausbildung zum Arzt in Milet, meiner Reise nach Alexandria am Nil, von der Bibliothek und meinem Abstecher nach Jerusalem. Ich erzählte von meiner Bekanntschaft mit dem Kerker der Burg Antonia und schließlich von der Gemeinde, die an Jesus als den Messias glaubt. »Also, ihr Juden seid schon ein eigenartiges Volk – das wusste ich schon immer«, warf Timon ein. »So etwas erscheint mir doch ziemlich unglaubwürdig … den Typen haben sie gekreuzigt und nach drei Tagen soll er wieder lebendig geworden sein? Herakles war auch ein Sohn Gottes. Der hätte den Soldaten etwas gehustet, wenn die versucht hätten, ihn zu kreuzigen.« Ich ließ mich nicht beirren: »Das war aber völlig glaubwürdig, was mir in Jerusalem erzählt wurde. Und ich habe es von ganz unterschiedlichen Menschen gehört.« – »Und darauf verlässt du dich?«

Timon lächelte so, als wolle er sagen: Du armer Trottel! »Also, ich glaube nur, was ich sehe.« Ich blieb beharrlich: »Timon, ich will dich nicht bekehren. Aber was ist für dich denn ›glauben‹?« – »Naja, über die Götter kann man nichts wissen, an die muss man halt glauben«, philosophierte Timon. »Ist klar!«, sagte ich, »wenn du es so siehst, dann glaubst du ja an gar nichts.« – »Was ist denn für dich ›Glaube‹?«, fragte mein Freund mich ganz direkt. Ich dachte kurz nach: »›Glaube‹, das ist eine feste Überzeugung, eine Wahrheit, auf die ich vertrauen und auf der ich mein Leben aufbauen will.« Das hat gesessen. Während Timon noch über meine Worte nachdachte, fuhr ich fort: »Und an den Gott, der seinen Sohn, den die Menschen getötet haben, wieder ins Leben zurückgeholt hat, an diesen Gott will ich gerne glauben, weil ich weiß, dass er Macht über den Tod hat. Und ich vertraue darauf, dass er auch mich, ebenso wie meine längst verstorbenen Eltern, einmal aus dem Totenreich wieder ins Leben zurückholen wird.«

Timon war ganz still geworden. Dann sagte er: »Ich will darüber nachdenken. Jetzt lass uns aber erst einmal unser Wiedersehen feiern. Wein her!« Ich sah Timon streng an und er erschrak, dann fügte er grinsend hinzu: »Lukas, das ist mein Lebensmotto: Ich trinke nur mit Menschen, die ich mag.« – »Und was ist mit denen, die du nicht magst?«, fragte ich ihn. Er grinste weiter: »Da trinke ich vorher!« Ich setzte eine noch strengere Miene auf: »Timon, es ist an der Zeit, dass du dir ein anderes Lebensmotto suchst! Dringend!« Timon nickte: »Gut, dann eben nur Wein für meinen alten Freund, der mich schon fast wieder gesund gemacht hat!« Aus Solidarität mit Timon wollte ich dann aber auch nur Wasser trinken.

Wir redeten noch eine ganze Weile. Dabei erwähnte ich, dass ich gerade erst aus Milet angereist war und in Alexandria Troas noch keine Herberge hätte. »Dann bleibst du erst einmal bei uns!«, beschloss Timon, »dann kannst du mich weiter gesund machen!« Ich war dankbar für sein Angebot und nahm es gerne an. Es wurde sehr spät in dieser Nacht, denn wir hatten einander so viel zu erzählen.

Am folgenden Tag wollte ich mir meine Heimatstadt ein bisschen genauer ansehen. Eigentlich hatte Timon vor, mich zu begleiten, aber ich als sein Arzt verbot ihm eine Wanderung durch die Stadt: »Dafür ist es noch zu früh! Den Tag über musst du dich noch weiter schonen, und heute Abend nimmst du erneut ein Bad!« Gehorsam fügte sich mein alter neuer Gastgeber. Die Sonne stand bereits hoch am Himmel, als ich auf die Straße hinaustrat. Sehr schnell fand ich mich wieder zurecht. Viel hatte sich nicht verändert. In dem Haus, das meine Eltern und ich bis zuletzt bewohnt hatten, lebte jetzt eine fremde

Familie. Aber die Nachbarn kannten mich noch und hießen mich freudig willkommen. Es war schön, wieder in der Heimat zu sein.

Durch Mund-zu-Mund-Propaganda wurde es zügig bekannt, dass bei Timon ein Arzt wohne. So hatte ich recht bald viel zu tun und konnte meinem alten Freund auch Miete zahlen. Nach ein paar Monaten hatte ich so viel Geld zusammengespart, dass ich daran gehen konnte, ein eigenes kleines Haus zu erwerben. So begann ich, jeden Patienten zu fragen, ob er vielleicht von einem Häuschen wisse, das ich kaufen könne. Ab und zu wurde mir eines empfohlen, und ich machte mich auf den Weg, um das Haus anzuschauen.

In dieser Zeit, nahm mein Leben erneut eine völlig unerwartete Wendung. Eines Tages kehrte ich wiedermal enttäuscht von einer Hausbesichtigung zurück und wollte gerade die Wohnung meines Gastgebers betreten, da sah ich am Eingang der benachbarten Hafenkneipe ein bekanntes Gesicht. Ich kniff die Augen zusammen und sah genauer hin. War das nicht …? »Silas? Bist du das?«, rief ich. Der Angesprochene wendete sich mir zu und begann über das ganze Gesicht zu strahlen: »Lukas! Was machst denn du hier?« Offenbar hatte er vergessen, dass ich aus Alexandria Troas stammte. Deshalb sagte ich: »Ich komme von hier! Ich wohne sogar wieder hier!« – Silas ging nicht darauf ein, sondern wandte sich hastig seinem Begleiter zu: »Paulus, darf ich dir Lukas vorstellen?« Dann sah er mich an: »Lukas, das ist Paulus von Tarsus.« Wir verbeugten uns kurz. Ich ahnte nicht, dass dies der Beginn einer wunderbaren Freundschaft, ja Bruderschaft war, die mein Leben radikal verändern würde.

Paulus hatte ein schmales Gesicht, das von einem schwarzen, kurzgeschnittenen Vollbart gerahmt war.

Seine Haut war tief gebräunt. Auf einer Wange hatte er eine kleine Narbe, und seine Nase war etwas »verbeult«. Ich nahm an, sie müsste mindestens einmal gebrochen worden sein. Unter den buschigen dunklen Augenbrauen funkelte ein Paar listiger und wacher Augen. Sein Blick ging von Silas zu mir und wieder zurück. Silas erklärte Paulus, dass Petrus mich mit in die Jerusalemer Gemeinde gebracht und Jakobus mich getauft habe. Da huschte ein erstes Lächeln über das ernste Gesicht des Paulus, und er sagte: »Dann bist du ein Bruder in Christus!« Ich nickte. So standen wir ein bisschen unschlüssig vor Timons Hafenkneipe.

Nach einer kurzen Stille fragte ich: »Seid ihr schon lange hier?« Silas schüttelte den Kopf und Paulus antwortete: »Gerade angekommen!« Ich lachte: »Ja, wenn ihr nach Alexandria Troas kommt, dann müsst ihr einfach damit rechnen, auch mich zu treffen. Die Stadt ist zu groß, um als Provinz zu gelten, und zu klein, um sich aus dem Weg zu gehen.« Paulus lachte. Er verstand, was ich damit sagen wollte. Silas schaute dagegen etwas irritiert, so, als habe er mich nicht verstanden. Aber dann meinte er: »Dich schickt uns der Himmel! Wo kann man hier gut essen?« Ich deutete auf Timons Gaststätte und wir beschlossen, dort gemeinsam einzukehren. Kritias, der Wirt, war wie gewohnt einsilbig, aber er bediente uns höflich.

Während wir auf das Essen warteten, kamen wir schnell ins Gespräch. Ich war neugierig: »Paulus, wie und wozu kommst du hierher nach Alexandria Troas?« Paulus erzählte mir, dass er Jude sei und neben seinem griechischen auch einen jüdischen Namen habe: Saul. Aber er wolle lieber Paulus genannt werden, weil dieser Name internationaler klänge. Dann erzählte er davon, dass seine Eltern ihn von Tarsus nach Jerusalem zur

Ausbildung geschickt hätten. Dort, in Jerusalem, sei er Pharisäer geworden. In diesem Zusammenhang habe er auch die Jesusgemeinden kennengelernt und festgestellt, dass die Jesusleute die Bedeutung der Thora sehr gering einschätzten. Dies sei ihm ein Dorn im Auge gewesen und er als gläubiger und thoratreuer Jude habe es als seine Pflicht gesehen, diese Menschen wieder auf den rechten Pfad der Thoraerfüllung zurückzuführen – notfalls mit Gewalt. Hierfür habe er sich ein Schreiben des Hohen Rates in Jerusalem besorgt, um auch im fernen Damaskus die Jesusanhänger aufzuspüren und gegebenenfalls auspeitschen zu lassen. Auf dem Weg nach Damaskus sei er aber ins Grübeln gekommen. Er habe sich gefragt, ob man wirklich durch Zwang Menschen zum Einhalten der Thora bringen könne, oder bringen dürfe. »Außerdem sind mir Bestimmungen der Thora eingefallen, die auch ich selbst nicht einhielt. So waren meine Gedanken, als mir vor den Toren von Damaskus buchstäblich ein Licht aufgegangen ist. Mein Pferd scheute und ich stürzte herab. Es war, als hätte ich die Stimme von Jesus gehört, der mir zurief: ›Saul, Saul, warum verfolgst du mich?‹«

Paulus hielt kurz inne. »Und dann?«, fragte ich. Das hörte sich spannender an als manche Kriminalgeschichte. Paulus erzählte weiter: »Eigentlich habe ich gar nichts darauf gesagt. Ich war sprachlos. Aber dann habe ich mich selbst gehört, wie ich gefragt habe: ›Wer bist du?‹ Darauf hörte ich wieder die Stimme: ›Ich bin Jesus, den du verfolgst‹. Da war mir klar, dass ich meinen Plan in Damaskus nicht umsetzen dürfe. Ich ging in die Stadt zu den Jesusleuten, die mir gegenüber sehr misstrauisch waren – wer will es ihnen verdenken? Aber ein Mann, Hananias, nahm mich auf. Er sagte mir: ›Paulus von Tarsus, der Herr hat für dich einen größeren Plan, als du ihn für dich selbst wohl je hattest. Er wird dich als sein Werkzeug in seinen Dienst nehmen.‹«*

Paulus fuhr fort: »Hananias bot mir an, ich könne bei ihm erst einmal bleiben. Das war sehr hilfreich, denn ich wusste überhaupt nicht, wie es weitergehen könnte. Er war es auch, der mich schließlich getauft hat. Mit ihm habe ich lange und viel über Jesus reden können.« – »Aber wusstest du denn, worauf du dich da eingelassen hast?«, fragte ich, und Paulus meinte, mich überraschend: »Eigentlich nicht, aber das spielt doch keine Rolle!« – »Aber als ausgebildeter Schriftgelehrter und Pharisäer könntest du doch ein vielleicht bequemeres Leben führen, oder?« – »Das weiß ich, aber darum geht es nicht! Wenn der Herr, Baruch Adonaj, dich ruft, gibt es kein Zurück mehr. Zugegeben: Ich habe nicht, wie der Prophet Jesaja, ›Hier bin ich‹ gerufen, aber ich habe mich dem Ruf des Herrn, Baruch Adonaj, nicht verschlossen. Mose und Jeremia brachten ja noch Einwände gegen ihre Berufung vor, aber das war ja, wie wir wissen, ohnehin vergeblich.«

Tatsächlich! Er hatte recht. Ich nickte und murmelte wie zur Bestärkung noch einmal vor mich hin: »Wer das mag, was er von Gott bekommt, ist glücklich!« Schließlich schaltete sich Silas wieder ins Gespräch ein: »Erzähle Lukas, wie es weiterging, Paulus!« Und Paulus fuhr fort: »Nach ein paar Wochen musste ich Damaskus unter dramatischen Umständen verlassen. Ich war beim Magistrat der Stadt angezeigt worden, ich hätte gegen die jüdischen Gesetze gepredigt und würde so die ganze Stadt in Aufruhr versetzen. Die Oberen einer Stadt sind bei solchen Vorwürfen immer sehr hellhörig. Hananias bekam aber rechtzeitig mit, dass ich verhaftet werden sollte. Weil die Stadttore bereits geschlossen waren, ließ

---

* Vgl. Apostelgeschichte 9,1-22.

er mich an einem Korb die Stadtmauer hinunter.* Die Soldaten haben aus dem Fenster ganz schön dumm geschaut, als sie sahen, wie ich mich davonmachte. Weil ich nicht wusste, wohin ich gehen sollte, zog ich mich in die arabische Wüste zurück. Hier wollte ich mich erst einmal fassen und nachdenken. Was war mit mir eigentlich geschehen? Ist es denn falsch, Reinheitsgesetze der Thora zu befolgen?«

Ich spürte, dass diese Frage mich im Grunde auch beschäftigte. Wie wichtig sind die Reinheitsgesetze der Thora? Und ich ahnte, dass das Ganze letztlich auch auf die Frage hinauslaufen würde, ob die Beschneidung überhaupt nötig sei. Ich nickte nur stumm. Paulus war im Begriff, ein Problem zu lösen, über das ich auch immer wieder nachgedacht hatte, aber zu keiner Lösung gekommen war. Es ging im Grunde um die Frage, ob die Heiden Anteil am Heil bekommen können oder nicht. »Und wie siehst du das jetzt?«, fragte ich Paulus, »ich meine das mit der Bedeutung der Thora? Du musst wissen: Seit Langem beschäftigt mich die Frage, was der Herr, Baruch Adonaj, mit den Nichtjuden vorhat. Gehen die verloren?«

»Lukas«, sagte Paulus fast feierlich, »mir ist in der Einsamkeit der Wüste einiges klar geworden, und zwar: Als Jesus mir vor Damaskus erschien, hat er mich beauftragt, den Heiden das Evangelium zu bringen. Ich weiß, dass das jetzt mein göttlicher Auftrag ist, und ich bin mir gewiss, dass er mich als sein Werkzeug sieht und hält. Und ich finde das gut. In der arabischen Wüste ist mir klar geworden: ›Evangelium‹ heißt nicht, dass alle Juden werden müssten, nein, ›Evangelium‹ heißt: Sie können in dem Augenblick getauft werden, in dem sie sich von den nichtigen Götzen abkehren und dem einen lebendigen

---

* Vgl. Apostelgeschichte 9,23-25.

und wahren Gott zuwenden. Und dann wird Jesus sie einst auch auferwecken.«

Ich spürte eine große Freude. »Du sprichst mir aus dem Herzen«, sagte ich, »aber Jakobus, Petrus und Johannes beharrten immer darauf, dass Jesus doch Jude war.« – »Hör mir mit Petrus auf!« Auf Paulus' Stirn wurde eine Zornesfalte sichtbar und auch Silas' Mimik wurde ernst. »Hast du dich mit ihm gestritten?«, fragte ich ihn und Paulus nickte: »Und ob! Doch darüber will ich jetzt nicht reden. Erst einmal geht es doch um die Frage, ob ich von den Heiden, wenn ich sie taufe, verlangen soll, dass sie sich beschneiden lassen, und sie auf die Reinheitsgebote verpflichten soll, ja?« Ich nickte.

Paulus fuhr fort: »Also, bis zu meiner Jesuserscheinung war ich ein glühender Kämpfer für die Einhaltung der Thora in allen Einzelheiten. In ganz tiefes Nachdenken bin ich durch die Begegnung mit Jesus gekommen. Und in der arabischen Wüste habe ich die Thora noch einmal ganz genau studiert. Dabei ist mir deutlich geworden: Die Thora, die Gott uns zum Leben gegeben hat, haben wir Juden im Grunde nie ganz gehalten. Wir haben es selber nie geschafft. Und wir konnten sie auch gar nicht einhalten, weil die Thora von Gott kam. Sie ist geistlicher Herkunft, aber wir Menschen, auch wir Juden, sind fleischlich. Und weil ich fleischlich bin, kann ich die geistliche Thora nicht umfassend halten. Das geht einfach nicht, verstehst du? – Das ist doch klar: Mit Jesus von Nazareth hat Gott ein ganz neues Kapitel der Heilsgeschichte aufgeschlagen. Jetzt ist die Voraussetzung, wenn du zum Heil dazugehören willst, nicht mehr die Einhaltung der Thora, sondern der Glaube an diesen Jesus, den Lebendigen. Wer an Jesus glaubt, lässt sich taufen. Glaube heißt im Grunde nur, dass du das, was Jesus am Kreuz für die Menschen getan hat, für dich gelten lässt.«

Ich stutzte: »Was hat er denn am Kreuz getan für mich?« Paulus schien fast etwas ungeduldig: »Davon rede ich doch die ganze Zeit – Jesus ist für unsere Sünden gestorben. Er ist stellvertretend für diejenigen, die sich auf seinen Namen taufen lassen, am Kreuz gestorben, als Sühneopfer für unsere Fehler. Jetzt kannst du als Gottes Kind leben, getrost und befreit. Verstehst du? Durch den Glauben an Jesus bekommst du die Gerechtigkeit Gottes geschenkt und giltst als gerecht, weil Jesus dir deine Sünden vergibt. Mehr braucht es nicht.« – »Du meinst … du meinst …«, stammelte ich, »also, so habe ich das noch nie gesehen; du meinst also, auch ein Heide, der zu Jesus gehören will, muss also gar nicht mehr beschnitten werden, sondern braucht nur noch zu glauben, dass Jesus für ihn gestorben ist?«

Ich begriff, dass Paulus mir den theologischen Hintergrund lieferte für eine Praxis, die ich – wohl mit einem etwas schlechten Gewissen – bisher ansatzweise bereits durchgeführt hatte. Ich dachte dabei an die Taufe meines Lehrmeisters Artemidoros. »Er hat's verstanden«, sagte Paulus, sich zu Silas wendend. Und Silas nickte. Aber dann blickte Paulus mir wieder tief in die Augen und meinte: »Schau her!«, und dabei klang seine Stimme fast etwas väterlich: »Wenn du von den Heiden verlangst, sie müssten zuerst beschnitten und auf die Thora verpflichtet werden, ehe wir sie taufen, dann können wir es gleich bleiben lassen und alle dazu auffordern, Juden zu werden …« Und dann fügte er noch etwas leiser hinzu: »… dann wäre Christus umsonst gestorben.«

Dieser Satz – so leise er auch gesprochen war – hatte gesessen. »Dann wäre Christus umsonst gestorben.« So hatte ich es überhaupt noch nicht gesehen. »Ja, so ist … all das Äußere von innen betrachtet, wunderbar!«, sagte Silas. Ich konnte seine Begeisterung zutiefst teilen: Die

Urgemeinde in Jerusalem hatte den jüdischen Bürgern von Jerusalem in der Fortsetzung der Predigt Jesu verkündigt, dass das Reich Gottes bald aufgerichtet werde und Jesus bereits auferstanden sei. Paulus gab dem eine ganz besondere Tiefe und Bedeutung, wirklich wunderbar! »Hast du eigentlich einmal mit deinen Eltern darüber gesprochen?«, fragte ich Paulus und seine Miene verdüsterte sich augenblicklich. Er nickte. Offenbar hatte ich einen wunden Punkt getroffen und sagte: »Sie waren nicht so begeistert?« Paulus nickte: »So kann man es sagen.«

Wir schwiegen, und dann erklärte er: »Meine Mutter weinte und mein Vater rief: ›Saul, dafür haben wir dich nicht in Jerusalem zum Pharisäer ausbilden lassen. Du trittst unsere Tradition mit Füßen und wirfst sie in den Dreck!‹ Um es kurz zu machen: Sie haben mich unter Druck gesetzt und beleidigt, schließlich hinausgeworfen und enterbt nach dem Motto: Wer nicht für uns ist, der ist gegen uns.« – »Und da gab es keine Möglichkeit zu einer Verständigung?« Paulus schüttelte den Kopf: »Ich habe meinem Vater zwar gesagt: ›Du darfst doch nicht erwarten, dass dein Sohn dein Leben weiterführt.‹ Aber das hat nichts geholfen. Gegen diese Einstellung konnte ich nichts tun, außer zu mir und meiner Erfahrung zu stehen.«

Paulus sagte dann noch einen Satz, den ich so schnell nicht vergessen werde: »Schlimmer als der Tod von nahen Angehörigen ist es, wenn diese noch leben, aber ihre Beziehung zu dir an Bedingungen knüpfen, die dich töten würden.« – »Ja«, pflichtete ich ihm bei, »man muss sich mit Menschen umgeben, die einem guttun, bei denen man so sein kann, wie man wirklich ist.« Paulus nickte: »Das war bei dem Bruder meines Vaters so. Mein Onkel Jizchak in Tarsus hatte für mich immer ein offenes Ohr. Ich weiß, dass ich bei ihm immer willkommen bin. Er tut mir gut.« Und dann fügte er noch einen Gedanken an: »Weißt du, inzwischen trage ich das meinen Eltern nicht mehr nach. Ich begreife das Ganze wie einen großen Knoten, den ich nicht mehr lösen kann, den ich aber meinem Herrn in die Hand lege und darauf vertraue, dass er ihn auflösen wird, weil nur noch er dies kann. Darauf vertraue ich.«

Nach einer Pause fragte ich Silas: »Und wie stehst du eigentlich zu alldem? Du bist doch aus Jerusalem und kennst Petrus und Jakobus gut.« Er schaute zur Seite und überlegte. Dann sagte er: »Naja, Petrus hat mich zur Gemeinde gebracht. Und als wir uns dann darüber verständigten, dass Paulus den Heiden predigen solle, da sagte Petrus zu mir, ich solle Paulus begleiten und darauf achten, dass die Vereinbarung eingehalten werde.« räumte er ganz unverblümt ein. Paulus sah ihn entgeistert an: »Du sollst was? Das höre ich zum ersten Mal!« Silas bemerkte, dass er sich offenbar verplappert hatte und sofort sagte er: »Ja! Nein! Natürlich nicht! Petrus hat gemeint, ich soll auf dich aufpassen, dass dir nichts passiert! Außerdem hast du mich selbst gebeten, mit dir zu reisen, nachdem du dich mit Petrus in Antiochia gestritten hattest.« – »Auch wieder wahr!«, räumte Paulus ein.

Ich überlegte und nahm mir vor, bei Gelegenheit Paulus zu fragen, weshalb er Silas als Gefährten gewählt hatte. Silas wirkte auf mich doch recht verpeilt. Und als könnte er meine Zwischendurchgedanken lesen, sagte er auf einmal: »Weißt du, Lukas, früher war ich oft unschlüssig, aber heute bin ich mir da nicht mehr so sicher.« Ich verstummte und überlegte, wie er das gemeint haben könnte; da fragte mich Paulus: »Wo waren wir stehengeblieben?« Ich hatte inzwischen meine Sprache wiedergefunden und fragte – den Gesprächsfaden von eben wieder aufnehmend: »Weißt du, ob Jesus selber mal gesagt hat, dass seine Nachfolger nicht beschnitten werden müssen?« Ich spürte, dass meine Frage eigentlich abwegig war. Wie sollte Paulus wissen, was Jesus gesagt hat? Er war ihm vermutlich zu seinen Lebzeiten kein einziges Mal begegnet. Und Paulus wischte meine Frage auch gleich beiseite: »Was Jesus gesagt und getan hat, dazu kann ich dir nur sagen: Das ist theologisch gesehen im Grunde egal! Es geht zuerst und zutiefst allein darum, dass Gott seinen Sohn in die Welt gesandt hat, dass dieser für unsere Sünden gekreuzigt wurde und für unsere Hoffnung auferstanden ist. Alles andere folgt daraus!«

Wieder ließ mir Paulus Zeit, über seine Sätze nachzudenken. Schließlich sagte ich: »Es gibt Gedanken, bei denen lohnt es sich, sie wieder und wieder geistig durchzukauen. Eigentlich sprichst du mir so aus dem Herzen. Aber welche Rolle haben dann noch unsere heiligen Schriften? Ich frage jetzt den Schriftgelehrten Paulus.« – Jetzt lächelte Paulus – vielleicht über das versteckte Kompliment, das ich ihm gerade gemacht hatte: »Mein lieber Lukas, wir kennen uns noch kaum, aber ich spüre eine besondere Nähe. Du machst dir Gedanken, die ich gut verstehe und über die ich auch schon viel nachgesonnen habe. Sagen wir es so: Ich verspreche dir: Wenn du mit dieser Vorstellung von Jesus, wie ich sie gerade geäußert habe, den Tanach liest, wirst du darin unendlich viele Verweise auf diesen Jesus finden.« – »Das ist eine steile These, aber ich will es versuchen. Ich werde versuchen, das, was du jetzt gerade über Jesus gesagt hast, anhand der heiligen Schrift zu überprüfen. Hand darauf!« Wir reichten einander die Hand und wandten uns endlich unserem Essen zu, das in der Zwischenzeit kalt geworden war, aber trotzdem immer noch hervorragend schmeckte.

Unser Gespräch dauerte noch bis in die Abendstunden, und schließlich fragte ich Paulus und Silas, wo sie denn übernachten. Paulus überlegte kurz. Dann sagte er: »Ich werde den Wirt dieser Herberge fragen, ob wir hier ein Obdach haben können.« – »Das wird nicht nötig sein«, sagte ich, »denn ich wohne nebenan. Sehr komfortabel ist das Zimmer, das ich bewohne, nicht, aber für eine Nacht wird es reichen. Ich denke auch nicht, dass mein Gastgeber Timon etwas dagegen hat, wenn ihr bei mir übernachtet. Ich schlage vor, dass ich das schnell kläre. Und wenn alles in Ordnung ist, hole ich euch wieder ab. Dann könnt ihr bei mir schlafen und spart euer Geld!« Paulus und Silas sahen sich an und nickten: »Das wäre gut!«

Nach wenigen Minuten war ich wieder zurück: »Die Sache geht klar! Ihr könnt bei Timon übernachten. Und morgen sehen wir weiter!« Es war für mich keine Frage, dass ich das Essen und die Getränke bezahlte. Ich spürte, dass Paulus ein ganz besonderer Mann war. Seine Ausstrahlung war so positiv und seine Worte wirkten so überzeugend, ... von ihm wollte ich noch mehr erfahren.

Es wurde im Haus des Timon wieder eine lange Nacht. Das, was mir bisher nicht gelungen war, nämlich Timon von der Jesusbotschaft zu überzeugen, schien Paulus zu gelingen. Dieser Mann belebte offenbar jeden Raum, in dem er sich aufhielt, durch die Kraft seiner Persönlichkeit. Timon wirkte auf einmal nicht mehr so ablehnend, sondern interessiert. In mir keimte die Hoffnung auf, dass er sich vielleicht doch noch taufen lasse ...

Paulus und Silas blieben insgesamt eine ganze Woche bei Timon, Medea und mir. Ich vergaß in dieser Zeit mein Vorhaben, ein eigenes Haus zu suchen, weil ich jede freie Minute mit Paulus sprechen wollte. Silas nervte zuweilen mit seinen – wie ich fand – etwas kindlichen Ansichten. Aber so erfuhr ich, dass Paulus sich nach der Zeit der Stille in der arabischen Wüste der Gemeinde zu Antiochia am Unterlauf des Orontes angeschlossen hatte.

Paulus selbst erzählte darüber: »Dort war Barnabas, ein jüdischer Zypriot, der Gemeindeleiter. Mit ihm habe ich mich immer gut verstanden; er war es auch, der mich schließlich nach Antiochia gerufen hat. Dort, in Antiochia war geschehen, was du mir auch aus Ephesus berichtet hast: Dass getaufte Juden und getaufte Heiden in einer Gemeinde miteinander lebten und Tischgemeinschaft pflegten. Und die hatten sich auch einen eigenen Namen gegeben.« – »Und? Wie nannten die sich?«, fragte ich sofort zurück; Paulus schien die Spannung zu genießen, aber Silas platzte dazwischen: »Christen!« »Verstehe – wegen ›Christus‹! Das leuchtet ein«, reagierte ich. Paulus nickte. Und dann fiel mir noch etwas ein: »Wenn die das in Antiochia schon längst praktiziert haben, dann war die Taufe meines Arztlehrers Artemidoros gar nicht so neu!« Paulus beschwichtigte: »Doch, es war schon mutig, die überkommenen Regeln über Bord zu werfen! Auf jeden Fall war dein medizinischer Ausbilder seit seiner Taufe ›Christ‹.«

Dann erzählte er von der Missionsreise, zu der er von der Antiochenischen Gemeinde beauftragt worden war und die er mit Barnabas unternahm. »Ja, wir haben schon einige Heiden überzeugt und auch getauft, aber richtig zufrieden war ich nicht«, erzählte er, »am schlimmsten ist es uns in Lystra ergangen. Dort wurde ich gesteinigt, weil die Menschen dort zuerst dachten, ich wäre der Götterbote Hermes und Barnabas der Göttervater Zeus.«

»Respekt!«, entfuhr es mir, »das nenne ich mal einen Aufstieg!« – »Pardon, das war blutiger Ernst! Denn ich musste den Leuten, die sich versammelt hatten, klipp und klar sagen, dass ich ein ganz normaler Mensch aus Fleisch und Blut sei und sie sich auf keinen Fall vor mir hinknien sollten.« – »Und dann?«, fragte ich. »Ja, ich weiß es gar nicht genau; es gab auf einmal einen Tumult und dann flogen die ersten Steine. Die einen meinten, ich wolle sie für dumm verkaufen, andere brüllten, sie wollten ausprobieren, ob wir wirklich keine Götter seien. Es war furchtbar! Barnabas gelang die Flucht, aber ich wurde ohnmächtig und blutete aus vielen Wunden. Als die Menschen offenbar dachten, ich sei gestorben, ließen sie mich einfach liegen. Schließlich kam Barnabas zurück, stellte fest, dass ich noch atmete, und trug mich in eine Herberge, wo ich halbwegs gesund gepflegt wurde. Danach sind wir auf schnellstem Wege wieder zurück nach Antiochia gereist.«

Ich war erschüttert. Eine große Reise hatte ich ja auch gemacht, aber mehr als einen gewaltigen Sturm auf See und einen zweitägigen Aufenthalt im Kerker der Burg Antonia von Jerusalem hatte ich nicht aufzuweisen. »Da hast du am Ende ja noch einmal Glück gehabt«, entfuhr es mir, aber Paulus korrigierte sofort: »Das war nicht Glück, das war Gottes Wille. Und gerade als ich unter den Steinen lag und Barnabas mich ausgrub, wurde mir klar, dass mich von Gottes Liebe nichts trennen kann.«* Ich sagte nichts mehr, sondern ließ die Worte auf mich wirken.

Am folgenden Tag sprach ich Paulus darauf an, dass er mir noch erzählen wollte, wie er mit Petrus ausgekommen sei. »Ja«, meinte er, »das ist keine so erfreuliche Geschichte.« – »Aber Petrus kennt doch Jesus von Anfang an und Jakobus, der Herrenbruder, auch!« Paulus erzählte weiter: »Ich weiß: Petrus, Jakobus und Johannes haben mir viel voraus, weil sie sich oft mit dem Herrn unterhalten haben. Aber – sei mir nicht böse: Die drei mögen tüchtige Fischer und Handwerker gewesen sein, verständige Prediger und Theologen sind sie nicht – bei allem Respekt.« Er grinste und merkte dann an: »Nichts auf der

* Vgl. Römer 8,38f.

Welt ist so gerecht verteilt wie der Verstand. Denn jeder ist überzeugt, dass er genug davon habe, auch Petrus.«

Nach einer kurzen Pause erläuterte er: »Nach unserer Missionsreise meinte ich, wir müssten unsere Praxis der gesetzesfreien Verkündigung an die Heiden mit der Gemeinde in Jerusalem abstimmen. Und so machte ich mich mit Barnabas auf den Weg. Damit die Jerusalemer auch gleich sehen könnten, wie gut das mit der Verkündigung unter den Heiden klappt, bestürmte ich Titus, einen unbeschnittenen Heiden, mit uns zu kommen. Er zierte sich etwas und meinte, das Ganze sollten wir Juden erst einmal untereinander klären. Da fragte ich ihn provozierend: ›Bist du jetzt Christ, oder nicht?‹ Das wirkte und Titus kam mit.«

Paulus fuhr fort: »So wanderten wir also zu dritt nach Jerusalem. Als wir uns mit Petrus, Jakobus und Johannes trafen, verlangten diese zunächst, dass Titus, der ›Heide‹, wie sie sagten, draußen warten solle. Für den Anfang akzeptierte ich die Forderung, allerdings zähneknirschend. Aber dann ging es ans Eingemachte. Die drei behaupteten übereinstimmend, dass man Heiden auf keinen Fall taufen dürfe. Jesus sei auch Jude gewesen und außerdem habe er dies und das und jenes gesagt. Vor allem habe er nie gesagt, man müsse die Thora und ihre Gesetze nicht einhalten. Ich habe die Argumente einfach beiseitegeschoben, weil mir klar war: Wenn ich mich auf eine Diskussion einlasse, was Jesus gesagt oder nicht gesagt hat, werde ich immer den Kürzeren ziehen. Da waren sie schlicht im Vorteil.«

Er erklärte: »Deshalb habe ich so argumentiert, wie ich es dir gegenüber getan habe. Ich sage es noch einmal kurz: ›In Jesus Christus hat Gott ein neues Kapitel der Heilsgeschichte aufgeschlagen. Jetzt dürfen auch die Heiden dazukommen. Der Glaube daran, dass die Kreuzigung und

Auferstehung mit mir und meinem Leben zu tun haben, reicht aus. Wer getauft ist, ist Christ und gehört zu Jesus. Fertig!‹ Und dann rief ich einfach Titus herein, stellte ihn vor die gaffenden Jerusalemer und meinte nur: ›Seht ihn euch an! Das ist ein Christ, also einer, der an Jesus glaubt. Ob er beschnitten ist oder nicht, ist völlig egal. Es geht also! Und nichts spricht dagegen, einen Menschen, der an Jesus glaubt, zu taufen! Gar nichts!‹ Danach brach ein Tumult los. Nein, das ginge so nicht ... so etwas muss abgeklärt werden ... hier werde aus Jesus etwas ganz Neues gemacht ... das habe mit dem Judentum Jesu gar nichts mehr zu tun ...«

Paulus räusperte sich und sprach weiter: »Als ich dann drohte, die Versammlung mit Titus und Barnabas zu verlassen und notfalls auch ohne die Zustimmung der Jerusalemer Heiden bekehren wolle, meldete sich Johannes zu Wort. Er war einer von den Gemäßigten und sagte: ›Paulus und Barnabas, die Tatsache, dass ihr hierhergekommen seid, um mit uns über eure Verkündigung zu sprechen, zeigt mir, dass ihr ein Interesse daran habt, dass wir uns einigen. Vielleicht ist ja ein Kompromiss denkbar. Wie wäre es, wenn ihr den Heiden sagt, sie bräuchten, wenn sie zu Jesus gehören wollen, sich zwar nicht beschneiden zu lassen – ich weiß, dass viele das auf keinen Fall wollen –, aber dass sie sich wenigstens der Unzucht, des Götzenopfers und des Blutes enthalten sowie Tiere nicht mehr nach heidnischem Ritus schlachten, sondern schächten und so das Blut an die Erde zurückgeben. Das sind genau die Forderungen, die an die Heiden gestellt werden, wenn sie in Israel leben. Ich kann mir vorstellen, dass wir uns auf diesen Kompromiss verständigen könnten.‹ Petrus und Jakobus grummelten vor sich hin. Damit waren sie offenbar nicht so recht einverstanden, wollten aber zuerst meine Meinung dazu hören.«

»Das ist ja unfassbar spannend!«, warf ich ein. »Und, was hast du gesagt?« Paulus lächelte: »Darauf habe ich mich nicht eingelassen. ›Nix da‹, habe ich gesagt, ›das kommt überhaupt nicht in Frage.‹ Und dann habe ich ihnen das Gleiche gesagt wie dir: ›Wenn wir jetzt wieder Gesetze aufrichten, die wir selbst als Juden nicht wirklich halten können, dann wäre die Kreuzigung völlig umsonst gewesen.‹ Und wieder brach ein Tumult los.« – »Gab es dann gar keine Einigung?«, fragte ich und Paulus wiegte den Kopf: »Ja und nein! Nach langen Diskussionen haben wir es so gemacht: Wir waren uns einig in der Einschätzung, dass wir uns nicht einig sind. Darauf haben wir uns die Hand gereicht und beschlossen, dass wir ab jetzt versuchen werden, einander aus dem Weg zu gehen. Ich solle mit Barnabas zusammen die Heiden missionieren und Petrus den Juden predigen. Für mich bedeutete der Handschlag vor allem, dass die Jerusalemer meinen Auftrag, den Heiden von Jesus zu predigen, anerkannt haben.«[*]

»Und außerdem habe ich mich auch Paulus angeschlossen«, unterbrach Silas – ihn hatte ich über der Ernsthaftigkeit unseres Gespräches fast vergessen. Dann grinste ich: »Paulus, sei mir nicht böse, aber da hast du dich doch auf ganzer Linie durchgesetzt, oder?« Jetzt lachte Paulus auch und sagte schmunzelnd: »Genauso sehe ich das auch. Damit wir aber den Zusammenhalt niemals aus den Augen verlieren, habe ich versprochen, in den christlichen Gemeinden, die ich gründen werde, für die Jerusalemer Geld zu sammeln.« – »Oh ja, das finde ich gut. Außerdem haben die das auch wirklich nötig!«, sagte ich. »Jedenfalls waren die in Jerusalem finanziell immer etwas klamm, als ich dort war.« Ich staunte, wie

[*] Vgl. Galater 2,1-10.

entschieden Paulus seine theologischen Überzeugungen auch gegen jene durchgesetzt hatte, die eigentlich Jesus viel besser kannten als er. Aber argumentativ scheinen sie ihm alle unterlegen zu sein. Ich selbst habe seinen scharfen Geist und seine Redefähigkeit ja auch schon erlebt. Und ich war mir sicher: Von diesem Mann werde ich noch viel lernen können.

Am folgenden Tag wollte sich Paulus mit Silas schon wieder aufmachen. Als ich von einem Krankenbesuch zurückkehrte, stand er bereits in der Tür und war im Begriff, sich von mir zu verabschieden. Aber so einfach wollte ich es ihm nicht machen: »Paulus, du kannst jetzt nicht gehen! Ich habe noch so viele Fragen.« Paulus lächelte und meinte dann: »Lukas, vielen Dank für deine Gastfreundschaft, aber es hilft nichts. Ich muss weiter!« – »Wer drängt dich denn so?«, fragte ich. Paulus erhob den rechten Zeigefinger und blickte kurz in die angedeutete Richtung nach oben: »Der Herr selbst, Baruch Adonaj!«

Ich hatte offenbar ein großes Fragezeichen im Gesicht, deshalb fuhr er fort: »Heute Nacht hatte ich einen Traum. Mir erschien ein Mann aus Makedonien – ich habe ihn an seiner Tracht sofort als Makedonier erkannt – und dieser Mann sagte zu mir: ›Komm herüber und hilf uns!‹ Das heißt doch nichts anderes als: Ich muss dort das Evangelium von Jesus Christus predigen.«* Ich nickte und zweifelte keine Sekunde an der Wahrheit. »Ich verstehe«, sagte ich und war zugleich zutiefst betrübt. »In so einem Fall muss man gehen. Dabei hätte ich dich gerne noch so viel gefragt.«

Paulus wirkte unschlüssig, aber dann sagte er mit fester Stimme: »Lukas, wie wäre es denn, wenn du uns

* Vgl. Apostelgeschichte 16,9f.

begleitest? Einen Arzt wie dich können wir immer gebrauchen, und noch dazu einen schriftkundigen! Und unterwegs können wir dann über alles, was dich und uns beschäftigt, ausgiebig reden.« Mir wurde plötzlich heiß und kalt zugleich. Dann dachte ich an meine Patienten in Alexandria Troas. Todkrank war derzeit niemand. Auch Timon war wieder so gut wie gesund – solange der »Halunke« nicht wieder das Rauchen und Trinken anfangen würde. Er müsste es jetzt ohne mich schaffen.

Paulus sah, wie ich zögerte. Schließlich fügte er hinzu: »Lukas, ich will ehrlich sein: Solltest du dich entschließen, mit uns zu reisen, dann musst du wissen: Es ist eine Fahrt ins Ungewisse. Und ich weiß nicht, wohin mich der Herr, Baruch Adonaj, schickt. Sicherheiten kann ich dir nicht bieten. Du wirst dein jetziges Leben aufgeben müssen. Niemand von deinen bisherigen Freunden wird in der Regel wissen, wo du abgeblieben bist. Vielleicht sorgen unsere Feinde dafür, dass wir ins Gefängnis geworfen werden. Könntest du so etwas verkraften? Vielleicht müssen wir uns auch trennen und dann wirst du spontane Entscheidungen fällen müssen, ohne einen Menschen um Rat fragen zu können. Du bist noch so jung. Denke darüber nach und versuche, dich in das, was vor uns liegt, hineinzuversetzen! Dieses Wissen sollte die Grundlage sein, auf der du deine Entscheidung triffst!«

Paulus und Silas packten ihre letzten Habseligkeiten zusammen, während ich nachdachte: Was Paulus gesagt hatte, machte für mich die Sache nicht einfacher. Es war mir klar: Ich stand plötzlich vor einer Grundsatzentscheidung für meinen Lebensweg: Sollte ich mich mit Paulus und Silas auf den Weg machen oder die Sicherheit einer bürgerlichen Existenz in Alexandria Troas vorziehen? Das Leben ist zu bedeutsam und zu rücksichtslos für Unentschlossene. Ein innerer Kampf tobte in mir. Ich überlegte: Was hielt mich hier in Alexandria Troas? Wenn ich erst einmal eine Familie habe, werde ich nicht mehr so frei sein wie jetzt. Und was hatte Paulus gerade eben noch gesagt: Es gibt keine Sicherheit? Die gab es für mich auch in Alexandria Troas nicht. Und dann hatte Paulus noch einen ganz wichtigen Aspekt gar nicht erwähnt: Die Möglichkeit, mitarbeiten zu können an etwas ganz Großem, Menschen davon zu überzeugen, dass es sich lohnt, an Jesus zu glauben, sich von der Freude und Dankbarkeit über die Menschenfreundlichkeit Gottes anstecken zu lassen ... davon hatte Paulus nichts gesagt. Aber das war doch wichtig für meine Entscheidungsfindung!

Plötzlich wusste ich, was ich zu tun hatte. Als die beiden mit dem Packen fertig waren, eröffnete ich ihnen, dass mein Entschluss gefallen war. »Und?«, fragte Paulus interessiert, »wie sieht's aus?« Ich lächelte und sagte: »Paulus, du hast natürlich recht: Wenn ich mit euch reise, werden stürmische Zeiten kommen. Aber ich bin inzwischen wetterfest. Außerdem ist das nicht ganz selbstlos von mir. Ja, es gibt doch nichts Erfüllenderes, als an etwas Großem mitarbeiten zu können, an einer Sache, die Bestand haben wird auch über mein eigenes Leben hinaus! Ja, ich will euch begleiten hinüber nach Mazedonien und weiter, auch weil ich denke, dass ich noch viel von dir, Paulus, lernen kann.« Da umarmten mich beide und wandten sich unserem Gastgeber Timon zu. Der stand in der Tür und hatte mit angehört, was jetzt passieren sollte. Er atmete etwas schwerer und sagte dann: »Ja, und was wird aus mir?« Ich fragte ihn spontan, ob er auch mitkommen wolle, aber Timon schüttelte den Kopf: »Nein, darum geht es mir nicht. Ich will natürlich hierbleiben bei meiner Frau und meinen Kindern. Aber wer soll mich denn taufen, wenn ihr alle weg seid?« – »Bitte was?«, fragte ich, »du willst getauft werden?« Timon nickte: »Und Medea auch! Und unsere Kinder sollen auch getauft werden!« – »Dann mache ich das einfach noch, bevor ich abreise!«, stellte Paulus fest.

So gingen wir alle zusammen ans Meer und sahen zu, wie Paulus Timon und seine ganze Familie auf den Namen Jesu Christi taufte. Jetzt war der Grundstein für eine christliche Gemeinde in Alexandria Troas gelegt. Mein Gepäck war schnell gepackt. Reichtümer hatte ich nicht angehäuft, aber inzwischen wieder etwas Geld angespart, um mich erst einmal über Wasser zu halten. Außerdem bewunderte ich Paulus, der auch immer darauf vertraute, dass für sein Auskommen gesorgt werde. Der Abschied von Timon und seiner Familie fiel mir wieder schwer, aber ich war mir gewiss, dass meine Entscheidung, Paulus und Silas nach Europa zu begleiten, die richtige war.

Kapitel VI

Den Glauben in die Welt tragen: Europa ruft! (49 n. Chr.)

Nach Apostelgeschichte 16,8-13

Der Entschluss war gefasst und nun ging es los. So bestiegen wir gemeinsam ein Schiff, das uns zunächst auf die Insel Samothrake auf der anderen Seite des Bosporus bringen sollte. Mir klopfte ein bisschen das Herz, als ich das Schiff betrat, denn die Erfahrung mit dem Sturm steckte mir noch in den Gliedern. Bei herrlichem Sonnenschein legten wir ab und verließen den Hafen meiner Heimatstadt. ›Wer weiß, wann ich dich wiedersehe?‹, fragte ich im Stillen.

Ich wandte meinen Blick ab und ging zu Paulus, der im Bug des Schiffes auf dem Boden saß und döste. »Verzeih, wenn ich dich störe!«, begann ich vorsichtig. Paulus schlug die Augen auf, lächelte und sagte: »Lukas, du störst nicht. Setze dich zu mir!« Ich nahm auf dem Boden neben ihm Platz und stellte eine Frage, die mich seit gestern beschäftigte: »Weshalb bist du eigentlich mit Silas und nicht mit Barnabas unterwegs? Du hast dich mit Barnabas doch gut verstanden? Und in dem Konflikt mit den Jerusalemern wart ihr doch auch einer Meinung?« Da wurde das Gesicht des Paulus traurig und er seufzte: »Das ist auch so eine Geschichte.« – »Erzähl doch!«, bat ich ihn.

»Nach der Zusammenkunft in Jerusalem sind wir drei, Barnabas, Titus und ich, wieder nach Antiochia zurückgekehrt. Alles war gut! Nach ein paar Wochen tauchte plötzlich Petrus in Antiochia auf. Ich begrüßte ihn herzlich und fragte, weshalb er gekommen sei. Er meinte, er sei einfach ein bisschen neugierig und wolle sehen, wie das so läuft in einer Gemeinde, in der ehemalige Juden und ehemalige Heiden miteinander Tischgemeinschaft pflegen und Gottesdienste feiern. Ich habe mir nichts dabei gedacht und lud ihn ein. Auch Barnabas war sehr offen. Petrus nahm an unseren Gottesdiensten teil, wir aßen und tranken zusammen, und ich hatte die große Hoffnung, ihn vielleicht auch für die Mission unter den Heiden gewinnen zu können.«

Ein frischer Windhauch streifte uns. Paulus räusperte sich und erzählte weiter: »Petrus war gerade eine Woche bei uns, da machte ich einen Besuch bei einem Freund in Seleukia. In der Zeit meiner Abwesenheit überschlugen sich aber die Ereignisse. Es müssen irgendwelche Abgesandten von Jakobus aus Jerusalem gekommen sein, die Petrus klar machten, dass eine Tischgemeinschaft mit Heiden einen Juden verunreinige. Petrus muss dann vor die Gemeindeversammlung getreten sein und ungefähr Folgendes gesagt haben: ›Es tut mir leid, aber das, was ich bisher getan habe, war ein Fehler. Ich hätte mich nie mit Heiden an einen Tisch setzen dürfen. Jesus war Jude und Jesus hat nie gesagt, dass die Reinheitsgebote der Thora unwichtig seien. Ich weiß das, denn ich bin mit ihm durch Galiläa gewandert und habe seine Predigten gehört. Wer also wirklich zu Jesus gehören will, muss die Thora einhalten und beschnitten sein. Deshalb fordere ich jetzt alle Juden auf, diesen Raum zu verlassen, denn eine Gemeinschaft mit Heiden ist so nicht möglich.‹ Petrus muss sich dann umgewandt haben und gegangen sein.«

Ich schluckte schwer. Konnte das wirklich wahr sein? Mit einem Kloß im Hals hörte ich weiter zu: »Angeblich war es dann erst einmal totenstill im Saal. Aber schließlich ist das Unerwartete geschehen: Barnabas ist aufgestanden und muss gesagt haben: ›Ich fürchte, Petrus hat recht. Er muss es wissen. Er hat Jesus selbst kennengelernt.‹ Und dann ist auch Barnabas gegangen. Ja, und wenn selbst der Gemeindeleiter geht, dann tun es ihm die ganzen anderen Juden nach. Kurzum: Zurück blieb etwa die Hälfte der Gemeinde, lauter getaufte Heiden, die natürlich völlig verunsichert waren. Sie fragten sich: ›Was soll jetzt das? Sind wir keine Christen?‹ Einige sollen sogar geweint haben.« – »Das ist hart!«, sagte ich und Paulus nickte.

Die Erinnerung an die Ereignisse nahm ihn sichtlich mit. Zugleich sah ich in seiner Mimik Entschlossenheit, als er weitersprach: »Als ich nach wenigen Tagen aus Seleukia zurückgekehrt war, klagten mir die Christen, die früher Heiden gewesen waren, ihre Verzweiflung. ›Wo ist Petrus? Wo ist Barnabas?‹, rief ich sofort. Ich schäumte vor Wut. Man nannte mir das Haus, in dem sich Petrus aufhalten müsste, und ich lief sofort los. Die verunsicherten getauften Heiden hatten Mühe, mit mir Schritt zu halten. Wütend pochte ich an die Tür. Barnabas öffnete. Hinter ihm stand Petrus. Ich glaube, sie hatten schon mit einer Reaktion meinerseits gerechnet, waren aber dann doch verblüfft über meine Entschlossenheit und die Heftigkeit meiner Antwort: ›Du Heuchler!‹, schleuderte ich Petrus entgegen, ›wenn du, der du ein Jude bist, zuerst mit den getauften Heiden Tischgemeinschaft pflegst, warum willst du diese Heiden jetzt auf einmal zwingen, jüdisch zu leben?‹ Petrus holte Luft, aber ich glaube, es fiel ihm keine Entgegnung ein.«

Die Sache wühlte Paulus spürbar auf, als er weitersprach: »Jedenfalls fuhr ich fort: ›Ich habe es dir bereits in Jerusalem gesagt: Durch die Werke, die das Gesetz fordert, wird kein Mensch gerecht. Deshalb sind wir zum Glauben an Jesus Christus gekommen, damit wir gerecht werden durch diesen Glauben an den Christus, der für unsere Sünden gekreuzigt wurde und zu unserer Hoffnung auferstanden ist.‹ – ›Aber …‹, wollte Petrus einwerfen, allerdings war ich so in Fahrt, dass ich ihm noch einen Satz entgegengeschleudert habe, der mir ganz wichtig ist – du kennst ihn bereits: ›Wenn die Gerechtigkeit durch das Einhalten der Ritualgesetze des Mose kommt, dann ist Christus vergeblich gestorben! So, und jetzt du!‹ Petrus war verstummt, dann sagte er wieder sein altes Sprüchlein von wegen, Jesus habe nie gesagt, dass die Beschneidung nicht nötig sei. Ich kann es nicht mehr hören. Deshalb habe ich nur gesagt: ›Was Jesus gesagt und getan hat, ist für das Verständnis der Gerechtigkeit, die vor Gott gilt, theologisch im Grunde belanglos. Mach dir klar: Du hast unsere Abmachung in Jerusalem gebrochen. Hör auf, in diese Gemeinde, die in Frieden und Eintracht gelebt hat, Unfrieden zu tragen!‹ Ja, und dann bin ich gegangen.«*

Er starrte mir durchdringend in die Augen: »Weißt du, Lukas, ich bin nicht gerne der Spielverderber, aber in diesem Fall musste ich es sein. Es geht hier um alles – und das hat Petrus nicht verstanden.« – »Und was hat Barnabas dazu gesagt?«, fragte ich und Paulus schüttelte den Kopf: »Nichts! Ich war so enttäuscht von ihm. Da hätte er die Möglichkeit gehabt, Farbe zu bekennen, aber kaum bin ich einmal nicht vor Ort, kippt er um wie ein gefällter Baum. Ich war wütend. Wie kann man nur so dumm sein?! Lukas, ich sage dir: Hüte dich, hüte dich vor den Dünndenkern! Sie sind im Grunde die Verwässerer der Kernbotschaft Jesu: Das Gottesreich ist mitten uns euch, bedingungslos. Die Drahtzieher des Ganzen waren aber – wie ich vermute – Jakobus und Petrus.«

* Vgl. Galater 2,11-21.

Erschüttert fragte ich: »Ja, und wie ging's dann weiter?« – »Nachdem mir klar war, dass die beiden stur bleiben würden, habe ich mich von den Juden in Antiochia gelöst. Weißt du, irgendwie habe ich mich auch frei gefühlt. Ab jetzt musste ich keine Rücksicht mehr auf die Befindlichkeiten etwa von Barnabas nehmen. Freiheit bedeutet doch nicht, tun zu können, was man will, sondern vor allem, nicht tun zu müssen, was andere wollen. Die getauften, ehemaligen Heiden habe ich noch einmal zusammengerufen und versucht, sie im Glauben an Jesus Christus zu bestärken. Danach habe ich mich aufgemacht zunächst in meine Heimatstadt Tarsus, wo ich meine Eltern getroffen habe – aber, wie du weißt, ist das ein anderes, äußerst schwieriges Kapitel. Wenigstens mein Onkel hat mich dort liebevoll aufgenommen. Aber danach ging ich zügig weiter in die Städte in Zentralkleinasien, in denen Barnabas und ich bereits den einen oder anderen Heiden getauft hatten. Ich hielt und halte es für wahrscheinlich, dass vielleicht sogar Barnabas selbst dorthin gehen und diesen Christen gegenüber behaupten könnte, sie müssten sich auch noch beschneiden lassen, wenn sie ›echte‹ Christen sein wollen.«

Das hätte ich von Petrus nicht erwartet. Nun gut, ich kannte jetzt nur die Position von Paulus. Und die konnte ich gut verstehen. Wie gerne hätte ich mit Petrus einmal darüber gesprochen, ob er wirklich so unbrüderlich agiert und die Bemühungen von Paulus untergraben hatte. Paulus hatte ihn sogar »Heuchler« genannt. Das ist schon ein harter Vorwurf. Schließlich sagte ich nur: »Ich verstehe dich, Paulus! Aber – was meinst du – wirst du mit Petrus noch einmal das Gespräch suchen?« Paulus schüttelte entrüstet den Kopf: »Ich? Niemals! Wenn, dann muss er auf mich zukommen. Ich habe mir in der ganze Sache nichts vorzuwerfen.« – »Und welche Konsequenzen ziehst du für dich aus diesem Streit?« Jetzt sah ich wieder die Entschlossenheit im Gesicht des Paulus: »Erstens: Von Petrus halte ich nicht viel. Der Fischer aus Galiläa braucht mir nicht zu erklären, wie ich die Schrift verstehen soll. Der sollte lieber zurückgehen und Fische fangen. Und zweitens mache ich jetzt Mission ohne Kompromisse. Ich predige die Wahrheit des Evangeliums, wie ich sie sehe – ohne die Reinheitsgesetze des Judentums.«

In diesem Moment fiel mir plötzlich auf, was für eine Wandlung Paulus durchgemacht haben muss: vom begeisterten Hüter der Thora zum überzeugten Prediger der Freiheit vom Gesetz. Aber ein Problem beschäftigte mich dann doch noch. »Paulus«, fing ich an und er blickte mir interessiert in die Augen, »wir sind doch der Meinung, dass die heilige Schrift wichtig ist?« Paulus nickte und ich fuhr fort: »Aber da steht doch drin, dass Gott Abraham als Zeichen des Bundes aufgetragen hat, sich zu beschneiden. Ich habe die Formulierung genau in Erinnerung: ›*Das aber ist mein Bund, den ihr halten sollt zwischen mir und euch und deinen Nachkommen:* ›*Alles, was männlich ist unter euch, soll beschnitten werden; eure Vorhaut sollt ihr beschneiden. Das soll das Zeichen sein des Bundes zwischen mir und euch. Jeden Knaben, wenn er acht Tage alt ist, sollt ihr beschneiden bei euren Nachkommen. ... Ein Unbeschnittener aber, der nicht beschnitten wird an seiner Vorhaut, soll ausgerottet werden aus seinem Volk; meinen Bund hat er gebrochen.*‹* So etwas kann man doch nicht so einfach wegwischen, oder?«

Paulus verdrehte die Augen und atmete tief durch, als wollte er sagen: ›Na gut, dann erkläre ich es eben noch einmal!‹, dann meinte er: »Natürlich kann man so etwas

* Genesis 17,10-12.14.

nicht wegwischen, aber hast du es denn immer noch nicht verstanden? In Jesus hat Gott einen neuen Bund aufgerichtet. Und wenn die Heiden sich – obwohl das, was du gerade gesagt hast, in der Thora steht – nicht beschneiden lassen, dann ist das das Zeichen dafür, dass wir als Jesus-Gemeinde überzeugt sind: Sie werden gerechtfertigt, weil sie glauben und nicht, weil sie das Gesetz halten.« Ich dachte nach: ›Plötzlich sollen gerade die NICHT-Beschneidung und die Taufe die Zeichen des Bundes zwischen dem Herrn, Baruch Adonaj, und dem Heidenvolk sein.‹

»Und was ist mit dem alten Volk, unseren jüdischen Glaubensgeschwistern?«, fragte ich weiter. »Es ist doch traurig, dass die meisten von ihnen nicht zum Glauben an Jesus Christus kommen, sondern immer noch ausschließlich an der Thora festhalten.« Paulus nickte: »Ja, das ist bitter! Auch für mich! Aber letzten Endes glaube ich, dass auch sie gerettet werden. Die Juden sind doch das zuerst von Gott erwählte Volk, gewissermaßen Gottes erstgeborener Sohn. Und Gottes Gaben und Berufung können ihn nicht gereuen.«*

Ich staunte wieder über diese umfassende Sichtweise des Paulus. Er schien auf fast alles eine Antwort zu wissen. »Du bist echt klug, Paulus«, konstatierte ich. Da grinste er und meinte: »Auf manchen Gebieten, vielleicht, aber auf anderen kann ich ziemlich dämlich sein.« – »Auf welchen denn?« Paulus schüttelte – immer noch grinsend – den Kopf: »Ich will meine Schwächen nicht zur Schau stellen.« Ich klopfte ihm auf die Schulter. »Jedenfalls muss ich über das, was du eben gesagt hast, noch ein bisschen nachdenken«, sagte ich und zog mich in das Heck des Schiffes zurück. Am Horizont sah ich den Hafen

---

* Vgl. Römer 11,25-29.

von Alexandria Troas verschwinden. Wohin wird mich dieser neue Weg an der Seite dieses großen Theologen Paulus wohl noch führen?

Es dauerte nicht lange, da erreichten wir den Hafen von Samothrake. Geschickt bugsierte der Steuermann das große Schiff zum Kai. »Morgen früh geht's weiter!«, rief der Kapitän, und wir nutzten die Zeit, es war bereits Abend geworden, um die Insel zu erkunden. »Wenn wir schon einmal hier sind, müssen wir unbedingt die weltberühmte Nike sehen«, schlug ich Paulus und Silas vor.

Die beiden waren einverstanden und wir machten uns auf den Weg zum Heiligtum der Kabiren, der Götter Dionysos und Hermes. Es war nur ein kurzer Fußweg, aber ich konnte es mir nicht verkneifen, Paulus ironisch auf Hermes anzusprechen. »Wie fühlt man sich denn so – unter einem Dach mit dem Weingott Dionysos?« – »Bitte was?« Paulus verstand nicht. »Naja«, sagte ich, »wenn du Hermes bist, dann besuchen wir jetzt gleich dein Heiligtum, in dem auch Kollege Dionysos zu Hause ist.« Jetzt fiel der Groschen bei Paulus und er lachte: »Ach das meinst du! Also, dann seid mir willkommen in meinem Hause! Da vorne steht es schon.«

Ich verstand Paulus sofort und grinste, aber Silas' Leitung war offenbar etwas länger: »Du hast hier auf Samothrake ein Haus?«, fragte er und Paulus lächelte. Dann erläuterte er das Missverständnis und sagte zu mir: »Im Ernst: Bitte, lass mich mit ›Hermes‹ in Ruhe! Ich bin wirklich froh, dass ich den Anschlag in Lystra gerade noch so überlebt habe, zumal ich immer wieder Schmerzen habe, wenn ich tief einatme.«

Nach kurzer Zeit erreichten wir den Tempel der Kabiren, in dessen Vorhof eine Staue der Göttin Nike aufgestellt war. Wir verstummten, aber nicht aus Ehrfurcht, sondern aus Respekt vor der Kunst des Bildhauers. Wer immer diese wunderschöne Figur aus Parischem Marmor geschaffen hatte, ... es muss ein großer Künstler gewesen sein! Mitsamt ihrem Sockel war sie mehr als doppelt so groß wie ein ausgewachsener Mann. Nike selbst befindet sich in einer Landeposition mit offenen Flügeln, leicht nach vorne übergebeugt. Diese wurde dadurch mit Luft erfüllt und nach hinten gedrückt, ähnlich wie das dünne flatternde Gewand, das nur vorne an den Bauch gepresst ist. Fast wirkt ihr Bauch entblößt. »Wie eine kriegführende und siegbringende Herrin am Bug eines Schiffes«, murmelte ich vor mich hin und Paulus nickte. »Das ist schon beeindruckend«, pflichtete mir Silas ebenfalls bei.

Als wir das altgriechische Heiligtum wieder verließen, überlegten wir, ob wir noch zum Tempel der Dioskuren gehen oder lieber etwas essen wollten. Nach kurzer Beratung entschieden wir uns für Letzteres, unterhielten uns dann auf dem Weg zu einer Gaststätte über die beiden Halbgötter Kastor und Polydeukes. Dabei fragte ich Paulus: »War Jesus eigentlich auch so ein Halbgott?« Und Paulus sah mich erstaunt an: »Mein lieber Lukas«, begann er, »Jesus war ganz anders als diese ausgedachten Zeussöhne. Das ist genau unser Problem bei der Verkündigung. Als ich auf unserer ersten Reise etwas von Jesus als Gottessohn erzählte, da haben die Menschen immer an diese Helden gedacht, die sie aus der Mythologie kennen, Kastor oder Pollux oder auch Herakles. Und wenn ich dann sagte, dass Jesus gekreuzigt wurde, dann haben sich viele abgewandt.« – »Verstehe«, sagte ich, »aus deren Sicht hätte sich ein Kastor oder Pollux niemals kreuzigen lassen.« – »Der hätte seinen Peinigern was gehustet!«, fügte Silas an, und ich begriff, dass die Nachricht von der Kreuzigung eines Gottessohnes tatsächlich viele Griechen zumindest den Kopf schütteln ließ.

»Aber die Nachricht von der Auferstehung – hat die denn bei deinen Zuhörern etwas verändert?« – »Bei einigen schon, aber längst nicht bei allen!«, antwortete Paulus, um dann festzustellen: »Da ist ja ein Gasthaus! Endlich! Ich habe Hunger wie ein Löwe!« Gemeinsam ließen wir uns das köstlich zubereitete Abendessen schmecken und kehrten danach wieder auf unser Schiff zurück, um dort zu übernachten – allerdings nicht, ohne vorher noch einen Krug Wein besorgt zu haben, den wir gemeinsam als Schlaftrunk genossen.

Nach einer erstaunlich erholsamen Nacht auf dem Schiff stachen wir am folgenden Tag wieder in See und fuhren nach Neapolis, wo wir von Bord gingen. »Und was machen wir hier?«, fragte Silas, während ich bei einem ersten Rundumblick sah, dass diese Stadt nicht viel größer als ein Dorf war. »Hier machen wir gar nichts. Denn wir gehen jetzt weiter nach Philippi. Das ist gut zu Fuß bis heute Abend erreichbar und außerdem ist Philippi die erste Stadt in Makedonien. Und dorthin sollte ich ja kommen«, eröffnete uns Paulus. »Oh ja, vielleicht erkennst du dort sogar den Makedonier, der dir im Traum erschienen ist«, hielt Silas für möglich, aber Paulus und ich sahen uns vielsagend an. Im Grunde fand ich die Einfältigkeit des Silas sympathisch. Aber dann schmunzelte ich in mich hinein und dachte, dass er schon einen kleinen Sprung in der Schüssel hatte.

So machten wir uns auf den Weg. Unterwegs sinnierte ich ein bisschen über meinen Entschluss, mich Paulus anzuschließen. Ja, es war richtig. Ich fand es spannend, zu einem Mann zu gehören, der an dieselben Ideale glaubte wie ich und der für sich die Chance und die Aufgabe spürte, seine Überzeugungen weiterzugeben. Die dabei möglicherweise auftretenden Schwierigkeiten ahnten sowohl er wie ich, aber wir waren beide entschlossen, sie im

Fall des Falles als überwindbare Hindernisse in Angriff zu nehmen. Am Abend erreichten wir die Stadt, an dessen Eingangstor eine überlebensgroße Figur von König Philipp II., dem Vater Alexanders des Großen stand. »Das ist König Philipp«, sagte Paulus, und ich verglich die Statue im Geiste mit den beiden Standbildern Alexanders des Großen, die ich in Alexandria Troas und in Alexandria am Nil bereits gesehen hatte. Deshalb sagte ich:»Die Darstellung finde ich nicht sehr beeindruckend! Da habe ich schon schönere und mächtigere Statuen gesehen … vor allem von seinem Sohn Alexander.« Und dann betraten wir die Stadt, in der mein Leben erneut komplett auf den Kopf – oder sollte ich besser sagen: auf die Füße? – gestellt werden würde.

Zuerst suchten wir uns eine preisgünstige Herberge, ehe wir beim Abendessen beratschlagten, wie es weitergehen könne. »Da ich aus meinem letzten Zeltverkauf noch genügend finanzielle Reserven habe, kann ich morgen gleich mit dem Predigen anfangen«, sagte Paulus. Ich wusste aus unseren früheren Gesprächen, dass er eigentlich einfacher Handwerker, nämlich Zeltmacher, war, bevor er die heiligen Schriften studierte. Wenn ich ihm zuhörte, wie er einen Schriftbeweis führte, wuchs in mir der Wunsch, mehr vom Tanach zu erfahren, um einmal ähnlich sattelfest über einzelne Schriftstellen reden zu können. Meine Abschrift der griechischen Bibel hatte ich deshalb auch immer dabei. Das Problem war allerdings: Hier in Philippi lebten größtenteils Heiden. Und Paulus war sich auch dessen bewusst. Hier konnte er nicht mit der heiligen Schrift argumentieren. Ich wollte mich überraschen lassen, wie er reden wollte.

Am nächsten Morgen war Paulus als Erster am Esstisch »Heute wird's ernst!«, sagte er, und ich wusste, was er meinte. Heute wollte er anfangen, hier eine christliche Gemeinde zu gründen. Nach dem Morgenmahl verließen wir die Herberge. Es war zwar noch recht früh am Tag, die Sonne war gerade aufgegangen, aber die sich anbahnende Hitze war bereits spürbar.

Paulus ging zielstrebig auf den Marktplatz, auf dem bereits einige Früchte- und Gemüsehändler ihre Stände aufgebaut hatten. »Chairete!«, grüßte er sie fröhlich und die Männer lächelten zurück. Sie hofften auf Kundschaft. Aber Paulus sprach sie an: »An welche Götter glaubt ihr eigentlich?« – Einer tippte sich gleich an die Stirn, wandte sich ab und murmelte kaum hörbar: »Schon wieder so ein Spinner!« Aber ein anderer fragte zurück: »Worauf willst du hinaus?« Ja, und dann hörte ich erneut eine Predigt des Mannes, der wie kein Zweiter das Profil und die Theologie des Christentums zu formen begann.

Paulus rief zunächst auf, sich von den nichtigen Götzen abzuwenden. Er appellierte an die Vernunft der Menschen, die im Grunde schon längst nicht mehr an Zeus, Hera, Artemis, … und wie sie alle hießen, glauben würden.

»Diese Götter«, so sagte er, »haben nichts für euch getan. Die haben nichts für euch erworben. Die suchen immer nur ihren eigenen Vorteil, planen Intrigen und spielen euch gegeneinander aus. Angst! Das ist das Gefühl, mit dem ihr diesen Götzen gegenübertretet. Aber diese Götter, denen ihr immer noch Verehrung entgegenbringt, das sind Vorstellungen, die von Menschen gemacht sind. Und deshalb will ich euch erzählen von dem Gott, der ganz anders ist, der die Menschen liebt, unendlich liebt, der sie so liebt, dass er sich für sie und ihre Sünden kreuzigen lässt. Jesus Christus ist der Sohn Gottes, der auf die Erde gekommen ist. In ihm hat Gott unser Leben geteilt. Ja, der Gott, den ich euch verkündige, dieser Gott hat nicht gesagt: Ich bleibe im Himmel – oder wie ihr sagen würdet: im Olymp –, sondern dieser Gott sagte sich: ›Ich will in meinem Sohn auf die Erde kommen und das Leben meiner Geschöpfe mit ihnen teilen. Ich will einmal leben, wie sie leben.‹ Und das hat Gott in Jesus getan, einem Mann in Israel. Und wisst ihr, was die Führenden des Volkes mit ihm gemacht haben? Ich habe es ja schon angesprochen: Gekreuzigt haben sie ihn! Sie wollten ihn nicht hören und nichts mit ihm zu tun haben.«

Paulus schwieg einen Moment, um dann kraftvoll fortzufahren: »Aber nach drei Tagen hat dieser Gott, für den auch der Tod keine Grenze ist, aus dem Totenreich zurückgeholt. Jesus Christus ist von den Toten auferstanden. Ich habe ihn gesehen. Und jetzt ist vielen Menschen klar geworden: Die Kreuzigung Jesu war kein Versehen! Nein! Gott hat aus dem Bösen, das die Menschen getan haben, etwas Gutes werden lassen. Er hat mir deutlich gemacht: Jesus ist zur Vergebung für unsere – auch für eure – schlechten Taten gekreuzigt worden. Ihr denkt immer: Wer etwas Böses tut, der bekommt irgendwann die Rechnung dafür präsentiert. Aber Gott sagt: ›Nein! In Jesus bezahle ich diese Rechnung. Das Böse, das ihr tut, soll nicht immer und automatisch auf den Täter zurückfallen. Ich übernehme das selbst! Und als Beweis dafür mache ich meinen Sohn wieder lebendig. Er ist jetzt bei Gott und wird wiederkommen und jeden, der an ihn glaubt, auferwecken zum ewigen Leben. Der Vater Jesu Christi ist kein Gott, vor dem ihr Angst haben müsstet, sondern es ist ein Gott der unendlichen Liebe zu seinen Geschöpfen – auch zu euch, zu dir und zu dir und zu dir!« Und Paulus zeigte dabei willkürlich auf einzelne Zuhörer. »Ja, lass es dir gesagt sein, lass dich mit Gottes Liebe beschenken. Seit ich das alles weiß, hat mein Leben einen Sinn und ich werde – solange ich lebe – nicht müde werden, diese Liebe Gottes zu seinen Geschöpfen zu verkündigen. Und so bin ich gewiss, dass weder Tod noch Leben, weder Engel noch Mächte noch Gewalten, Gegenwärtiges noch Zukünftiges, weder Hohes noch Tiefes noch eine andere Kreatur uns scheiden kann von der Liebe Gottes, die in Christus Jesus ist, unserm Herrn. Amen.«*

Auch wenn ich nicht alles wortwörtlich wiedergeben konnte, aber an das fast lyrische Ende seiner furiosen Predigt erinnere ich mich noch genau. Die Reaktion der Zuhörerinnen und Zuhörer war unterschiedlich. Einige tippten sich an die Stirn und gingen weiter, andere blieben nachdenklich stehen, und dann gab es einige, die klatschten Beifall. Zu diesen gehörten auch Silas und ich. Wir sahen uns an und nickten uns anerkennend zu. Wir waren mächtig beeindruckt. Paulus hatte den Nagel auf den Kopf getroffen.

»Eigentlich ist es schade, dass Paulus nie die Geschichten von Jesus erzählt.« Ich legte die Stirn in Falten und überlegte, ob Silas wirklich verstanden hatte, worum es Paulus ging?

Schließlich wurden auch wir von einigen, die erkannt hatten, dass wir mit Paulus unterwegs waren, in Gespräche über Jesus verwickelt. Silas hielt sich da ganz eng an meiner Seite und sagte nach Möglichkeit nichts. Die Tatsache, dass Paulus nicht weit weg stand, hatte aber auch für mich den Vorteil, dass ich auf ihn verweisen konnte, wenn es mir nicht möglich war, eine bestimmte Nachfrage zu beantworten. Meist ging es darum, wie man am besten seine Verbundenheit zu diesem Jesus ausdrücken könne. Wir verwiesen auf die Taufe auf den Namen Jesu Christi. Und tatsächlich wollten die Ersten gleich

* Vgl. Römer 8,38f.

getauft werden, aber Paulus lehnte dies ab. Ja, er schickte die Leute zunächst sogar heim und riet ihnen, sie sollten noch einmal in sich gehen und sich prüfen – so ähnlich, wie er es mit mir gemacht hatte, als es darum ging, ob ich mit ihm reisen wolle. Und wenn die Menschen, so Paulus, morgen immer noch den Wunsch hätten, getauft zu werden, dann würde er dies gerne tun. Er würde aber heute auch noch an anderen Plätzen predigen. Dort könnten sie noch mehr über diesen menschenfreundlichen Gott erfahren.

Paulus hielt an diesem Tag noch vier weitere Predigten. Ich staunte über seine Redegabe und dachte mir, dass ich zu einer solchen Predigt niemals fähig wäre. Keine seiner Ansprachen glich der anderen, obwohl es immer wieder auf dasselbe hinauslief: Es ging um den Gott der Menschenfreundlichkeit und Liebe, der seinen Sohn nicht verschont, sondern ihn für uns alle dahingegeben habe in den Tod, und der ihn aus dem Tod auferweckt und damit gezeigt habe, dass der Tod für ihn keine Grenze darstellt.

Einmal sagte er: »Jesus ist gekreuzigt worden. Ich weiß, dass das für viele von euch ein Ärgernis ist. Aber ich schäme mich dieser Kreuzigung nicht, denn es ist eine gute Nachricht, ein Evangelium, eine Gotteskraft, die alle Menschen rettet, die daran glauben, die Juden zuerst, aber auch euch Nichtjuden. Denn die Gerechtigkeit Gottes wird dadurch offenbar, dass sie aus dem Glauben an Jesus Christus kommt. Ja, ›Gerechtigkeit Gottes‹ heißt: Gott ist gerecht und er macht jeden gerecht, der an Jesus Christus glaubt. So verkündige ich euch den Gott, der den Menschen gerecht macht ohne dessen Verdienst, allein durch den Glauben an Jesus Christus. Amen.«* Jedes Mal

* Vgl. Römer 1,16-17.

wurde von einigen der Wunsch nach der Taufe geäußert, und jedes Mal verwies Paulus auf den nächsten Tag.

Am Abend war er richtig erschöpft. Als er auf seinem Lager niedersank, seufzte er und murmelte: »Ach, Kinder, Kinder, ist das nicht furchtbar?« Silas, der erneut die Ironie nicht begriff, fragte zurück: »Aber Paulus, das war doch alles andere als furchtbar! Du hast das so gut gepredigt. Und morgen kommen bestimmt viele zur Taufe. Also, mach dir keine Sorgen ...« Paulus sah mich an und lächelte. Ich verstand das als Aufforderung, Silas den Satz zu erläutern: »Silas, mein Bruder, das war ironisch gemeint. Paulus ist einfach nur geschafft!« Und Paulus nickte erschöpft. »Ach so!«, murmelte Silas zufrieden.

Etwas wollte ich Paulus nun doch noch fragen: »Sag mal, Paulus, woher nimmst du diese Ideen und diese Kraft? Als ich dich das erste Mal sah, hätte ich dir nicht gleich so eine Energie zugetraut.« Nachdem er mehrere Schlucke aus dem Wasserkrug genommen und dreimal tief durchgeatmet hatte – ich vermutete schon, meine Frage würde ihn langweilen –, antwortete er mir: »Ich weiß es nicht, aber ich spüre Gottes Kraft in mir. Als Jesus mich vor Damaskus berufen hat, hat er mir zu verstehen gegeben: Lass dir an meiner Gnade genügen, denn meine Kraft ist in den Schwachen mächtig! Seit ich predige, erfahre ich die Wahrheit dieses Satzes.«* Ich beschloss, Paulus jetzt erst einmal in Ruhe zu lassen. Er hatte an diesem Tag so viel geleistet. Seine Predigten hatten auch mich bestärkt in der Gewissheit, das Richtige getan zu haben, als ich mit ihm ging.

Der folgende Tag – es war ein Sabbat – wurde zum Tauftag vieler Philipper. Um keine unnötige Unruhe anzuzetteln, gingen wir vor die Tore der Stadt hinunter

* Vgl. 2. Korinther 12,9.

zum Fluss Angites. Es bildete sich eine Schlange von etwa zwanzig Menschen: Männer, Frauen und Kinder. Paulus hielt noch eine kurze Ansprache, in der er die Bedeutung der Taufe klar machte: »Ihr Menschen von Philippi, die ihr hierhergekommen seid, um euch taufen zu lassen, hört zu! Ihr sollt wissen: ›*Alle, die wir auf Christus Jesus getauft sind, die sind in seinen Tod getauft. So sind wir ja mit ihm begraben durch die Taufe in den Tod, auf dass, wie Christus auferweckt ist von den Toten durch die Herrlichkeit des Vaters, so auch wir in einem neuen Leben wandeln. Wir wissen ja, dass unser alter Mensch mit ihm gekreuzigt ist, damit der Leib der Sünde vernichtet werde, sodass wir hinfort der Sünde nicht dienen. Sind wir aber mit Christus gestorben, so glauben wir, dass wir auch mit ihm leben werden. So auch ihr: Haltet euch für Menschen, die der Sünde gestorben sind und für Gott leben in Christus Jesus.*‹* Amen.«

Ich sah zu, wie Paulus die Menschen – einen nach dem anderen – im Fluss untertauchte und wieder aufrichtete. Dabei nannte er den Namen des Täuflings und sprach die Formel: »*Ich taufe dich auf den Namen Jesu Christi zur Vergebung deiner Sünden. Empfange den heiligen Geist und wandle hinfort in einem neuen Leben. Amen.*«

---

* Römer 6,3-4.6.8.11.

Kapitel VII

Die Frau meines Lebens: Lydia (49 n.Chr.)

Nach Apostelgeschichte 16,14-40

Plötzlich zupfte mich jemand am Gewand. Ich drehte mich um und erkannte sofort, dass es nicht Silas war, der gezogen hatte, sondern ... SIE! Ich erstarrte. Nichts, was ich je erlebt hatte, hat mich so umgeweht, wie der Moment, als ich sie zum ersten Mal sah. Die Frau, die vor mir stand, war so strahlend schön, dass ich augenblicklich einen Kloß im Hals hatte. Unter dem purpurfarbenen Tuch, das sie elegant um ihren Kopf geschlungen hatte, erkannte ich lange dunkle Haare. Ihre Augen waren klar wie kleine Bergseen und sie blickten mich interessiert an. Ihre kleine Nase war irgendwie besonders geformt ... einfach wunderschön! Und obwohl sie in ein weites ebenfalls purpurfarbenes Gewand gehüllt war, konnte man erkennen, dass sie eine äußerst zierliche Figur hatte.

Sie war gut einen Kopf kleiner als ich. Mein alter Freund Timon hätte sie wahrscheinlich als »süße Maus« bezeichnet. Aber ich war einfach nur gebannt von ihrer Anmut. »Verzeih, dass ich dich einfach so anspreche«, sagte die Fremde zurückhaltend, aber doch selbstbewusst. Ich lächelte und stotterte unbeholfen: »Was ... äh, was kann ich für dich tun?« Sie fragte: »Du gehörst doch auch zu diesem Paulus?« Ich nickte und sie fuhr fort: »Gestern habe ich leider keine Predigt hören können, aber man hat mir erzählt, wie wunderbar er gesprochen hat. Und auch jetzt habe ich über seine Redegabe gestaunt. Ich würde gerne noch mehr über diesen Jesus erfahren.«

Bei ihren Worten, die sanft aus ihrem wunderschön geformten Mund kamen, begann mein Herz in einem Rhythmus zu schlagen, den ich bisher nicht kannte. Mir wurde heiß und kalt gleichzeitig und ich spürte, wie ich rot wurde. Ich fühlte mich völlig überfordert. Was sollte ich sagen? »Hm, ja«, stotterte ich und ärgerte mich, dass nichts Vernünftiges rausbrachte. – »Also, ich bin Lukas aus Alexandria Troas!« Innerlich schämte ich mich – hatte ich nichts Besseres zu sagen? Immerhin hatte sie ja etwas ganz anderes gefragt ... Die Frau lächelte mich an und ich wurde immer verlegener. Dann sagte sie: »Verzeih, ich habe mich noch gar nicht vorgestellt: Ich bin Lydia aus Thyatira!« – »Wie schön«, sagte ich – spätestens jetzt war ich mit Sicherheit puterrot vor Verlegenheit –, »dann stammen wir ja beide aus Kleinasien!« Bisher hatte ich keine Erfahrung im Umgang mit Frauen und diese Unbeholfenheit war ... peinlich.

Ja, und dabei entstand eine kleine Pause, die aber Lydia geschickt und taktvoll überspielte, indem sie ihre eingangs gestellte Frage wiederholte: »Ja, ich würde gerne mehr über diesen Jesus erfahren.« Ich spürte, wie meine Hände feucht wurden und zu zittern begannen; deshalb legte ich sie verkrampft ineinander und drückte fest zu. »Also, momentan haben wir ziemlich viel zu tun, aber wie wäre es, wenn wir uns heute im Lauf des Tages irgendwo in der Stadt träfen. Dann könnte ich dir etwas mehr erzählen. Natürlich kann ich dich dann auch mit Paulus bekannt machen.« – »Ich weiß auch etwas zu Jesus!«, grätschte Silas dazwischen. Innerlich schlug ich die Hände über dem Kopf zusammen! Lydia hielt mich mit ihren Augen fest, lächelte und sagte sanft: »Abgemacht! Dann treffen wir uns heute Mittag an der Statue des Königs am Marktplatz, ja?« Ich nickte nur und sie schenkte mir noch einen langen Blick aus ihren wunderschönen dunklen Augen, ehe sie sich abwandte und zurück in die Stadt ging. »Bis dann!«, rief ihr Silas nach und holte mich damit wieder in die Gegenwart zurück.

Im gleichen Augenblick begann ich mich zu fragen, was ich da jetzt eigentlich angestellt hatte. Und was genau hatte ich da überhaupt ausgemacht? Bis Mittag sind wir hier nie und nimmer durch. Und überhaupt: Wann ist denn »Mittag«? Rechnet sie damit, dass nur ich komme, oder will sie Paulus hören? Paulus ist um die Mittagszeit ganz sicher immer noch hier beschäftigt. Die Menschen bombardieren ihn geradezu mit Fragen. Und dann kam mir noch eine weitere Frage in den Sinn: Wenn Paulus nicht dabei ist, wie kann ich verhindern, dass Silas mich begleitet?

Ich schüttelte den Kopf, um die vielen Gedanken, die darin herumschwirrten, beiseitezuschieben. Paulus war durch Taufen und Gespräche derart eingespannt, dass er von meinem Gespräch gar nichts mitbekommen hatte. Da fiel mein Blick auf Silas. Er grinste mich an! »Was denn, was denn?«, fragte ich ihn so harmlos wie nur irgend möglich. Aber Silas grinste weiter und meinte nickend: »Alles gut!«, dann wandte er sich Paulus zu. Offenbar hatte selbst er gemerkt, wie konfus ich war.

Mein Herz schlug immer noch bis zum Hals. Damit ich überhaupt irgendetwas tat, ging ich zum Fluss Angites, watete hinein und stellte mich neben Paulus. Der hob kurz die Augen, lächelte mich an und fragte: »Willst du auch einmal taufen?« Ich nickte – immer noch bebte mein ganzer Körper. Vielleicht würde mich das auf andere Gedanken bringen und mein Nervenkostüm beruhigen. Paulus erhob seine Stimme, stellte mich den Leuten als »Lukas aus Alexandria Troas« vor und eröffnete ihnen, dass ich sie auch taufen könne. Augenblicklich bildete sich eine zweite Reihe von Täuflingen. Manche verwickelten uns vor oder nach ihrer Taufe noch in kleine theologische Gespräche, aber im Großen und Ganzen verlief alles reibungslos. Es waren für mich in diesem Augenblick Gespräche mit Namenlosen. Ich konnte mir nichts mehr merken. Paulus hatte mir eine Aufgabe übertragen, die ich mir alleine nicht zugetraut hätte. Und so erfuhr ich die Wahrheit des Sprichwortes »Wir wachsen mit unseren Aufgaben.«

Paulus blickte immer wieder zu mir hinüber und nickte mir anerkennend zu. Es war gegen Mittag. Die Sonne hatte ihren Zenit erreicht, als wir mit den Taufen nahezu fertig waren. Wir hatten die Täuflinge gebeten, nicht einfach wieder zu ihrem Tagewerk zurückzukehren, sondern Paulus wollte ihnen noch erläutern, welche Folgen die Taufe jetzt für sie haben könne. Und so standen wir beide noch hüfthoch im Wasser, als die Getauften – größtenteils noch patschnass – uns vom Ufer aus erwartungsvoll anblickten. Paulus holte Luft und wollte gerade anfangen, da blickte ich in den Himmel und erschrak. Es war höchste Zeit – ich musste dringend los, um Lydia zu treffen. Und so sagte ich schnell zu Paulus: »Paulus, bevor du redest, muss ich dich erst einmal verlassen. Ich bin vorhin von einem Menschen angesprochen worden, der Interesse am Evangelium hat und noch mehr über Jesus wissen will. Ich habe ihm gesagt, ich könnte ihn heute Mittag treffen. Ist es in Ordnung, wenn ich mich kurz verabschiede?« Paulus nickte mir freundlich zu.

Er schien nichts zu ahnen. Außerdem hatte ich ganz bewusst nicht von einer Frau gesprochen. »Natürlich! Wir sehen uns später!« – »Ach«, fügte ich hinzu, »wenn noch etwas zu tun ist, dann könnte dich Silas unterstützen, ja?« Jetzt wurde Paulus doch etwas stutzig, aber er nickte mir zu. Ich verabschiedete mich, »Bis gleich!«, stapfte aus dem Fluss, wrang mein nasses Gewand aus und ging zügig in die Stadt. »Warte!«, rief mir Silas zu, »ich will mitkommen!« Nachdem er mich erreicht hatte, erklärte ich ihm, dass Paulus seine Hilfe brauche und er deshalb bei ihm bleiben solle. Er blickte mich etwas enttäuscht an, meinte aber dann folgsam: »Geht klar!« und wandte sich Paulus zu, der bereits mit seiner Kurzpredigt begonnen hatte. Wie ich später erfuhr, schwor er nochmal die Getauften auf ihren Glauben an Jesus Christus ein und erklärte ihnen, dass für sie der erste Tag der Woche ab jetzt der »Herrentag« sei, nämlich der Tag, an dem der Herr von den Toten auferstanden sei. Deshalb sollten sie immer an diesem Tag zusammenkommen. Für morgen bestellte er sie um dieselbe Zeit hierher, damit sie gemeinsam Gottesdienst feiern und Paulus ihnen noch mehr über Jesus erzählen könnte.

Ich erreichte die Stadt etwas außer Atem. Wo war jetzt noch gleich die Statue von Philipp? Ich lief hin und her und wurde immer unruhiger. Sie wartete bestimmt schon. Ich ärgerte mich – so eine Verabredung und dann komme ich zu spät? Was würde sie von mir denken? Und hoffentlich wird sie nicht enttäuscht sein, wenn Paulus nicht dabei ist. Silas hatte ich schon völlig vergessen. Schließlich fand ich das Standbild und sah sie schon von Weitem davorstehen. Als ich sie erreichte, sagte ich scherzhaft: »Melde mich zum Dienst!« Sie lachte und meinte nur: »Schön, dass es geklappt hat!« Bei ihrem Anblick ging in meinem Herzen die Sonne auf. Und ich war erleichtert, dass sie nicht nach Paulus fragte.

Augenblicklich wurde ich wieder nervös und fahrig. Wenigstens fiel mir noch ein, für meine Verspätung um Entschuldigung zu bitten. Es sei noch so viel vor der Stadt zu tun gewesen. Sie schüttelte den Kopf: »Ich habe mir schon so etwas gedacht.« Damit war die Sache aus der Welt. Und wieder trat eine – wie ich fand – peinliche Pause ein. Dann sagte ich überflüssigerweise: »Ist es hier immer so heiß um diese Tageszeit?« Sie nickte und lächelte. ›Sag was!‹, hörte ich eine Stimme in mir. Dann räusperte ich mich und sagte: »Wie wäre es« – so langsam fand ich meine Fassung wieder – »wenn wir gemeinsam essen gingen? Gibt es denn hier ein schönes Gasthaus?«

Lydia nickte und führte mich ein paar Gassen weiter bis vor ein wirklich schönes und einladendes Gebäude. Ich öffnete die Tür und ging wie ein Ehrenmann vor ihr hinein. Es war noch nicht viel los und wir setzten uns an einen kleinen Tisch in der Ecke. Natürlich wollte ich einen guten Eindruck machen und das Gespräch gut einleiten. Doch das war schwieriger, als ich dachte. Mir fiel in aller Unsicherheit nichts Besseres ein, als zu fragen: »Und du bist also aus Thyatira?« Sie lächelte: »Ja, aber ich bin schon so lange in Philippi, dass ich wahrscheinlich als Einheimische durchgehe. Ich habe auch nur wenige Erinnerungen an Thyatira.« Diesen Gedanken nahm ich auf: »So weit im Landesinneren von Kleinasien war ich noch nie. Ist das eine schöne Stadt?« Ich fragte mich selbst, was diese Fragen eigentlich sollten, schließlich wollte sie etwas über Jesus wissen. Aber nun hatte ich das Gespräch so begonnen und so erfuhr ich etwas über sie, was ich natürlich interessant fand.

Mitten hinein in eine anschließende peinliche Stille kam glücklicherweise der Wirt an unseren Tisch und wir bestellten unser Essen und einen Krug Rotwein. Unauffällig ergriff ich in die Tasche meines Gewandes und kontrollierte, ob ich genug Geld dabei hätte, um sie einzuladen. Als diese heimliche Prüfung ein positives Ergebnis zeitigte, wandte ich mich ihr beruhigt zu. »Philippi ist eine sehr schöne Stadt«, begann ich das Gespräch an anderer Stelle, »an jeder Ecke ist eine Kneipe und ein Geschäft – das muss man einfach lieben.« Doch sie zuckte mit den Schultern. »Ich achte nicht so sehr darauf. Jeder Ort hat doch seine schönen Seiten, oder?« So plauderten wir noch ein wenig und ich wurde allmählich etwas lockerer.

Ich erfuhr, dass sie bis vor einem Jahr mit einem Purpurhändler verheiratet gewesen war und dass sie nach dessen unerwarteten Tod den Handel übernommen hatte. Es sei ihr schwergefallen, zumal sie jetzt alleine ihren Sohn Phaidros großziehen müsse. Aber sie habe gute Sklavinnen, die das Haus und ihren Handel mit den purpurfarbenen Stoffen am Laufen hielten. Dann fragte sie nach mir und ich erzählte, dass ich nach dem Tod meiner Eltern, die aus Jerusalem stammten, in Milet zum Arzt ausgebildet worden sei und in Alexandria studiert hätte. Im Geiste dankte ich meinem Lehrer Artemidoros, der mich damals nach Alexandria geschickt hatte. Dann berichtete ich von meinem Aufenthalt und auch von meiner Inhaftierung in Jerusalem und meiner Hinwendung zu Jesus.

Ich war froh, etwas aus meiner Vergangenheit zu erzählen, denn das verschaffte mir Ruhe und Frieden in meinem aufgewirbelten Inneren. Ich redete von meiner Rückkehr nach Milet, wo ich als Arzt praktiziert hatte, aber nach dem Tod meines Lehrers wieder nach Alexandria Troas zurückgekehrt sei. Dort hätte ich dann Silas, den ich bereits aus Jerusalem kannte, und Paulus getroffen und mich ihnen angeschlossen. »Warum hast du einfach alles hinter dir gelassen und dich einem Mann angeschlossen, den du kaum kanntest?«, fragte Lydia und ich begann, ein Loblied auf Paulus zu singen: »Weißt du, Paulus ist eine faszinierende Person. Es ist, als würden wir uns schon lange kennen. Ich bin sein jüngerer Bruder in Christus. Er spricht mir aus dem Herzen und ich werde nicht müde, seine Predigten zu hören. Er hat mir eine völlig neue Sichtweise auf das geschenkt, was damals in Jerusalem mit Jesus geschehen ist. Die früheren Jesusjünger, die jetzt in Jerusalem sind, die haben aus meiner Sicht im Grunde gar nicht verstanden, was Kreuzigung und Auferstehung Jesu eigentlich bedeuten. Aber Paulus ... Paulus schon. Seine Erkenntnisse sind so überzeugend. Ich bin mir sicher: Solange die Erde steht, wird man über die Theologie des Paulus nachdenken.«

Während ich redete, kämpfte ich in mir einen furchtbaren Kampf. Sollte ich ihre Hand nehmen und ihr zeigen, dass mir etwas an ihr liegt? Mein Herz pochte und ich spürte und hörte meinen Herzschlag. Ich betrachtete ihre schöne, zarte und gleichmäßig geformte Hand. Dabei fiel mir auf, dass der kleine Finger ihrer rechten Hand am letzten Fingerglied ein bisschen krumm zu sein schien. Der Arzt in mir diagnostizierte sofort, dass da wohl früher ein Bruch oder ein Sehnenabriss gewesen sein müsste.

Auf jeden Fall fand ich das wirklich süß und sofort wurde mein Beschützerinstinkt geweckt. Mir wurde klar, dass ich mehr wollte, als nur dazusitzen und über ihren gebrochenen Finger zu sinnieren. Ich wollte ihr signalisieren, dass sie mir etwas bedeutete. Sollte ich mit meiner Hand ihre Hand streicheln? Aber vor lauter Verlegenheit konnte ich mich nicht rühren. Lydia war schließlich eine gestandene Geschäftsfrau, und wer war ich, dass ich so einen Schritt gehen sollte? Was, wenn sie ihre Hand wegziehen würde? Ich zweifelte und traute mich nicht, mich zu rühren. Doch gleichzeitig ärgerte ich mich über eine verpasste Chance. Aber die Unsicherheit war zu groß und ich hoffte nur, dass Lydia das nicht spürte.

Plötzlich wandte sie sich zu mir, sah mir tief in die Augen und sagte geheimnisvoll: »Lukas, ich bin mir immer wieder so unsicher.« – »Ich verstehe nicht«, sagte ich, zumal ich wirklich nicht verstand, was sie mir sagen wollte. Und Lydia fuhr fort: »Ihr drei, du, Paulus und Silas, habt einen festen Glauben an einen Gott, den ich gar nicht kenne. Ich bin groß geworden und erzogen worden in der Furcht vor Zeus, Artemis und Apollon.« Meine Enttäuschung war mit Händen zu greifen und ich ärgerte mich, den Moment verpasst zu haben. Und sie denkt offenbar an nichts Anderes als an die Botschaft, die Paulus verkündigt.

Sie sagte: »... aber im Laufe meines Lebens habe ich dies als kindlich abgetan. Es ist doch so: Die alten Götter, Zeus, Hera, Poseidon und wie sie alle heißen, sind Hirngespinste! Mir ist das im Laufe meines Lebens immer klarer geworden. Und so habe ich gelernt, den Gedanken an etwas Übersinnliches radikal abzulehnen. Glaube an die Existenz von Zeus, Artemis und Apollon – das ist doch Aberglaube! Die Götter sind von Menschen gemacht und erdacht. Spätestens als mein Mann starb, wurde mir klar: Etwas Göttliches über uns gibt es nicht, und ich glaube nur, was ich sehe. Und ich war mir sicher: Wir Menschen müssen unser Leben hier alleine meistern. Aber ...«

Lydia hielt kurz inne. »Aber?«, fragte ich, da ich spürte, dass sie noch nicht fertig war zu erzählen. »Aber dann war da doch eine Leere in mir. Und mir wurde etwas Neues ganz klar: Lass die anderen glauben, was sie wollen, dachte ich mir. Hauptsache, der Glaube hilft ihnen, ihr teilweise verpfuschtes Leben im Griff zu behalten oder in den Griff zu bekommen. Sollen sie doch glauben, was sie wollen! ›Leben und leben lassen‹ – so lautet jetzt mein Motto.« Ich lächelte sie an, als berührten ihre Worte mich überhaupt nicht.

Durch mein Schweigen ermutigt, redete sie weiter und erklärte mir ihr Glaubenssystem: »Zu glauben, es gäbe überhaupt keine Götter, erscheint mir inzwischen allerdings genauso unlogisch wie der Glaube an die Götter. Die einen behaupten, es gäbe die Götter, und die anderen sagen, es gäbe überhaupt keinen Gott. Keine Seite kann irgendetwas beweisen, beides sind letztendlich Glaubensüberzeugungen. Ich kann das für mich jetzt offen lassen. Ich glaube an die Vernunft, aber meine Vernunft reicht nicht weit genug, um das Universum zu verstehen.« Und dann fügte sie hinzu: »Ich halte es mit Sokrates, der sagte: ›Ich weiß, dass ich nicht weiß.‹ Es mag die Götter also geben, aber ...«

Ohne den Satz zu beenden zuckte sie mit den Achseln und bezeichnete sich als »Agnostikerin«. Und das sei wohl etwas ganz Anderes als das, woran ich glauben würde. Ich schüttelte den Kopf: »Lydia, wenn du dir so etwas einredest, dann erniedrigst du dich damit selbst.« Offenbar hatte ich den richtigen Ton getroffen, denn sie redete weiter. »In Ordnung! Die Nachrichten über diesen einen Gott, der so anders zu sein scheint als das, was wir bisher kannten, finde ich zumindest bedenkenswert, aber ich glaube nicht, dass es dir gelingt, mich zur Taufe zu überreden.«

Meine Antwort auf ihre Erklärung war zunächst eine Feststellung: »Ich will dich zu gar nichts überreden. Außerdem: Weißt du überhaupt, dass der große Sokrates an die Existenz eines Gottes geglaubt hat?« Und ohne eine Antwort abzuwarten, wagte ich eine kühne Aussage: »Ich will dir etwas sagen: Aus meiner Sicht bist du bereits Christin. Du weißt es nur noch nicht.« Da war sie sprachlos. Die anschließende Pause empfand ich erstmalig als nicht unangenehm, weil es an ihr war, etwas darauf zu entgegnen. »Wollen wir gehen?«, fragte ich dann doch unvermittelt und sie nickte nachdenklich. Ich bezahlte – gegen ihren Widerstand – und wir standen auf.

Es war bereits später Nachmittag, als wir das Gasthaus verließen. »Verzeih, ich habe dich gelangweilt!«, sagte ich in der Hoffnung, Lydia würde widersprechen. Und tatsächlich: »Lukas, ich bezweifle, dass irgendetwas, das du sagst, mich langweilen kann.« Schon wieder wusste ich nicht, was ich darauf sagen könnte. So überlegte ich fieberhaft, wie ich sie noch länger bei mir haben könnte und sagte dann: »Paulus ist bestimmt schon längst fertig mit den Taufen und zurück in unserer Herberge. Vielleicht darf ich ihn dir jetzt noch vorstellen?« Lydia nickte prompt: »Gerne!«

So gingen wir nebeneinander zu unserer Herberge, die ich glücklicherweise auf Anhieb fand. Paulus und Silas saßen in der Gaststube und tranken Wein. Als Silas uns sah, stürzte er auf uns zu: »Da seid ihr ja endlich!« – »Schalom Silas, Schalom Paulus, darf ich euch Lydia vorstellen?« Paulus lächelte und Silas sagte in vorwurfsvollem Ton: »Ich habe euch den ganzen Nachmittag über gesucht. Wo wart ihr denn?« Ohne auf die Frage einzugehen, atmete ich erleichtert auf. Nicht auszudenken, was passiert wäre, wenn Silas uns gefunden hätte! Auf jeden Fall wäre unsere Unterhaltung sicher ganz anders und niemals so tiefgründig verlaufen.

»Sei gegrüßt, Lydia!«, sagte Paulus dann. Und Lydia zögerte nicht: »Paulus, Silas, Lukas, bitte gebt mir die Ehre und seid in den nächsten Tagen meine Gäste! Ich habe ein großes Haus und genug Platz für alle!« Mein Herz machte einen Luftsprung! Gewiss, es wäre noch schöner gewesen, allein von Lydia eingeladen zu werden, aber so würde ich auf jeden Fall auch noch etwas länger ihre Gesellschaft genießen können. »Das wäre super!«, platzte Silas heraus und auch Paulus schien nicht abgeneigt. Dann sagte er: »Hochverehrte Lydia, ich bin mir nicht sicher, ob wir dein großzügiges Angebot annehmen können. Wir haben hier in Makedonien noch viel vor und eigentlich will ich morgen schon wieder weiter.«

Zum ersten Mal sah ich einen Hauch von Enttäuschung über Lydias Gesicht huschen: »Also, wenn ich dich richtig verstanden habe, dann ist morgen der christliche Herrentag, an dem du mit den Getauften zusammen deinen Gott feierst. Deshalb könnt ihr heute sowieso nicht mehr die Stadt verlassen. Wie wäre es, wenn ihr erst einmal heute bei mir übernachtet. Und morgen sehen wir weiter?« Silas hatte die Augen vor Freude aufgerissen. »Ja, das wäre doch schön, Paulus!« Paulus zögerte noch immer. Aber schließlich sagte er: »In Ordnung! Dann kommen wir! Vielen Dank für die Einladung!« Und mein Herz machte vor Freude einen kleinen Satz!

So räumten wir zügig unser Gepäck zusammen und gingen mit Lydia in ihr Haus am Rande der Stadt ... es war eine Villa. Ich staunte: »Das ist dein Haus?«, fragte ich ungläubig und Lydia lächelte und sagte geheimnisvoll: »Das sind alles nur Dinge, die man begehren kann, nicht Dinge, die einem wirklich etwas bedeuten können.« Eine Sklavin wies uns die Zimmer an. Paulus bekam ein Einzelzimmer und Silas und ich wurden gemeinsam einquartiert ... zu meinem Leidwesen. Irgendwie bekam ich zu Silas keinen richtigen Draht. Er wirkte auf mich zuweilen genauso vorlaut und naiv wie ein Kind. Vielleicht war es kein Zufall, dass er sich mit Lydias etwa 15-jährigen Sohn, er hieß Phaidros, besonders gut verstand. Während die beiden sich miteinander meist spielend beschäftigten, sprachen Paulus und ich mit unserer Gastgeberin

Paulus erläuterte ihr recht eindrücklich seine Theologie. Als Lydia ihm sagte: »Wenn ich dich recht verstanden habe, Paulus, dann hängt alles an der Frage, ob Jesus von den Toten auferstanden ist oder nicht«, pflichtete Paulus ihr bei: »Genauso ist es!« – »Aber das widerspricht meiner ganzen Lebenserfahrung«, gab Lydia zu bedenken. »Noch nie habe ich gesehen, dass ein Toter wieder lebendig wird. Nicht einmal der große Herakles konnte aus dem Totenreich wieder zurückkehren. Keiner kann das!« Aber Paulus beharrte: »Doch, einer konnte es: Jesus Christus! Ich habe ihn gesehen. Außerdem ...« und dann erzählte er noch, wie es den anderen Auferstehungszeugen ergangen sei.

Lydia wirkte noch immer nicht überzeugt. Da schaltete ich mich ins Gespräch ein: »Lydia, was ich von Paulus verstanden habe und mich tief bewegt, ist: An Jesus erkennen wir den Gott, der die Menschen liebt – einfach so, ohne Vorbedingung und ohne Kompromisse. Er ist nicht wie die Götter, die wir etwa aus den Epen des Homer kennen: selbstsüchtig, arrogant, streitlustig und unberechenbar. Er ist nicht ein Gott, der, aus welchem Grund auch immer, die einen Menschen mehr mag als die anderen. Er ist ein Gott, der die Menschen liebt und aus unergründlicher Liebe seinen Sohn auf die Erde geschickt hat, damit ...« – »Damit wir befreit und glücklich das Leben leben können, das Gott uns geschenkt hat«, fiel Paulus ein.

»Ein Gott, der die Menschen liebt ...«, sinnierte Lydia, »aber was ist dann mit meinem verstorbenen Ehemann. Warum hat Gott ihn mir so schnell wieder weggenommen, wenn er doch die Menschen liebt?« Dann räumte ich ein: »Ich weiß es nicht. Keiner wird dir diese Frage wohl beantworten können. Aber ich bin überzeugt, dass Gott deinen Mann nicht aus einer Laune heraus zu sich gerufen hat. Diese Welt ist noch nicht Gottes Reich. Aber Gottes Reich hat mitten unter uns bereits angefangen – mit der Auferstehung Jesu. Ich bin überzeugt: Gott will das Leid der Menschen nicht. Nein, es ist unsere göttliche Bestimmung, dass wir glücklich werden. Und dort, wo Menschen gesund und glücklich sind, da ist bereits das Reich Gottes gegenwärtig.«

Ich redete, wie ich es von Petrus gehört hatte. Paulus hatte jetzt nichts dazu gesagt. Seiner Meinung nach fehlte da höchstens der Bezug zum Kreuz Jesu. Deshalb fügte er hinzu: »Ich behaupte sogar, dass Gott nicht einmal wollte, dass sein Sohn gekreuzigt wird. Aber er hat auch da nicht eingegriffen, sondern hat aus diesem Bösen, das Menschen getan haben, etwas Gutes entstehen lassen. Vielleicht kannst du das auch irgendwann so sehen, wenn du an deinen verstorbenen Mann denkst, der dir das alles hinterlassen hat.« Ich weiß nicht warum, aber in genau diesem Augenblick sah mich Lydia eindringlich an. Mir wurde plötzlich wieder heiß und kalt zugleich.

Paulus gähnte versteckt. Dann meinte er: »Ich denke, es ist an der Zeit, ins Bett zu gehen. Silas hat sich auch schon schlafen gelegt und morgen haben wir eine große Zusammenkunft mit allen Getauften am Fluss vor der Stadt. Wenn du Interesse hast, Lydia, komm doch einfach dazu und schau dir an, wie wir Gottesdienst feiern!« – »Gerne«, erwiderte unsere Gastgeberin und Paulus verabschiedete sich für die Nacht.

Eigentlich war ich auch todmüde, aber nach der Verabschiedung von Paulus war ich schlagartig hellwach. Jetzt war die Gelegenheit, noch einmal mit Lydia ins Gespräch zu kommen. Ich weiß nicht mehr, worüber wir geredet haben, aber es war nichts Theologisches. Es ging um sie und um mich. Ich konnte meine Augen nicht von ihr lassen. Fast unbemerkt wuchs die Zuneigung in mir immer mehr. Und am Ende unseres Gesprächs konnte und wollte ich es nicht mehr leugnen: Ich hatte mich über beide Ohren in sie verliebt. In diesem Gespräch sagte sie einen Satz, den ich zunächst überhörte, der mir aber – als ich zu Bett ging – wie ein Blitz in den Sinn kam, mitsamt der Erkenntnis, dass ich möglicherweise wieder eine Chance vertan hatte, ihr meine Liebe zu gestehen. Lydia hatte gesagt: »Wir sollten anfangen zu leben, bevor wir dafür zu alt werden.« Wie recht sie hatte!

Diese wundervolle Frau hatte mir völlig den Kopf verdreht und mir war klar: Diese Liebe war bedingungslos. Sie kam aus der Tiefe meines Seins. Sie war rein und mächtig. Ich wollte nichts Anderes mehr tun, als mich um diese Frau zu kümmern, sie zu beschützen, ohne etwas zu erwarten. Aber ich fand nicht den Mut, ihr meine Liebe zu gestehen – noch nicht.

Am folgenden Tag machten wir uns bereits vormittags auf, um mit den Getauften außerhalb der Stadt am Fluss Angites einen Gottesdienst zu feiern. Paulus hatte da noch einige Pionierarbeit zu tun. Auch die Sinntiefe des Abendmahls war nicht so einfach zu verstehen. Die meisten hatten – wie ihnen aufgetragen war – etwas zu Essen mitgebracht. Und mit denjenigen, die nichts dabei hatten, wurde geteilt. Es war schon eine besondere Veranstaltung – der erste christliche Gottesdienst in Europa! Und als Paulus den versammelten Christinnen und Christen die Bedeutung des Abendmahls erläuterte, war es ganz still.

Nur das Rauschen des nahegelegenen Flusses war zu hören, als Paulus die berühmten Worte sprach: »*Der Herr Jesus, in der Nacht, da er verraten ward, nahm er das Brot, dankte und brach's und sprach: Das ist mein Leib für euch; das tut zu meinem Gedächtnis. Desgleichen nahm er auch den Kelch nach dem Mahl und sprach: Dieser Kelch ist der neue Bund in meinem Blut; das tut, sooft ihr daraus trinkt, zu meinem Gedächtnis. Denn sooft ihr von diesem Brot esst und aus dem Kelch trinkt, verkündigt ihr den Tod des Herrn, bis er kommt.«**

Als der Gottesdienst vorüber und Paulus noch im Gespräch mit einzelnen Gemeindegliedern war, geschah das Wunder. Lydia sagte zu mir: »Lukas, in der vergangenen Nacht habe ich praktisch nicht geschlafen und über alles nachgedacht, was Paulus zu mir gesagt hat, aber besonders, was du zu mir gesagt hast.« – »Was habe ich denn gesagt?«, fragte ich zurück und sie lächelte: »Du hast zu mir gesagt, ich sei eigentlich schon eine Christin, würde es aber noch gar nicht wissen ...« Jetzt lächelte ich sie an – gespannt, was jetzt kommen würde. Sie sagte dann leise zu mir: »Kannst du mich taufen?« Ungläubig fragte ich zurück: »Du fragst mich, ob ich dich taufen kann?« Sie lächelte: »Nein! Ich frage den Mann hinter dir!« Sie verdrehte die Augen: »Natürlich frage ich dich!« Da umarmte ich sie vor Freude: »Sehr, sehr gerne!«

Lydia wollte also getauft werden. Und dann fügte sie noch hinzu: »Und ich möchte, dass auch mein Sohn und meine Sklavinnen und Sklaven, also mein ganzes Haus, getauft werden.« – »Lydia, ich freue mich!«, sagte ich, wenngleich meine Freude nochmals größer gewesen wäre, wenn sie mir auch noch ihre Liebe gestanden hätte. Aber immerhin! Als der Gottesdienst beendet war und Paulus die Menschen mit dem Segen gehen lassen wollte, stand eine Frau auf und rief: »Hört her, ihr Menschen von Philippi! Diese Menschen«, sie zeigte auf Paulus, Silas und mich, »sind Knechte des allerhöchsten Gottes, die euch den Weg des Heils verkündigen! Hört auf sie!« Paulus freute sich über diese Worte und bedankte sich freundlich, segnete dann die Gottesdienstbesucher und

---

* 1. Korinther 11,23b-26.

wies sie darauf hin, dass der nächste Gottesdienst in einer Woche an derselben Stelle stattfinden solle.

Als sich die Menschen langsam auf den Heimweg machten, fragte ich Lydia: »Wer war die Frau?« Sie antwortete: »Das war Persephone, sie ist eine Wahrsagerin und die Sklavin von Philebos, dem reichsten Mann der Stadt.« – »Wenn sie so etwas über uns sagt, dann könnte es sein, dass die Menschen ihr glauben?« Lydia nickte. Fast alle waren inzwischen wieder in die Stadt gegangen und ich wandte mich jetzt an Paulus, um ihm zu sagen, dass Lydia mit allen, die in ihrem Haus lebten, getauft werden wolle. Paulus lächelte: »Das freut mich, Lydia! Mein Vorschlag gilt auch für dich: Warten wir bis morgen, und wenn sich dein Entschluss bis dahin nicht geändert hat, dann kann ich dich taufen.« – »Bitte«, sagte Lydia, »Paulus, sei nicht böse, aber ich hätte gerne, dass Lukas mich tauft.« Da wurde aus dem Lächeln des Paulus ein breites Grinsen und er nickte: »Das macht Lukas bestimmt sehr gerne.« – Ich versuchte daraufhin, so unschuldig wie möglich zu lächeln.

Es war Silas, der die Situation auf seine Art und Weise entkrampfte: »Ich könnte dich auch taufen!«, rief er. Glücklicherweise lachte Lydia nur über Silas' Einwurf. Und so gingen wir guter Dinge durch das Stadttor.

Kaum hatten wir die Stadt betreten, stürzte Persephone aus irgendeinem Hauseingang auf uns zu und rief hinter uns her: »Hört her, ihr Menschen von Philippi! Diese Menschen sind Knechte des allerhöchsten Gottes, die euch den Weg des Heils verkündigen! Hört auf sie!« Paulus drehte sich ruckartig um und sprach sie an: »Hör du mir zu! Wenn du dieser Meinung bist, warum hast du dich nicht taufen lassen? Und was soll dieses Geschreie hinter uns her?« Persephone blieb stehen und schaute Paulus mit großen Augen an. Dann sagte sie: »Ich weiß, wer du bist! Du bist ein Knecht des allerhöchsten Gottes!« – »Das ist schön, dass du das weißt«, entgegnete ihr Paulus, »aber ich weiß noch immer nicht, wer du bist.« – »Ich bin die Seherin Persephone. Und aus dem Flug der Vögel heute Morgen habe ich ersehen, dass ihr Knechte des allerhöchsten Gottes seid.« – »Ich glaube nicht an so etwas wie Vogelflug! Das ist Mumpitz!«, sagte Paulus schroff, »und jetzt lass uns bitte in Ruhe!« Aber Persephone folgte uns weiter, allerdings ließ sie etwas Abstand. Wir gingen in das Haus der Lydia. Persephone stellte sich davor und rief erneut ihren Text.

»Wir müssen sie einfach ignorieren,« sagte Paulus, »dann hört sie irgendwann von allein auf.« Tatsächlich war aber kein ernsthaftes Gespräch mehr möglich. Vor Lydias Villa schrie die Frau immer wieder. Schließlich sagte Paulus genervt: »Lukas, du bist Arzt. Die Frau ist doch krank, oder?« Ich nickte: »Um eine Diagnose stellen zu können, müsste ich sie allerdings genauer untersuchen.« Als sie weiter vor dem Haus herumschrie, meinte Paulus seufzend: »Das ist ja wirklich furchtbar!« Und Silas pflichtete ihm eilfertig bei: »Ja, Paulus, das ist wirklich furchtbar. Soll ich vielleicht einmal mit der Frau reden?« Paulus sah mich an und ich schüttelte unmerklich den Kopf. Dann zog er die Mundwinkel hinunter und meinte kopfschüttelnd: »Nein, ich glaube, das ist nicht nötig!« Doch sie schrie weiter, und ich entschloss mich, zu ihr hinauszugehen. Lydia und Paulus stimmten zu.

So ging ich vor die Tür und sprach die Frau an: »Persephone, du bist eine Seherin?« Ein bisschen kam ich mir vor wie der Priester Amazja, der den Propheten Amos zur Rede stellte, als dieser vor dem Heiligtum in Bethel randalierte.* Die Frau nickte. »Woraus kannst du denn die

---

* Vgl. Amos 7,10-17.

Zukunft ersehen?« Sie blickte mich etwas verwundert an, erklärte mir dann aber: »Aus dem Geschrei und dem Flug der Vögel, aber auch aus den Eingeweiden von geschlachteten Tieren.« – »Und deine Vorhersagen treffen immer ein?« Die Frau nickte: »Viele Menschen – nicht nur aus Philippi – kommen zu mir und lassen sich Ratschläge für ihre Zukunft geben. Mein Herr hat schon viel Geld mit mir verdient.«

Sie lachte stolz und ich fragte: »Wie kommst du darauf, dass wir Knechte des allerhöchsten Gottes seien?« – »Als ihr die Menschen im Wasser des Angites untergetaucht habt, haben die Vögel geschrien. Da habe ich es gewusst«, eröffnete sie mir. »Und wenn du dir da so sicher bist, weshalb lässt du dich nicht taufen?« fragte ich weiter. »Das geht nicht! Das muss mir mein Herr erst erlauben«, erklärte sie. Aber jetzt hatte ich sie da, wohin ich wollte: »Persephone, im Grunde kommt es vor allem darauf an, dass du dich von Paulus hast überzeugen lassen. Aber ist dir auch klar, was das für deine Vorhersagen bedeutet?« Die Frau schaute mich ratlos an: »Was willst du mir damit sagen?« – »Wenn du wirklich glaubst, dass wir Knechte des allerhöchsten Gottes sind, wenn du davon überzeugt bist, dass Gott in Jesus auf der Erde war, dass Jesus für unsere Sünden gekreuzigt und von den Toten auferstanden ist, wenn du wirklich glaubst, dass Gott seine Geschöpfe von ganzem Herzen liebt, dann müsstest du erkennen, dass deine Vorhersagen nichts wert sind.«

»Das verstehe ich nicht!«, entgegnete sie. Ich atmete tief ein und begann: »Ich erkläre es dir noch einmal: Wer auf den Gott der Liebe vertraut, der braucht keine vagen Vorhersagen für die Zukunft, weil er sein Leben führen kann im Vertrauen darauf, dass er niemals tiefer fallen kann als in Gottes Hand. Schau her: Angenommen, du meinst, aus dem Vogelflug erkennen zu können, dass einer, der dich nach seiner Zukunft gefragt hat, bald sterben wird. Was nützt ihm diese Vorhersage? Gar nichts! Im Gegenteil: Er wird traurig und ängstlich werden, anstatt sein Leben im Vertrauen auf Gott zu führen. Die beste Möglichkeit, die Zukunft vorherzusagen, ist, sie zu gestalten.«

Persephone schwieg. Deshalb fuhr ich fort: »Wer eine schlechte Vorhersage für die Zukunft bekommt, wird sicher nicht mehr glücklich werden. Und deshalb meine Bitte: Bei allem Respekt für deine Tätigkeit, aber wenn du wirklich der Meinung bist, wir seien Knechte des allerhöchsten Gottes, dann höre auf mit deinen Weissagungen, die – entschuldige bitte – mit Sicherheit immer nur zufällig mal richtig sind.« – Persephone blickte ernst drein: »Aber im Hinblick auf euch liege ich doch richtig.« – »Eben! Da bist du auch aus meiner Sicht auf der richtigen Spur. Du solltest diesen Gedanken nur noch zu Ende denken. Was heißt das für das, was wir zu sagen haben?« – Da umarmte sie mich und meinte: »Ich werde darüber nachdenken!« Dann ging sie nach Hause.

Als ich wieder zurückkam, bestürmte mich Silas sofort mit der Frage: »Wie hast du der das Maul gestopft?« Auch Paulus und Lydia waren gespannt. Und so erzählte ich von unserem Gespräch. Paulus nickte anerkennend, und auch Lydia schien beeindruckt.

Der restliche Nachmittag verging wie im Flug und tatsächlich tauchte Persephone nicht mehr auf.

Am folgenden Tag fand Lydias Taufe statt. Dabei nahm sie ihr ganzes Haus mit: Neben ihrem Sohn Phaidros waren insgesamt noch fünf Sklavinnen und ein Sklave zu taufen. Mit ganz besonders viel Inbrunst sprach ich bei Lydia die Taufformel: »Lydia aus Thyatira, ich taufe dich auf den Namen Jesu Christi zur Vergebung der Sünden. Empfange den heiligen Geist und wandle hinfort in einem neuen Leben. Amen.« Danach gingen wir alle wieder zurück zu Lydias Villa. Auf dem Weg Richtung Stadttor verblüffte mich Lydia, indem sie sagte: »Lukas, du hast mich beauftragt, meinem Leben eine neue Richtung zu geben. Das will ich tun. Ich werde meinen Besitz von meiner Buchhalterin schätzen lassen und die Hälfte davon unter den Armen verteilen. Außerdem werde ich überprüfen lassen, ob ich in meinem Geschäft irgendwann irgendwen einmal über den Tisch gezogen habe. Der soll seinen Schaden von mir vierfach ersetzt bekommen.« Ich konnte gar nichts sagen, sondern umarmte sie einfach. Manchmal sagen Taten mehr als Worte!

Als wir das Stadttor erreichten, stand ein dicker Mann mitten im Weg. Hinter ihm zählte ich die Speere von fünf römischen Soldaten: »Da sind die Verbrecher!«, brüllte der Mann und deutete auf Paulus und Silas. »Los! Festnehmen!« – Wir waren irritiert: »Was ist denn passiert?«, fragte Paulus verständnislos. Lydia, die neben mir ging, flüsterte mir zu: »Jetzt gibt's Ärger. Das ist Philebos, Großgrundbesitzer und Herr von Persephone!« So langsam fiel der Groschen bei mir. Philebos tobte: »Ihr seid schuld, dass meine Magd nicht mehr die Zukunft vorhersagen will. Der finanzielle Schaden, den ihr dadurch angerichtet habt, ist immens. Das werdet ihr büßen! Ach, Lydia – du bist auch hier? Na, das hätte ich mir ja denken können!« Das verstand ich jetzt wieder nicht und blickte fragend zu Lydia. Diese raunte mir nur leise »Später!« zu.

Die Soldaten stellten sich hinter Paulus und Silas. »He, was soll das?«, rief Silas, aber Philebos brüllte ihn an: »Schnauze! Ihr habt mir mein Geschäft ruiniert. Die Alte will nicht mehr weissagen und das werdet ihr mir büßen!« – »Aber er war auch dabei!« Silas deutete auf mich. Ich riss erschrocken die Augen auf. ›Hatte Silas gerade ernsthaft versucht, mich auch ans Messer zu liefern?‹, fragte ich mich spontan. Trotzdem stellte ich mich demonstrativ zu Paulus und Silas. Mitgehangen, mitgefangen! Sollen sie mich halt auch noch in Haft nehmen! Lydia ergriff meine Hand und versuchte, mich wegzuziehen. Philebos schrie immer noch herum und deutete auf mich: »Der interessiert mich nicht! Ich will die zwei da!« Und dabei deutete er auf Paulus und Silas. »Los! Abführen!« Die Soldaten schubsten mich zur Seite, und forderten Paulus und Silas durch Stöße in den Rücken dazu auf, Philebos zu folgen.

Lydia schickte ihren Sohn und ihre Sklaven vor und blieb mit mir zurück. »Was war jetzt das?«, fragte ich sie und sie zuckte ratlos mit den Schultern. »Können wir denn nichts für sie tun?« Und Lydia erklärte: »Normalerweise gibt es bei solchen Anklagen eine öffentliche Gerichtsverhandlung auf dem Marktplatz.« – »Dann lass uns dorthin gehen. Mir müssen doch sehen, ob wir nicht etwas für die beiden erreichen können.«

Gesagt, getan! Als wir den Marktplatz erreichten, war dort bereits eine größere Menschenmenge zusammengekommen. Alle waren gespannt, was jetzt passieren würde. Paulus und Silas waren inzwischen gefesselt worden und standen auf einem kleinen Podest. Vor und hinter ihnen waren Soldaten aufmarschiert. Philebos hatte offenbar bereits den römischen Präfekten herbeigerufen, denn dieser stand auf einem kleinen Brettergerüst. Nachdem sein Herold für Ruhe gesorgt hatte, begann er eine Verhandlung: »Bürger von Philippi, hört zu! Der Großgrundbesitzer und Gönner der Stadt, Philebos, hat eine Anklage gegen zwei Leute vorzubringen. Ich höre.«

Philebos trat hervor und brüllte: »Diese Menschen sind von weither gekommen und bringen unsere Stadt in Aufruhr. Sie sind Juden und verkünden irgendwelche Ordnungen, die wir weder annehmen noch einhalten dürfen, weil wir stolze Römer sind. Ich beantrage, sie auszupeitschen, ihr Vermögen einzuziehen und mir auszuhändigen. Außerdem soll man sie so lange einsperren, bis sie aufhören, gegen unsere Stadt zu predigen! Deshalb beantrage ich außerdem, dass ihnen nicht die Möglichkeit gegeben wird, hier vor dem ganzen Volk zu reden. Denn sie wollen das Volk verführen.« Das zusammengeströmte Volk jubelte. Sie waren offenbar ganz heiß darauf, wieder eine öffentliche Auspeitschung sehen zu können. Ich fragte mich, wo die Christen waren, die Paulus am Vortag getauft hatte. Zu meinem Nebenmann, der ebenfalls Philebos zujubelte, zischte ich: »Bist du verrückt! Die Männer haben nichts Unrechtes getan!« Aber er ignorierte mich einfach.

Als der Jubel abgeebbt war, rief der Präfekt nur ein einziges Wort: »Stattgegeben!« – »Aber ...«, sagte Paulus. »Maul halten!«, brüllte Philebos und dann fügte er noch an: »Jetzt bekommt ihr die Quittung für euer Handeln. Das wird euch eine Lehre sein! Tja, Verwegenheit macht Hiebe!« Und dabei lachte er dreckig über seine dummdreisten Worte. Ich war wie vom Donner gerührt. Paulus und Silas hatten doch wirklich nichts Unrechtes getan. Beiden wurden die Kleider heruntergerissen, dann fesselte man sie an ein Gestell, das scheinbar immer wieder für solche Strafen verwendet wurde, und ein Scherge mit einem Stock in der Hand trat hervor. Angefeuert vom Pöbel drosch er wild auf Paulus und Silas ein. Jeder Hieb traf im Grunde auch mich im Innersten. Als der Präfekt dem grausamen Schauspiel endlich Einhalt gebot und die Fesseln der beiden gelöst wurden, sanken sie blutig und kraftlos zu Boden. Mit Fußtritten wurden sie dazu bewegt, sich wieder zu erheben. Dann führte man sie ins Stadtgefängnis von Philippi und die Menge zerstreute sich langsam.

Ich stand immer noch fassungslos da. Warum hatten sie mich verschont? Was würde jetzt mit Paulus und Silas geschehen? Die angedrohte Beschlagnahme ihres Besitzes war noch die geringste Strafe, denn weder Paulus noch Silas besaßen viel. Aber nie und nimmer lässt sich Paulus das Predigen verbieten. Das wiederum würde bedeuten, dass er nicht mehr freikäme. Und wie furchtbar es in den Gefängnissen des römischen Staates zuging, das wusste ich aus Jerusalem. »Komm!«, sagte Lydia tonlos, und ich trottete neben ihr her zu ihrem Haus, unfähig, irgendeinen klaren Gedanken zu fassen.

In ihrer Villa angekommen, begann ich das Gespräch mit einer Frage, die mich sehr beschäftigte: »Warum haben sie mich nicht auch zur Verantwortung gezogen?« Lydia zuckte mit den Schultern: »Ich kann mir das nur so erklären, dass du Persephone in dem Gespräch, das du mit ihr geführt hast, so beeindruckt hast, dass sie dich ganz bewusst vor ihrem Herrn nicht benannt hat.« – »Das ist wohl die einzig logische Erklärung«, meinte ich tonlos. »Und wie soll es jetzt weitergehen? Paulus wird nie versprechen, mit dem Predigen aufzuhören. Jesus selbst hat ihm aufgetragen, den Heiden das Evangelium zu verkündigen …« Und dann fügte ich hinzu: »Sie werden da nie wieder herauskommen … es sei denn, Philebos beruhigt sich wieder und sieht ein, dass er nichts davon hat, wenn die beiden im Gefängnis sind.«

Lydia blickte sehr ernst drein und formulierte etwas verdreht: »Das ist wahrscheinlich ziemlich unwahrscheinlich. Philebos gehört zu diesen aufgeblasenen, selbstzufriedenen Männern, die ernsthaft der Meinung sind, ihr Geld gebe ihnen das Recht zu solchem Verhalten.« Aber dann sagte sie: »Also, ein bisschen Einfluss habe auch ich in dieser Stadt. Der Gefängnisaufseher ist ein guter Kunde von mir.« – »Tatsächlich?«, ich wurde hellhörig.

Lydia nickte: »Wenn er neue Dienstkleidung haben will, dann kommt er immer zu mir. Ist es dir noch nicht aufgefallen? Purpur ist die Farbe der kaiserlichen Beamten! Das Unternehmen meines verstorbenen Mannes macht gute Geschäfte mit diesen Leuten.« – »Ach deshalb war auch der Präfekt so gekleidet?« Bei mir fiel der Groschen nach dieser Erfahrung spät ... aber er fiel! Lydia nickte: »Aber der Präfekt ist – mit Verlaub – ein Idiot! Er ist sehr machtbesessen, eingebildet und sadistisch – wie du gesehen hast. An ihn komme ich nicht heran. Aber mit dem Gefängnisaufseher kann ich reden. Wenn sich die Lage ein bisschen beruhigt hat, werde ich heute Abend mein Glück versuchen.« – »Kann ich mitkommen?«, fragte ich, »ich bin doch Arzt. Wir könnten Verbandszeug mitnehmen, dann kann auch ich den beiden vielleicht helfen.« Lydia nickte, und so beschlossen wir, im Haus zu bleiben und auf den Abend zu warten.

Wir hingen unseren Gedanken nach. Ich erinnerte mich an unser erstes Gespräch und meinen inneren Kampf, ob ich ihr gegenüber die Initiative ergreifen sollte. Und wieder schlug mir mein Herz bis zum Hals. Was sollte ich tun? War jetzt überhaupt ein passender Moment? Mir wurde heiß und kalt. Nun war sie auch Christin und es gab eigentlich keine Hürden mehr. Ich musste etwas tun – jetzt oder nie! Wenn ich jetzt nichts sage, werde ich es möglicherweise bald bereuen! Und wenn sie ›nein‹ sagt, habe ich es wenigstens versucht. So entschloss ich mich, das Risiko einzugehen.

Ich seufzte tief, dann nahm ich ihre rechte Hand, es war die mit dem leicht gekrümmten kleinen Finger, und sah ihr in die Augen. Insgeheim hoffte ich, dass sie jetzt das Gespräch anfangen würde, weil ich nicht recht wusste, was ich sagen könnte. Aber Lydia erwiderte lediglich meinen Blick und zog ihre Hand nicht zurück. Jetzt musste ich etwas sagen. Aber was? Mein Herz schlug bis zum Halse, ich nickte vielsagend und schließlich platzte es aus mir heraus: »Von Anfang an hast du mich bezaubert, Lydia. Und ganz langsam und erst ganz unscheinbar habe ich dich durch all die Gespräche, die wir miteinander geführt haben, liebgewonnen!« Ich überdachte meine Worte. War das eindeutig genug? Deshalb legte ich nach: »Lydia, ich habe mich in dich verliebt.« Dann versagte meine Stimme.

Mein Herz peitschte das Blut bis in die kleinsten Äderchen, sodass ich dachte, sie müsste das Pochen hören. Mehr zu sagen war mir einfach nicht möglich ... und war wohl auch nicht nötig. Lydia hatte mich bisher die ganze Zeit angesehen. Jetzt zog sich mich zu sich heran, umarmte mich und hielt mich fest. Ich genoss diese Umarmung, wie ich noch nie eine Umarmung genossen hatte. Ich spürte auch ihren Herzschlag und vergaß fast die Zeit. Als sie die Umarmung langsam löste und wir einander ansahen, ließ es sich nicht vermeiden, dass wir einander auch küssten. Ich war glücklich!

»Eigentlich sollte ich machen, dass ich wegkomme«, sagte sie plötzlich geheimnisvoll und ich fragte: »Wie meinst du das?« – »Eine Frau in meinem Alter sollte sich nicht mit Jüngeren abgeben!« – Ich grinste: »Hast du etwa Angst vor dem Spiel mit dem Feuer?« – »Ist es das, wenn man sich mit dir einlässt?« – »Das ganze Leben ist ein Spiel mit dem Feuer!« Lydia nickte vielsagend. »Wahrscheinlich hast du recht!« Und dann gab sie mir einen weiteren Kuss. Ich atmete auf. Sie erwiderte meine Liebe.

Der Nachmittag verging wie im Flug und ich erkannte die Wahrheit des Satzes: Wer in seinem Leben nicht einmal richtig einen Menschen liebt, der hat sein Leben gar nicht gelebt. Innerhalb weniger Stunden war die Welt ein besserer Ort geworden und ich hatte das Glück, darin zu leben.

Am Abend machten wir uns auf den Weg zum Gefängnis. Lydia war eine angesehene Bürgerin, sodass die Wache am Eingang uns das Tor zügig öffnete. Wir wurden zum Aufseher vorgelassen. Dieser hörte durchaus interessiert zu, was Lydia zu sagen hatte. Er schätzte die Purpurhändlerin offenbar sehr. Dann sagte er: »Ganz ehrlich: Was die beiden ausgefressen haben, weiß ich nicht. Ich führe hier bloß Befehle aus.« – »Das weiß ich«, sagte Lydia, »aber du kannst mir glauben, dass die beiden unschuldig sind. Philebos sind sie ein Dorn im Auge und deshalb hat er seinen gesamten Einfluss geltend gemacht, um sie zu bestrafen. Aber das nur am Rande! Wäre es denn möglich, dass wir die beiden einmal besuchen? Ich habe einen Arzt mitgebracht, der sich die Wunden ansehen und verbinden kann.« – »Du weißt, dass ich dazu eigentlich die Genehmigung vom Präfekten benötige?«, sagte der Gefängnisaufseher, und Lydia schenkte ihm ihr freundlichstes Lächeln. Da sagte der Aufseher: »In Ordnung. Ihr dürft hineingehen!«

Als wir zu Paulus und Silas kamen, waren sie in einem bedauernswerten Zustand. Silas klagte und jammerte die ganze Zeit, aber Paulus biss die Zähne zusammen: »Ich habe schon eine Steinigung überlebt. Dann werde ich so etwas auch überleben!« Ich bestrich die Wunden mit einer Salbe und verband ihren Rücken, so gut ich konnte. Endlich hörte auch Silas auf zu jammern. Er sah mich an und meinte nur knapp: »Da hast du ja wirklich Glück gehabt!« Ich nickte nur kurz und Lydia versprach, sich für Erleichterungen beim Aufseher für die beiden einzusetzen, und dann mussten wir das Gefängnis auch schon wieder verlassen. Doch zuvor wurden wir noch einmal beim Aufseher vorstellig. Lydia erklärte ihm, weshalb Paulus, Silas und ich in die Stadt gekommen waren und was der Grund für den Hass des Philebos war. Er hörte aufmerksam zu und versprach nicht nur, sich die Botschaft der beiden anzuhören, sondern sie auch bevorzugt zu behandeln. Allerdings nahm er uns auch das Versprechen ab, die beiden nicht mehr zu besuchen, weil er fürchtete, dass der Stadtpräfekt von den Besuchen Wind bekommen könne. Und dann hätte er ein gewaltiges Problem.

So gingen wir nach Hause. Es wurde noch ein langer Abend, an dem wir nochmals über unsere gegenseitige Liebe sprachen. »Weißt du«, sagte Lydia zu mir, »weißt du, warum ich mich in dich verliebt habe?« Ich schüttelte den Kopf. Sie lächelte: »Weil du ein unheimlich lieber junger Mann bist. Das bist du doch, oder?« Ich grinste: »Im Moment bin ich mir da gar nicht so sicher!« ...

Es war eine unbeschreibliche Überraschung, als Paulus und Silas am Abend des nachfolgenden Tages plötzlich als freie Männer vor Lydias Villa standen! »Ihr seid frei?«, begrüßte ich sie und fügte hinzu: »Das ist ein Wunder Gottes!« Paulus nickte nur kurz. Die beiden hatten immer noch Schmerzen und ich verarztete unverzüglich ihre Wunden. Dann berichteten sie:

Der Gefängnisaufseher habe sie ziemlich bald zu sich kommen und sich den Grund für ihre Inhaftierung erläutern lassen. Er sei es zwar gewöhnt, dass Häftlinge sich in der Regel unschuldig fühlten, aber bei Paulus und Silas schien ihm das absolut glaubhaft. Er hörte sich auch an, was Paulus über Jesus, die Kreuzigung und Auferstehung zu sagen hatte, und stellte fest, dass sie ja gar keine Juden seien, weil sie nicht nach der jüdischen Thora lebten. Paulus habe daraufhin erläutert, wie das mit der Geltung der Thora in den christlichen Gemeinden aussähe. Plötzlich seien Boten des Stadtpräfekten gekommen und hätten dem Gefängnisaufseher gesagt, der Präfekt habe beschlossen, die beiden Gefangenen freizulassen. Da habe

Paulus aber mit der Faust auf den Tisch geschlagen und gesagt: Silas und er seien römische Bürger und als solche hätten sie niemals öffentlich ausgepeitscht werden dürfen. Er verlange jetzt eine Entschuldigung des Präfekten.

»Ich hätte mich das nie getraut«, warf Silas ein und wir waren gespannt, was Paulus weiter berichten würde. »Ihr werdet es nicht glauben: Der Präfekt kam persönlich und bat uns um Verzeihung. Er habe nicht gewusst, dass wir das römische Bürgerrecht hätten. Philebos hätte ihn so bestürmt, und da habe er einfach übereilt gehandelt. Um keinen weiteren Aufruhr zu erregen, bat er uns aber, die Stadt möglichst bald zu verlassen.« – »Ich hätte mich darauf nicht eingelassen«, rief Silas wieder etwas vorlaut dazwischen, aber Paulus meinte: »Ich wollte sowieso weiter nach Thessalonich. Deshalb – Lydia, du wirst es verstehen – werden wir morgen aufbrechen.«

Paulus hielt kurz inne und sah mein Gesicht: »Was ist, Lukas?« Ich wusste gar nicht, was ich sagen sollte, aber mir war klar, dass ich auf keinen Fall Paulus und Silas weiter begleiten würde. Eine peinliche Pause entstand. Auch Lydia sagte nichts. Paulus blickte von mir zu ihr und wieder zurück. Ich musste es ihm offenbaren. »Ja, Paulus, ich weiß jetzt gar nicht, wie ich es dir sagen soll, aber ...« – »Aber?« – »Sagen wir es so: Es könnte in der Gemeinde bald das Gerücht umgehen, dass Lydia und ich ein Paar sind.« Die Augen des Paulus blitzten auf: »Und?« – »Es stimmt! Deshalb will ich in Philippi bleiben«, stieß ich hervor.

Silas mit seinem geradezu kindlichen Gemüt fing an, von den Städten zu schwärmen, die er mit Paulus noch besuchen wollte, aber Paulus nickte lächelnd: »Ich habe es doch geahnt! Und ich freue mich für euch.« Und dann wackelte er mit dem Kopf und murmelte noch: »Ach ja, die Liebe ...« Ich war erleichtert, dass Paulus die neue

Lage so gelassen aufnahm. »Lukas, das ist kein Problem für mich. Aber du wirst auch verstehen, dass ich meinen Weg weitergehen will und meinen Auftrag erfüllen muss. Wenn du in Philippi bleibst, kannst du eine wichtige Aufgabe übernehmen, nämlich die Getauften im christlichen Glauben zu bestärken. Das wäre ganz in meinem Sinn. Also, alles ist gut!« – »Aber wenn ihr in Gefahr kommt, dann habt ihr jetzt erst einmal keinen Arzt mehr dabei, der euch eure Wunden verbinden kann!«, sagte ich noch, und Paulus lächelte geheimnisvoll: »Ich komme nicht in Gefahr! Ich bin die Gefahr!« Da lachten wir alle herzlich.

Später am Abend nahm Paulus mich noch einmal beiseite und sagte zu mir: »Mein Bruder Lukas, ich liebe dich wie einen Sohn. Dass du mich so schnell wieder verlässt, bedauere ich natürlich, so sehr ich mich für dich freue. Ich bin mir gewiss, dass wir einander wiedersehen werden. Und wenn du einst Lydia heiratest, dann lass dir gesagt sein: Abgesehen von Christus, ist eine gute Familie das Wichtigste, was man hier in dieser Welt haben kann.« – »Hört sich an, als würdest du aus Erfahrung sprechen.« Paulus schüttelt kaum wahrnehmbar den Kopf: »Ich wollte, es wäre so ... ist es aber nicht!« Nun stiegen mir doch die Tränen in die Augen, aber ich war mir gewiss, dass mein Platz jetzt an der Seite von Lydia war. Ich umarmte meinen Lehrmeister und Bruder in Christus: »Ohne dich, Paulus, hätte ich die Liebe meines Lebens nicht gefunden. Ich danke dir für alles.« – Paulus sah mich an, deutete nach oben und sagte: »Nicht ich war's, sondern der Herr! Danke ihm!« Dabei lächelte er, nein, er grinste mich an und sagte wieder seinen bekannten Satz: »Ach, Kinder, Kinder, ist das nicht furchtbar?!« Und ich spürte, dass er eigentlich meinte: »Ist das nicht furchtbar schön?!« Ich dachte an Silas. Zum Glück hatte er das nicht gehört, sonst hätte er bestimmt wieder irgendetwas Schräges dazu gesagt.

Dann umarmten wir einander herzlich und ich sagte: »Wenn du morgen abreist, weiß ich nicht, ob ich dich sobald wiedersehe. Aber solltest du jemals Hilfe brauchen, hast du einen echten Bruder und Freund in Philippi. Paulus sah mir tief in die Augen: »Wenn ich in meinem Leben etwas gelernt habe, dann, dass wahre Brüder und echte Freunde, wie du einer bist, selten sind.« Wir verstanden einander ohne weitere Worte.

Als wir wieder bei Lydia und Silas waren, meinte Paulus ganz geschäftig: »Also, ich finde es sogar sehr gut, Lukas, dass du hier in Philippi bleibst. Du bist der ›Petrus‹ dieser Gemeinde. Du kannst ihnen wieder und wieder die Bedeutung von dem gekreuzigten und auferstandenen Jesus Christus erzählen und sie so in ihrem Glauben immer wieder bestärken.« Ich war glücklich. Tatsächlich schien mein Bleiben in Philippi nur Vorteile zu bringen. Einzig Silas war etwas enttäuscht. Jedenfalls verbrachten wir zu viert noch einen schönen Abend bei einem guten Wein.

Lydia hatte in der Zwischenzeit heimlich eine Sklavin zu den von Paulus getauften Christen geschickt und ihnen mitteilen lassen, dass Paulus und Silas wieder frei seien und am folgenden Tag die Stadt verlassen wollten. Deshalb fanden sich am Morgen nahezu alle Schwestern und Brüder vor Lydias Haus ein und verabschiedeten Silas und Paulus. Letzterer ließ es sich nicht nehmen, noch ein paar Worte an die versammelte Gemeinde zu richten:

»Liebe Schwestern und Brüder, so Gott will, werde ich euch wieder besuchen und euch stärken. Macht euch um uns keine Sorgen. Wir sind im Auftrag des Herrn unterwegs. Ich bin mir gewiss, immer in seiner Hand zu sein. Und auch ihr seid und bleibt in seiner Hand, denn ihr seid auf den Namen Jesu Christi getauft. Er wird bald vom Himmel wiederkommen und euch zu sich holen. Bis dahin wandelt in seiner Liebe. Ja, es ist Christus, der sich für euch dahingegeben hat in den Tod, der lebt jetzt in euch. Die Gnade unseres Herrn Jesus Christus und die Liebe Gottes und die Gemeinschaft des Heiligen Geistes sei mit euch allen! Amen.«

Mit diesen Worten verließen Paulus und Silas Philippi Richtung Thessalonich. Am Stadttor blieb die ganze Gemeinde stehen und sah den beiden winkend nach. Möge der Herr sie behüten und alle Tage über sie wachen!

Kapitel VIII

Aufstand in Philippi (49-55 n.Chr.)

Der Philipperbrief

Nachdem Silas und Paulus hinter der Wegbiegung verschwunden waren, kehrten wir alle zurück. Ich erinnerte die Gemeinde noch einmal daran, dass wir am kommenden Herrentag wieder einen Gottesdienst mitsamt dem dazugehörigen Herrenmahl am Angites vor den Toren der Stadt feiern würden ... und dann waren wir plötzlich allein – nur Lydia und ich! »Lass uns ein paar Schritte gehen!«, schlug ich vor, und Lydia willigte ein. Sie sah wieder hinreißend aus in ihrem purpurfarbenen Gewand. Ich nahm ihre Hand und sagte schließlich: »Jetzt bin ich ganz auf dich angewiesen!« Sie lachte und meinte, das würde gar nicht stimmen. »Darf ich denn bei dir wohnen bleiben?«, fragte ich scheinheilig und sie stieß mich lächelnd in die Seite: »Natürlich, du ...! Ich wäre sauer, wenn du dir jetzt eine eigene Wohnung suchen würdest.« Da umarmte und küsste ich sie. Ich war glücklich! Dann meinte ich, dass ich mir jetzt eine Arbeit suchen wolle, damit ich ihr nicht auf der Tasche liegen müsse. Lydia erwiderte, es dürfe überhaupt kein Problem sein, in Philippi als Arzt zu arbeiten: »Kranke gibt es immer; deshalb werden Ärzte auch immer gebraucht«, und sie fügte hinzu: »Aber erst einmal brauche ich dich!« Wir lachten und genossen den schönen Vormittag.

Tatsächlich fand ich schnell genügend zu tun und verdiente auch gut, sodass ich mich nicht von Lydia durchfüttern lassen musste. Auch mit ihrem Sohn Phaidros verstand ich mich sehr gut. Er war sehr interessiert an meiner medizinischen Arbeit. Oft machte ich mit ihm ausgedehnte Wanderungen, auf denen ich seltene Kräuter und Pflanzen suchte, um aus ihnen Heilsäfte und Salben für meine Patienten herzustellen. Zuweilen nahm ich ihn auch zu dem einen oder anderen Patienten mit. Dabei entwickelten sich immer wieder gute Gespräche, sodass auch Phaidros keine Einwände erhob, als Lydia und ich, wenige Wochen nachdem uns Paulus und Silas verlassen hatten, heirateten. Es war ein wunderschönes Fest mitsamt der ganzen christlichen Gemeinde von Philippi. Jetzt war ich nicht nur ein Ehemann, sondern hatte auch gleich noch einen Sohn dazu gewonnen, den ich adoptierte.

Die Gottesdienste der christlichen Gemeinde gestalteten wir so, dass ich meistens etwas von den Geschichten, die ich in Jerusalem über Jesus erfahren hatte, erzählte. Tatsächlich war das Bedürfnis nach Überlieferungen aus dem Leben dieses Jesus von Nazareth, der gekreuzigt und auferstanden war, erheblich und ich fragte mich, ob Paulus dies nicht unterschätzte, wenn er predigte. Zuweilen sagte ich auf die Bitte, ich solle noch etwas aus dem Leben Jesu erzählen: »Also, Paulus würde jetzt sagen, dass das eigentlich egal ist! Es geht um den Gekreuzigten und Auferstandenen!« Immer wieder wurde ich gebeten, die Geschichten aufzuschreiben, aber ich lehnte das mit dem Hinweis darauf ab, dass Jesus bestimmt bald wiederkommen werde. Und wenn ich jetzt diese Geschichten niederschriebe, würde ich dadurch zeigen, dass ich dran gar nicht wirklich glaube. Außerdem hätte ich auch keine Ahnung, wie so eine Geschichte aufzubauen sei.

Stattdessen erzählte ich zum Beispiel, wie die christliche Gemeinde in Jerusalem mit Geld umging: »Ja, meine Schwestern und Brüder, da können wir uns ein Beispiel nehmen und ich war auch mächtig beeindruckt, als ich davon hörte. Alles, was die Gemeindeglieder unter der Woche verdient haben, sei es durch ihre Arbeit, sei es durch den Verkauf von Dingen, haben sie den drei ›Säulen‹ der Gemeinde, Jakobus, Petrus und Johannes, gegeben. Und diese haben das Geld dann an diejenigen verteilt, die es nötig hatten. Petrus hat mir gesagt, Jesus habe nicht gewollt, dass auch nur einer von ihnen Mangel leiden müsse. Deshalb würden sie es so handhaben.«

»So ein Quatsch!«, rief der Schmied Patroklos dazwischen, »du willst mir doch nicht erzählen, dass das geklappt hat?!« Da musste ich einräumen, dass es tatsächlich immer mal wieder Probleme bei der Sammlung, aber auch bei der Verteilung des Geldes gegeben habe: »Entweder nicht alles wurde abgeliefert, oder – und das war das Hauptproblem – die Leute haben sich ärmer gemacht, als sie waren. Dazu kam, dass sich das bei den Jerusalemer Bettlern schnell herumsprach: In der Jesus-Gemeinde gebe es etwas umsonst.« – »Na bitte!«, sagte Patroklos, »ich habe es doch gleich geahnt.« – »Ja«, antwortete ich, »aber die ›Säulen‹ haben auch darauf reagiert. Sie haben Fachleute eingesetzt, die sich um die gerechte Verteilung kümmern und darauf achten, dass wirklich nur Gemeindeglieder die Unterstützung bekommen, die sie auch wirklich brauchen.«

Ich hielt kurz inne und erklärte dann weiter: »Trotzdem ist die Gemeinde dort finanziell auf uns hier angewiesen. Und deshalb wird Paulus, wenn er mal wiederkommt, Geld für die Jerusalemer Gemeinde sammeln.« Patroklos war immer noch nicht überzeugt: »Aber wieso sollen wir die unterstützen, wenn die nicht verantwortungsvoll mit Geld umgehen können?« – »Doch, das können die meisten inzwischen schon«, behauptete ich, »aber es geht noch um etwas ganz Anderes: Die christliche Gemeinde in Jerusalem hält dort für uns alle die Stellung. Denn wir gehen davon aus, dass Christus in Jerusalem wieder auf die Erde zurückkehrt, weil er dort auch gekreuzigt wurde. Und da ist es wichtig, dass es dort Christen gibt. Und wenn wir Paulus Geld für die Jerusalemer geben, bringen wir dadurch unsere Verbundenheit mit den Christen dort zum Ausdruck. Wir sind doch alle Schwestern und Brüder – egal, wo wir leben!« Jetzt sagte Patroklos nichts mehr und ich durfte hoffen, auch ihn überzeugt zu haben. Gleichwohl war mir klar, dass Paulus selbst auch noch einmal für seine Kollekte Werbung machen müsste.

Nach einem Dreivierteljahr brachte »Lydilla« – wie ich sie inzwischen liebevoll nannte – einen Sohn zur Welt. Er sollte einen christlichen Namen bekommen; deshalb nannten wir ihn »Theophilus« – Gottesfreund. Ich war der glücklichste Mann der Welt. Kein Mann kann ermessen, was einen Vater durchströmt, wenn die Frau, die er liebt, ihm ein Kind schenkt – es sei denn, er hat es selbst erfahren! Auch Phaidros freute sich sehr über seinen Halbbruder. Wir waren eine glückliche Familie und wir nahmen die gemeinsamen Stunden dankbar aus der Hand des Herrn.

Die Gemeinde in der Stadt wuchs und gedieh. Wir hatten uns darauf verständigt, die Armen zu unterstützen, allerdings nicht in der Weise, wie es die Jerusalemer Gemeinde versucht hatte. Das heißt, es wurde von keinem erwartet, seinen ganzen Wochenerlös abzuliefern. Am Herrentag kamen wir zusammen, ich erzählte Geschichten von Jesus, wir sangen Psalmen und beteten gemeinsam. Schließlich aßen wir gemeinsam das Herrenmahl und am Schluss gab jeder so viel, wie er erübrigen konnte und wollte. Danach wurden die Gaben an die Bedürftigen verteilt. Auf jeden Fall musste keiner aus der Gemeinde Hunger leiden. Und so war der Gottesdienst am Herrentag für uns immer die Krönung der anschließenden Woche.

Drei Jahre lebten wir glücklich und zufrieden in Philippi. Immer wieder dachte ich an Paulus und Silas. Wie es ihnen wohl in der Zwischenzeit ergangen sein könnte? Wir schlossen sie auch regelmäßig in unser Gemeindegebet mit ein – wohl wissend, was wir alle – jeder Einzelne von uns – vor allem Paulus zu verdanken hatte.

Doch dann geschah etwas, womit niemand von uns gerechnet hatte. Nach all dem, was Paulus mir über den Zusammenstoß mit Petrus in Antiochia erzählt hatte, hegte ich den Verdacht, dass Petrus selbst hinter dieser Unruhe steckte, die über uns hereinbrechen sollte. Ich konnte es aber nicht beweisen. Alles begann an einem Herrentag. Wir saßen am Ufer des Flusses, in dem fast alle getauft worden waren und feierten gerade fröhlich das Herrenmahl. Plötzlich kamen zwei Fremde auf uns zu. Sie stellten sich als Simon und Levi vor und sagten, sie seien auf der Suche nach weiteren Brüdern in Christus. Da wurden sie von allen freundlich empfangen und wir baten sie, sich zu uns zu gesellen und unsere Gäste zu sein. Die beiden langten kräftig zu und erzählten, dass sie aus Jerusalem stammten und von dort ausgezogen seien, um Menschen von Jesus zu erzählen. »Da seid ihr bei uns genau an der richtigen Stelle!«, rief Patroklos, »Wir glauben hier alle an Jesus und sind auch getauft!« Da lächelten die beiden – ich war mir, ich ahnte noch gar nicht wieso, nicht sicher, ob dieses Lächeln echt war – und baten um ein Nachtlager. Sehr schnell erklärte sich der Töpfer Euthydemos bereit, die beiden aufzunehmen.

Mit der Ankunft der beiden Jerusalemer begann sich ein Schatten über unsere Gemeinde zu senken – das spürte ich bereits am folgenden Tag, als Euthydemos etwas verwirrt zu mir kam und um ein Gespräch bat. Ich war gerade von einem Krankenbesuch zurückgekehrt und etwas müde, wurde aber sofort hellwach, als ich hörte, was er berichtete: »Simon und Levi haben mir heute Morgen erklärt, sie könnten nicht weiter bei mir wohnen bleiben, weil ich unrein sei«, erklärte er mir. »Bitte, was?«, fragte ich zurück. Ich glaubte, mich verhört zu haben. Aber Euthydemos bekräftigte seine Aussage. Die beiden hätten ihre Behauptung auch begründet. »Da bin ich aber gespannt«, sagte ich. »Sie haben gesagt, Jesus sei Jude gewesen und habe niemals gesagt, dass man sich nicht beschneiden lassen müsse. Nur ein Jude dürfe sich zu Jesus bekennen, sonst sei man kein Christ.«

Ich hatte schon früher die Befürchtung gehabt, dass diese Behauptungen, mit denen sich bereits Paulus auseinandergesetzt hatte, uns hier in Philippi auch noch beschäftigen könnten. Jetzt war es soweit! Ich atmete tief durch und Euthydemos redete weiter: »Sie hielten mir sogar einen Text aus der heiligen Schrift unter die Nase. Dort gebietet Gott selbst dem Abraham, er solle sich und seine Nachkommen beschneiden. Dies sei das Zeichen des Bundes zwischen Gott und seinem Volk. Und wer nicht beschnitten sei, der werde aus dem Gottesvolk ausgerottet, weil er den Bund gebrochen habe.«

Mir stockte der Atem. Wenn doch nur Paulus jetzt da wäre! Ich war zwar in den Schriften durchaus sattelfest, aber so souverän wie Paulus konnte ich sicher nicht argumentieren. Diese beiden selbst ernannten Apostel hatten natürlich jüdischerseits recht! Tatsächlich standen diese Sätze in der Thora! Und wir mussten uns schon fragen, wie wir theologisch begründen, dass diese Sätze für uns nicht mehr gelten müssen. Irgendetwas hatte Paulus dazu auch gesagt. Mir fiel nur nicht ein, was es war. Also sagte ich erst einmal gar nichts. Dann fragte ich meinen Gast: »Haben die beiden auch gesagt, was sie als nächstes tun wollen?« Euthydemos erwiderte: »Ja, sie wollen alle

Gemeindeglieder über ihre bisherigen – wie sie sagten – Irrtümer aufklären. Außerdem haben sie gesagt, Paulus sei gar kein Apostel Jesu Christi. Er habe sich alles ausgedacht. Sie aber wären von den Jüngern Jesu unterrichtet worden. Und dann haben sie mir sogar angeboten, mich sofort zu beschneiden.«

Ich glaubte, nicht richtig gehört zu haben. Da stand auf einmal alles auf dem Spiel, was Paulus aufgebaut hatte. Und ich fühlte mich der Konfrontation mit diesen Leuten nicht gewachsen. Aber diese Konfrontation würde kommen. Ja, sie musste kommen. »Und was hast du gesagt?« – »Ich habe sie rausgeschmissen, aber sie wollten ja sowieso gehen ... und ich bin allein mit meinen Fragen zurückgeblieben. Und jetzt bin ich hier.« – »Wenn nur Paulus da wäre! Der könnte ihnen mal die Meinung sagen!«, murmelte ich. Nach etwa einer halben Stunde schickte ich Euthydemos wieder nach Hause, nicht ohne ihm gesagt zu haben, dass ich mir etwas einfallen lassen würde. Aber was sollte ich tun? Das Wirken dieser beiden »Arbeiter im Weinberg des Herrn« könnte die zarte Pflanze unserer Gemeinde zum Vertrocknen bringen. Es war ja nun wirklich so, dass wir in der christlichen Gemeinde ausdrückliche Gebote der Thora wissentlich und willentlich als Heidenchristen nicht beachten. Ich versuchte krampfhaft, mich an die Argumentation des Paulus gegenüber Petrus beim Zwischenfall von Antiochia zu erinnern. Aber mir fiel vor Aufregung fast nichts ein ... außer, dass Paulus den Petrus als »Heuchler« beschimpft hatte. Ich grübelte und grübelte.

Am Abend sprach ich mit Lydia über den Vorfall und die Gefahr, die unserer Gemeinde jetzt drohte. »Ich glaube auch, dass Paulus diesen Leuten gehörig in den Hintern treten würde«, meinte sie. »Aber kein Mensch weiß, wo Paulus derzeit ist«, warf ich ein, »und keiner weiß, ob und – wenn ja – wann er wieder nach Philippi kommt.« Da hatte meine Frau eine Idee: »Wir lassen ihn suchen!« – »Und wo willst du ihn suchen lassen?« Lydia sah mich lächelnd an: »Das dürfte doch gar nicht so schwer sein. Paulus sucht die Aufmerksamkeit. Sobald man in eine größere Stadt kommt, kann man sofort nach ihm fragen. Wenn die Menschen keine Ahnung von ihm haben, dann ist er nicht dort und man kann gleich weiterreisen.« – Das leuchtete mir ein und ich fragte gleich: »Weißt du noch, wohin Paulus von Philippi aus wollte?« Lydia erinnerte sich sofort: »Thessalonich, Athen, Korinth, ...« – »Und was machen wir, wenn er zum Beispiel von Korinth mit dem Schiff nach Jerusalem gereist ist? Vielleicht ist er auch inzwischen irgendwo in Kleinasien?« Auch hier hatte Lydia eine Lösung parat: »Ganz einfach: Wir schicken einen Boten auf dem Landweg über Thessalonich, Beröa, und Athen nach Korinth, und ein anderer soll die kleinasiatische Küste über Alexandria Troas, Ephesus, Milet, Antiochia nach Jerusalem reisen. Ich bin mir sicher, dass wir ihn so auftreiben können.« – »Aber es muss schnell gehen!«, sagte ich und Lydia nickte.

Sie ließ umgehend zwei ihrer verlässlichsten Sklaven rufen und erläuterte ihnen, worum es ging: »... und deshalb müsst ihr Paulus finden, und zwar so schnell wie möglich. Ihr müsst ihm sagen, welche Leute hier in der Gemeinde momentan für Unfrieden und Unruhe sorgen. Wir brauchen Paulus hier – und zwar sofort!« Die beiden nickten. Sie waren, da sie zum Haus von Lydia und Lukas gehörten, auch getauft und wussten sofort, was auf dem Spiel stand. Sie teilten sich die Wege auf: Der eine wandte sich in Richtung Thessalonich und der andere nach Alexandria Troas. Noch in derselben Stunde brachen sie auf.

Tatsächlich stifteten die beiden unter den Gemeindegliedern von Philippi erhebliche Unruhe. Sie gingen von Haus zu Haus und suchten nach Christen. Sobald sich einer zu erkennen gab, behaupteten sie, dass sie sich beschneiden lassen müssten, um wirklich zu Jesus zu gehören. Nur ein Jude könne getauft werden. Und außerdem sei Paulus gar kein echter Apostel, weil dieser Jesus nie gesehen habe. Ja, Paulus habe sich alles nur ausgedacht.

Zum offenen Streit kam es schließlich am Herrentag, als sich die Gemeinde wieder am Angites zum Gottesdienst und Herrenmahl traf. Da standen die beiden auf und forderten alle zur Beschneidung auf. Das, was wir hier praktizierten, sei Gott nicht gefällig, ja, sei sogar gotteslästerlich, da sie nicht zum Judentum übergetreten wären. Außerdem hätten weder Paulus noch ich (Lukas) eine Ahnung davon, was Jesus selbst gewollt habe. Es war totenstill, und ich hatte das Gefühl, dass alle auf mich blickten und von mir erwarteten, dass ich etwas dagegen sagen solle, nachdem ich auch noch direkt angesprochen worden war. Langsam stand ich auf und wandte mich zunächst an die Gemeinde:

»Schwestern und Brüder, glaubt diesen Menschen kein Wort. Es ist wahr: Auch ich habe Jesus nie kennengelernt, aber ich habe viele Geschichten von Petrus, einem aus Jesu engstem Jüngerkreis, gehört, die mir deutlich gemacht haben, was für ein Mensch er war und wofür er gelebt hat und gestorben ist. Ich glaube auch den Zeugnissen der Menschen, die ihn nach seinem Tod als den Lebendigen gesehen haben. Aber: Von Paulus habe ich gelernt, dass es letzten Endes auf das Leben Jesu und auf die Frage, was er gesagt und was er getan hat, nicht wirklich ankommt. Es kommt darauf an, in der Kreuzigung und Auferstehung Jesu zu erkennen, dass Gott alles zu unserem Heil hat geschehen lassen. Für unsere Sünden ist Jesus gekreuzigt worden. Und an der Auferstehung

Jesu erkennen wir nicht nur, dass Gott Macht über den Tod hat, sondern dass auch wir, die wir an diesen Sohn Gottes glauben, einst auferweckt werden. Deshalb: Lasst euch beschenken von diesem menschenfreundlichen Gott und lasst euch nicht irremachen von diesen uneinsichtigen ›Arbeitern im Weinberg des Herrn‹!«

Ein paar applaudierten, andere schienen mir nicht überzeugt. Simon zückte ein Beschneidungsmesser und rief in die Gruppe: »Ihr jesusgläubigen Männer von Philippi, ich weiß, dass ihr euch an dieser Stelle hier habt taufen lassen. Aber das reicht nicht. Lasst euch sagen: Es ist noch nicht zu spät. Ihr könnt euch jetzt und hier von mir beschneiden lassen und dann, aber erst dann, seid ihr wirklich Christen. Paulus ist ein Betrüger. Er hat Jesus nie kennengelernt. Aber ich weiß, wofür Jesus eingestanden ist. Zu einer heidnischen Frau hat er einmal gesagt: ›Ich werde dir nicht helfen, denn du bist eine Heidin. Ich bin nur gesandt zu den verlorenen Schafen des Hauses Israel.‹ Ja, Jesus hat dieses Wort auch noch mit einem Bild verdeutlicht. Er hat gesagt: ›Man nimmt den Kindern doch nicht das Brot weg und wirft es vor die Hunde!‹ Also, wollt ihr Gotteskinder sein oder Hunde? Deshalb werdet treue Gotteskinder, lasst euch beschneiden und dann gehört ihr wirklich dazu!«

Ich konnte es nicht fassen, aber da waren tatsächlich einige, die Beifall klatschten. ›Herr, gib mir jetzt die richtigen Argumente!‹, betete ich im Stillen. Aber mir fiel einfach nichts ein. Ich bin kein Prediger wie Paulus. Ich kann vielleicht schreiben, aber spontan reden … das kann ich nicht. Außerdem fallen mir die besten Argumente immer erst dann ein, wenn die Situation vorbei ist. In diesem Sinne »sammle« ich verpasste Gelegenheiten. Deshalb sagte ich nur: »Die ›Hunde‹ seid ihr, denn ihr verlangt die Beschneidung! Ich sage es euch zum letzten Mal: Lasst diese Schafherde in Ruhe! Ich weiß, dass Paulus bald hierher zurückkehren wird. Der wird euch die Leviten lesen!« – Die beiden lachten über meine Drohung nur und Simon zischte mir zu: »Sie müssen sich beschneiden lassen, sonst werden sie ausgerottet werden. So sind die Regeln.« Mir fiel nichts ein außer: »Diese Regeln sind dazu da, um endlich gebrochen zu werden.«

Da blitzte mich Simon an: »Lukas, ich verrate dir ein Geheimnis: Einer von uns ist schlauer als du!« Jetzt war ich sprachlos. Schnell fiel der Gottesdienst sang- und klanglos auseinander. Die einen stimmten dem zu, was Simon und Levi sagten, schreckten aber noch vor der Beschneidung zurück, während die anderen ihnen nicht glaubten und mich mit Fragen bedrängten, die ich nicht wirklich beantworten konnte.

Als wir wieder zu Hause angekommen waren, ließ ich meinem Ärger freien Lauf: »Diese Klugscheißer ärgern mich maßlos! Ich weiß, dass sie falsch liegen, aber ich bin ihnen argumentativ einfach nicht gewachsen. Heute haben sie auf der ganzen Linie gewonnen«, sagte ich zu Lydia. Sie streichelte mir über die Wange und meinte beruhigend: »Ein kluger Mann weiß, dass der Sieg nie feststeht, und ein noch klügerer Mann weiß auch, dass eine Niederlage nie total ist.« – »Siehst du?! Du sagst auch, dass ich verloren habe«, murmelte ich deprimiert.

Aber Lydia redete weiter: »Und der klügste Mann von allen hat sogar gewonnen, wenn er eigentlich verloren hatte. Und für so einen Mann halte ich dich, mein Schatz!« – »Und das sagst du nicht nur einfach so?«, fragte ich ungläubig. »Wegen so etwas würde ich dich nicht anlügen. Dazu gibt es keinen Grund.« – »Doch«, wandte ich ein, »dass ich mich besser fühle.« – »Würdest du dich denn besser fühlen, wenn ich dich anlüge?«, fragte sie zurück. »Ganz sicher nicht!«

Dann kam ich wieder zurück auf Simon und Levi: »Die beiden stellen uns als Trottel dar und denken, sie hätten die Wahrheit mit Löffeln gefressen. Diese Arroganz widert mich an.« Aber auch hier wusste meine Frau eine Entgegnung: »Lukas, arrogante Menschen neigen dazu, die eigenen Fähigkeiten zu überschätzen, die aller anderen hingegen zu unterschätzen. Deshalb: Unterschätze dich nicht! Du hast gut geredet. Und Hochmut kommt vor dem Fall!« – »Dein Wort im Ohr des Herrn, Baruch Adonaj!«, sagte ich nur und wandte mich missmutig der Salbe zu, die ich noch für einen Patienten anzumischen hatte. Wenn nur Paulus da wäre!

Die beiden Boten, die wir auf die Suche geschickt hatten, kamen natürlich nicht gleichzeitig zurück. Der eine hatte die Spur des Paulus bis Korinth verfolgt und kam nach einer guten Woche wieder in Philippi an mit der Information, Paulus habe zwar eineinhalb Jahre in Korinth gewohnt, sei aber dann von dort nach Jerusalem abgereist. »Dann hoffen wir mal darauf, dass der andere Sklave erfolgreich ist!«, seufzte ich, und Lydia – was wäre ich ohne meine Frau? – versuchte, mir Mut zu machen. Tatsächlich kehrte der andere nur wenige Tage später heim. »Hast du Paulus gefunden?«, fragte ich sofort und er nickte. »Gott sei Dank, Baruch Adonaj!«

In dem Augenblick trat der Bote beiseite und ich sah einen fremden Mann hinter ihm stehen. Eigentlich wollte ich fragen, weshalb Paulus nicht mitgekommen sei, dachte mir aber, das wäre unhöflich und fragte nach dem Fremden. Dieser antwortete: »Schalom Lukas und Lydia, ich bin Epaphroditus, ein Mitarbeiter des Paulus. Er übersendet euch seine herzlichen Grüße, kann aber im Moment nicht selbst kommen.« – Ich entgegnete: »Paulus' Brüder sind auch unsere Brüder. Sei uns willkommen!« Dann verkniff ich mir die Frage nach Paulus erst einmal und lud ihn zum Essen ein: »Du wirst hungrig und durstig sein. Deshalb werden wir dir ein Mahl herrichten lassen.« Er nahm die Einladung dankbar an.

Während der Tisch gedeckt wurde, wagte ich dann doch, nach Paulus zu fragen. »Weshalb konnte Paulus nicht mitkommen?« – »Er sitzt gerade im Gefängnis von Ephesus.« – »Schon wieder!«, rief Lydia dazwischen, »was wird ihm denn diesmal vorgeworfen?« – »Naja«, meinte Epaphroditus, »in Ephesus steht ja der Artemistempel, und die Silberschmiede hatten gegen ihn einen Aufruhr angezettelt, weil er ihnen durch seine Verkündigung das Geschäft vermasseln würde.« – »Wird er jemals wieder freikommen?«, fragte ich und der Bote nickte: »Bestimmt! Er schmort nicht im finstersten Kerker. Der Statthalter hat ihn mehr zu seinem Schutz kurzfristig in Haft genommen, aber bereits in Aussicht gestellt, dass er bald wieder freikommt, wenn sich die Lage beruhigt hat und sofern er verspricht, Ephesus zu verlassen. Außerdem durfte ich ihn immer wieder besuchen und ihm euer Problem schildern. Er lässt euch herzlich grüßen.« – »Bis er freikommt ..., wie lange kann das denn dauern?«, fragte ich, »die Gemeinde droht hier zu zerfallen.« Jetzt grinste Epaphroditus: »Deshalb hat mir Paulus etwas mitgegeben, einen Brief an die Gemeinde zu Philippi. Den sollst du der Gemeinde vorlesen und mit ihr besprechen.«

Noch während er das sagte, zog er mehrere Bögen Papyrus aus seinem Gewandbausch. »Warum hast du das nicht gleich gesagt?«, fragte Lydia in gespielt vorwurfsvollen Ton. Epaphroditus zuckte mit den Schultern: »Es gab zu viele andere Fragen vorher zu klären!« Lydia und ich stürzten uns auf das Schreiben und begannen zu lesen: »*Paulus und Timotheus, Knechte Christi Jesu, an alle Heiligen in Christus Jesus in Philippi ...*« – »Kennst du einen Timotheus?«, fragte mich Lydia, ich verneinte und vermutete: »Wahrscheinlich einer seiner Mitarbeiter.« Am Ende des ersten Briefabschnitts sagte ich betrübt: »Das klingt nicht gut. Paulus ist am Ende. Er äußert hier sogar den Wunsch zu sterben. Das sieht wirklich nicht gut aus. Dabei brauchen wir ihn nötiger denn je!« Doch Lydia wies mich zurecht: »Lukas, jetzt warte mal ab, was er noch alles schreibt!«

Sie nahm weitere Blätter und las: »Hier steht es: ›… wenn ich wieder zu euch komme …‹ Er will uns also wieder besuchen. Außerdem möchte er diesen Timotheus zu uns senden.« Dann überflog sie ein paar Zeilen und las weiter: »Hier steht: ›*Freut euch in dem Herrn allewege, und abermals sage ich: Freut euch! Eure Güte lasst kundsein allen Menschen! Der Herr ist nahe! Sorgt euch um nichts, sondern in allen Dingen lasst eure Bitten in Gebet und Flehen mit Danksagung vor Gott kundwerden.*«[*] – Ich nickte: »Ja, so ist Paulus! Für die Seinen hat er immer ein gutes Wort. Aber lass uns der Reihe nach lesen!«

Gesagt, getan. Als ich zu der Stelle kam, an der Paulus unser drängendes Problem behandelte, hörte ich im Geiste geradezu seine eigene Stimme: »*Nehmt euch in Acht vor den Hunden, nehmt euch in Acht vor den böswilligen Arbeitern, nehmt euch in Acht vor der Zerschneidung! Denn wir sind die Beschneidung, die wir im Geist Gottes dienen und uns Christi Jesu rühmen und uns nicht verlassen auf Fleisch, obwohl ich meine Zuversicht auch aufs Fleisch setzen könnte. Wenn ein anderer meint, er könne sich aufs Fleisch verlassen, so könnte ich es viel mehr, der ich am achten Tag beschnitten bin, aus dem Volk Israel, vom Stamm Benjamin, ein Hebräer von Hebräern, nach dem Gesetz ein Pharisäer, nach dem Eifer ein Verfolger der Gemeinde, nach der Gerechtigkeit, die das Gesetz fordert, untadelig gewesen. Aber was mir Gewinn*

[*] Philipper 4,4-6.

war, das habe ich um Christi willen für Schaden erachtet. Ja, ich erachte es noch alles für Schaden gegenüber der überschwänglichen Erkenntnis Christi Jesu, meines Herrn. Um seinetwillen ist mir das alles ein Schaden geworden, und ich erachte es für Dreck, auf dass ich Christus gewinne und in ihm gefunden werde, dass ich nicht habe meine Gerechtigkeit, die aus dem Gesetz, sondern die durch den Glauben an Christus kommt, nämlich die Gerechtigkeit, die von Gott kommt durch den Glauben. Ihn möchte ich erkennen und die Kraft seiner Auferstehung und die Gemeinschaft seiner Leiden und so seinem Tode gleich gestaltet werden, damit ich gelange zur Auferstehung von den Toten.«

»Lydia, hast du's gehört? Paulus nennt sie auch ›Hunde‹. Paulus bringt es einfach auf den Punkt. Besser geht's nicht!« Auch Lydia war tief berührt von diesen Worten: »Das wird am kommenden Herrentag vor der ganzen Gemeinde gelesen. Die werden Augen machen. Ich habe es gewusst: Paulus lässt uns nicht im Stich!« Weil ich es nicht erwarten konnte, besuchte ich in den verbleibenden Tagen so viele Christen wie irgend möglich und zeigte ihnen den Brief. Wir sprachen darüber und so langsam beruhigte sich die Lage wieder. Paulus hatte einfach die richtigen Worte gefunden. Er hatte sich selbst und seine Berufung zum Apostel als Beispiel dafür genommen, dass die rituellen Thoragebote im Glauben an Jesus keine Geltung mehr besitzen. Und jetzt fiel es mir auch wieder ein: Paulus hatte gesagt: Wenn die Gerechtigkeit durch die Einhaltung dieser Thoragebote kommt, dann müssten alle Menschen Juden werden, dann bräuchte es Jesus gar nicht – oder noch präziser gesagt: Dann wäre Christus umsonst gestorben. Ja, genau das hatte er gesagt. Meine Vorfreude auf den Gottesdienst und die Be-

---

* Philipper 3,2-11.

gegnung mit den »böswilligen Arbeitern« war riesig; ich konnte es kaum erwarten!

Ich kann gar nicht sagen, wie oft ich diesen Brief durchgelesen und abgeschrieben habe. Jedes Mal ist mir etwas Neues aufgefallen. Besonders beachtenswert fand ich, dass Paulus der Gemeinde einschärft, sie solle eines Sinnes sein, einmütig und einträchtig. Das waren wir eigentlich auch, aber Simon und Levi brachten Uneinigkeit. Und weiter hieß es, wir sollten unter uns so gesinnt sein, wie es auch der Gemeinschaft in Christus Jesus entspricht:

»*Er, der in göttlicher Gestalt war, hielt es nicht für einen Raub, Gott gleich zu sein, sondern entäußerte sich selbst und nahm Knechtsgestalt an, ward den Menschen gleich und der Erscheinung nach als Mensch erkannt. Er erniedrigte sich selbst und ward gehorsam bis zum Tode, ja zum Tode am Kreuz. Darum hat ihn auch Gott erhöht und hat ihm den Namen gegeben, der über allen Namen ist, dass in dem Namen Jesu sich beugen sollen alle derer Knie, die im Himmel und auf Erden und unter der Erde sind, und alle Zungen bekennen sollen, dass Jesus Christus der Herr ist, zur Ehre Gottes, des Vaters.*«[*]

Ich überlegte: Jesus gehört ganz auf die Seite Gottes. Nur dann kann er uns sündige Menschen erlösen. Erstmals las ich bei Paulus solche Worte: Jesus war zuerst bei Gott, war dann auf die Erde gekommen, wurde dort gekreuzigt und ist jetzt als Auferstandener von Gott wieder erhöht worden. Ich nahm mir vor, darüber mit Paulus zu reden, wenn ich ihn das nächste Mal treffen würde.

Die Nacht vor dem Herrentag verbrachte ich mit sorgfältiger Planung. Noch einmal sollten mich die beiden

[*] Philipper 2,6-11.

»Hunde«, wie sie Paulus nannte, nicht sprachlos machen: Ich rief mir die drei wichtigsten Gebote für eine schwierige Operation in Erinnerung. Sie waren mir als Arzt in Fleisch und Blut übergegangen, allerdings hatte ich sie noch nie bei einer zwischenmenschlichen Konfrontation angewendet. Sie lauteten: Erstens, mach die Sache nicht zu kompliziert. Zweitens, sei auf jede Eventualität vorbereitet. Drittens, gerate niemals in Panik! Regel zwei und drei waren schon deshalb wichtig, falls der Plan nicht aufging, was durchaus geschehen könnte. Es gab noch eine vierte Regel, die mir gerade jetzt besonders wichtig zu sein schien und die ganz allgemeiner Natur war: Mach dir zunutze, dass deine Gegner Dummköpfe sind, wenn es um Wichtiges geht – und in diesem Fall ging es um etwas sehr Wichtiges: um Jesus Christus.

Ich rief mir also in aller Ruhe die Argumente in Erinnerung, die Paulus in seinem Brief genannt hatte, und die mir in der Zwischenzeit auch wieder eingefallen waren, und schrieb sie nieder. Dann überlegte ich die Argumente der Gegner und schrieb mir auf, wie ich darauf reagieren könnte. Als der Morgen graute, war ich fertig mit meinen Vorbereitungen. Zwar hatte ich praktisch nicht geschlafen, aber die Spannung auf die bevorstehende Konfrontation sorgte dafür, dass meine Sinne hellwach blieben. Ich nahm mir fest vor, mich nicht erneut provozieren zu lassen.

Pünktlich fanden sich alle zum Gottesdienst ein, der traditionell vor den Toren der Stadt am Angites stattfand. Als Simon mich sah, ging er an mir vorüber und zischte: »Du schon wieder!« »Freut mich auch!«, antwortete ich ihm mit ironischem Unterton. Dann sangen wir gemeinsam ein Lied, priesen und lobten Jesus, ehe wir mit dem Herrenmahl begannen. Dies nahm Simon zum Anlass, uns erneut ins Gewissen zu reden. Es war wieder die gleiche Leier von Argumenten – oder besser: von Behauptungen. Als er fertig war, klatschten einige wieder Beifall. Ich nahm einen Schluck Wein, räusperte mich und stand auf, in der einen Hand den Brief des Paulus, in der anderen Hand meine vorbereiteten verschrifteten Argumente.

Dann begann ich zu sprechen: »Paulus, der Apostel Jesu Christi und Gründer unserer Gemeinde, kann leider nicht kommen und uns bei der Lösung unserer Probleme helfen. Aber er hat uns seinen Mitarbeiter Epaphroditus geschickt. Dieser übergab mir einen Brief des Paulus, den ich nun vorlesen möchte. Hört also zu, was er schreibt!« Und dann las ich den gesamten Brief vor. Nicht zufällig sah ich bei der Passage über die Hunde und böswilligen Arbeiter Simon und Levi ausdrücklich an. Immer wieder wurde ich von den beiden unterbrochen. Sie riefen: »Lüge!« und »Betrüger!« dazwischen und wollten mich gar nicht ausreden lassen. Aber die Philipper hingen an meinen Lippen, so wie sie an den Lippen des Paulus gehangen hatten, als er noch bei uns war.

Nachdem ich die Schlussgrüße vorgelesen hatte, sagte Simon bissig: »Reizend, reizend, da geht einem ja das Herz auf, wenn man das so hört!« Ich giftete zurück: »Dazu müsstest du erst einmal eines haben!« Das war zu viel für ihn und er brüllte mich an: »Du bist dabei, Gott selbst, Baruch Adonaj, in die Suppe zu spucken. Und der mag das gar nicht, glaub' mir!« – Ich blieb ganz ruhig und fragte zurück: »Gott in die Suppe zu spucken? Wohl kaum! Doch wohl eher dem Teufel!« – »Wer ist hier der Teufel?«, brüllte Levi von hinten. Ich blickte ihn an und meinte geheimnisvoll: »Finde es heraus!« Und nach einer kurzen Pause fügte ich hinzu: »Aber wenn dir etwas an deiner Seele liegt, finde es lieber nicht heraus!«

Als sie merkten, dass sie damit nicht weiterkamen, behauptete Simon plötzlich – und er sprach dabei in normaler Lautstärke: »Hör zu: Alles, was ich bisher getan habe, geschah zum Lobpreis Gottes, Baruch Adonaj! Ich bin von Petrus beauftragt, von Petrus, dem wichtigsten Jünger Jesu von Nazareth, dem Jünger, der Jesus in Galiläa die ganze Zeit begleitet hat und Zeuge der Auferstehung des Herrn geworden ist. Ich soll euch die frohe Botschaft verkündigen.« Jetzt war es also heraus. Simon hatte seinen letzten Trumpf ausgespielt. Jetzt wusste ich Bescheid und holte tief Luft: »Jetzt will ich dir etwas sagen. Dieser Brief, den ich gerade vorgelesen habe, macht eines für mich überdeutlich: Paulus weiß mehr über die Heilige Schrift als jeder von uns.« Als es schien, als wolle Simon plötzlich auf mich losgehen, rief Levi dazwischen: »Na, dann können wir uns wenigstens darauf einigen, dass wir in dieser Frage uneins bleiben.«

Jetzt reichte es mir und ich beschloss, eine Formulierung des Paulus aufzunehmen: »Mit böswilligen Arbeitern habe ich nichts zu schaffen. Ihr sät Zwietracht und Unsicherheit in den Weinberg Gottes, den Paulus gepflanzt hat. Ihr macht euch zunutze, dass Paulus alles auf der Heilstatsache der Kreuzigung und Auferstehung des Gottessohnes Jesus aufbaut. Was Jesus gesagt und getan hat, ist nahezu egal. Wahrscheinlich – und das ist das einzige Zugeständnis, das ich euch machen kann – wäre es gut, wenn die Christen mehr über das irdische Leben des Messias erfahren. Ich selbst kenne viele Geschichten und überlege, sie vielleicht doch einmal niederzuschreiben. Aber es wird die Geschichte eines Gottessohnes sein, der gekreuzigt und auferstanden ist. Dort und nirgendwo anders ist das Heil zu finden. Und deshalb sage ich es euch noch einmal: Wenn ihr meint, dass ein Mensch nur dann von Gott angenommen werden kann, wenn er beschnitten ist, koscheres Essen verspeist und die Thora hält, dann wäre Christus umsonst gestorben.

Und deshalb schlage ich euch einen Handel vor: Ihr hört auf, Lügen über Paulus zu erzählen; dafür höre ich auf, die Wahrheit über euch zu erzählen.«

Simon kam noch einmal ganz nah an mich heran und zischte mir zu, sodass es nur ich es hören konnte: »Hältst du mich für zu alt, um dir in deinen Hintern zu treten, du Witzfigur? Wenn du das glaubst, dann versuch es mal, du und dein komischer Freund Epaphroditus. Ich hatte seit Jahren keine Gelegenheit mehr, eine Schlangenbrut zu verprügeln, und ich habe die Warterei langsam satt.« Ein bisschen erschrak ich über das Niveau, aber zugleich merkte ich, dass die Fassade der beiden bröckelte. Deshalb sagte ich laut und deutlich: »Ich liebe dich auch, Bruder!« Kochend vor Wut verließen die beiden unsere Versammlung. Ich widerstand der Versuchung, den anderen zu sagen, was mir Simon ins Ohr gezischt hatte, und lenkte stattdessen die Aufmerksamkeit auf Epaphroditus und bat ihn, der Gemeinde von Paulus zu erzählen, was er bereitwillig tat.

Am Abend blickte ich auf diesen Tag und den Streit mit Simon und Levi zurück, dankte im Geiste Paulus für seinen Brief und dankte vor allem auch dem Herrn, dass er mir diesmal die richtigen Worte eingegeben hatte. Ich konnte endlich aufhören, verpasste Gelegenheiten zu »sammeln«. Oder wie schrieb Paulus doch? »*Ich vermag alles durch den, der mich mächtig macht.*«* Tatsächlich sorgte das Schreiben des Paulus wieder für Ruhe und Eintracht unter den Gemeindegliedern.

Dennoch ließ mich der Gedanke, endlich etwas von dem, was mir Petrus, Jakobus und Johannes über Jesus erzählt hatten, aufzuschreiben, in diesen Tagen nicht los. Dazu kam, dass viele Gemeindeglieder mich immer wie-

---

* Philipper 4,13.

der bedrängten, diese Geschichten zu erzählen. Offenbar war das Bedürfnis nach Informationen über den irdischen Jesus tatsächlich sehr groß. Es war mir aber klar, dass ich – sollte ich jemals eine Geschichte über den irdischen Jesus verfassen – eine Geschichte schreiben würde, die auf Kreuzigung und Auferstehung hinauslaufen wird. Lydia ermunterte mich dazu, aber ich war unschlüssig, denn erstens wäre die Niederschrift ein Beleg für meinen Unglauben, dass der Herr bald wiederkommt, und zweitens kenne ich eigentlich nur einzelne Geschichten von Jesus, die ich aneinanderreihen könnte. Der Rahmen der Geschichte Jesu fehlte mir. Damals ahnte ich noch nicht, dass ich eines Tages tatsächlich so einen Rahmen bekommen würde, in den ich meine Geschichten dann einbauen konnte.

In den darauffolgenden Jahren verliefen unsere Wochen ruhig und entspannt. Ich verdiente mein Geld als Arzt in Philippi, und auch Lydia war mit ihrem Purpurhandel finanziell sehr gut gestellt. Phaidros ging mir immer mehr zur Hand und äußerte eines Tages sogar den Wunsch, selbst Arzt zu werden. Gerne nahm ich ihn in meine Lehre. Unser Sohn Theophilus war die ganze Zeit unser Sonnenschein. Entweder begleitete er mich zu dem einen oder anderen Patienten oder er blieb zu Hause bei seiner Mutter, die sich immer wieder um die Koordination ihres Handels kümmern musste. Glücklicherweise gingen ihr da viele Sklavinnen und Sklaven zur Hand.

Epaphroditus hatten wir längst zur Unterstützung des Paulus wieder nach Ephesus zurückgeschickt. Und als wir schon gar nicht mehr damit rechneten, dass er uns bald wieder besuchen würde, da stand Paulus selbst plötzlich vor unserer Tür. Ich erschrak fast, denn ich erblickte einen Mann, den ich deutlich jünger in Erinnerung hatte. Seine

Haare waren grau geworden und seine Haltung gebeugt. Einzig die Augen blitzten immer noch interessiert und hellwach unter den dunklen, buschigen Augenbrauen hervor. Um ihn herum standen fünf Männer, die ich nicht kannte. »Paulus, sei willkommen!«, begrüßte ich ihn hocherfreut und umarmte den Freund, dem ich so viel zu verdanken hatte. Er nickte lächelnd und ich zog ihn ins Haus: »Lydia, Phaidros, Theophilus, schaut mal, wer gekommen ist!« Das war ein wunderbares großes Wiedersehen.

Die fünf Männer, die mit ihm gekommen waren, stellte Paulus uns vor als Aristarch, Gajus und Timotheus aus Derbe – es war der Timotheus, der mit ihm in Ephesus in Haft gesessen hatte – sowie Tychikus und Trophimus aus der Provinz Asien. Wir hießen sie ebenso herzlich willkommen und sorgten dafür, dass sich alle erst einmal stärken konnten. Dass sie dabei vor allem dem Wein kräftig zusprachen, fiel mir bereits damals auf. Schließlich begann Paulus zu berichten, wie es ihm in der Zwischenzeit ergangen war. Wir hatten ihn ja fast fünf Jahre lang nicht gesehen. Und Paulus erzählte, er sei – nachdem er Philippi verlassen hatte – mit Silas zunächst nach Thessalonich gegangen. Dort habe er – ähnlich wie in Philippi – großen Zuspruch erlebt und eine Gemeinde gegründet. Dann seien sie nach Beröa weitergereist und hätten dort eine Hausgemeinde ins Leben gerufen.

Er erzählte: »Danach bin ich selbst alleine nach Athen gegangen, habe dort auf dem Areopag und der Agora mit Stoikern und Epikureern, aber auch mit Platonikern gesprochen. Allerdings waren die dort recht eingebildet und wenig empfänglich für die Botschaft von Jesus Christus. Ich habe dabei meine Predigt – wie ich fand – ziemlich clever eingeleitet mit einer Beobachtung, die ich in Athen gemacht hatte. Um keinen einzigen ihrer vielen Götter zu beleidigen, hatten die Athener mitten in der Stadt einen kleinen Tempel gebaut, auf dessen Eingang stand: ›Dem unbekannten Gott‹. Da setzte ich mit meiner Predigt an. Aber – wie gesagt – sie wollten meine Botschaft, vor allem auch die von der Auferstehung, nicht hören. Es erschien ihnen lachhaft, dass sich ein Gottessohn kreuzigen lässt, und ich hatte keine Möglichkeit, sie von der tiefen Wahrheit des Evangeliums zu überzeugen.«* – »Das ist traurig!«, konstatierte Lydia, und ich pflichtete ihr bei: »Die Athener denken, ihr Götterhimmel, ihr Olymp, sei der Nabel der Welt. Das macht taub und hochnäsig.« – »Das deckt sich mit meiner Erfahrung«, stellte Paulus fest, »als ich nämlich einen Stoiker – den Namen habe ich schon wieder vergessen – mit seinem eigenen Hochmut konfrontierte, meinte dieser herablassend: ›Niveau sieht nur von unten aus wie Arroganz‹.«

Paulus fuhr fort: »Ich sagte mir: ›Hochmut ist die Bildung der Dummen‹, und reiste dann weiter nach Korinth. Dort fand ich sehr viel Zuspruch allerdings gab es da auch immer wieder Schwierigkeiten. Einmal musste ich sogar vor den Statthalter Gallio, um mich zu verantworten; aber der betrachtete mich als religiösen Spinner und fühlte sich nicht zuständig für religiöse Streitigkeiten. Auf jeden Fall blieb ich zur Stabilisierung der Gemeinde eineinhalb Jahre lang dort. In Korinth traf ich auch Aquila und Priszilla, zwei getaufte Juden aus Rom. Kaiser Claudius hatte nämlich den römischen Christen geboten, die Stadt zu verlassen, weil ihn die Streitereien innerhalb der jüdischen Gemeinden genervt hätten.«

Paulus trank etwas und erzählte gleich weiter: »Dann haben Aquila und Priszilla mir berichtet, dass längst nicht alle Christen Rom verlassen hätten. Daher fasste ich bereits damals den Entschluss, einmal nach Rom zu reisen.

* Vgl. Apostelgeschichte 17,16-34.

In Korinth stießen auch Silas und Timotheus wieder zu mir. Und nachdem wir eine Kollekte für die Jerusalemer Gemeinde gesammelt hatten, reisten wir mit dem Schiff quer über das Ägäische Meer nach Ephesus. Dort bin ich in die Synagoge gegangen und habe mich mit dem dortigen Rabbi lange unterhalten. Er ließ mich wissen, er wolle mit uns Christusbekennern nichts zu tun haben. Aquila und Priszilla hat es in Ephesus jedoch so gut gefallen, dass sie dort erst einmal geblieben sind. Einige Christen wollten mich überreden, auch in Ephesus zu bleiben, aber ich habe mich nicht aufhalten lassen, sondern lediglich versprochen, sobald wie möglich wiederzukommen.«

Lydia staunte und sagte nur: »Du hast ja eine Menge erlebt. Wie ging es dann weiter?« Paulus erzählte: »Dann bin ich mit einem Truppentransporter zügig nach Caesarea gesegelt und zu Fuß weiter nach Jerusalem gegangen, wo ich die Kollekte abgeliefert habe.« – »Wen hast du denn in Jerusalem getroffen?«, fragte ich. »Von den bekannten Gesichtern eigentlich nur Jakobus. Petrus und Johannes waren auf einer Missionsreise. Ich kann euch sagen: Es war ein sehr frostiger Empfang. Wir sprachen nicht mehr als nur das Nötigste. Ich bin auch nicht lange geblieben. Einzig das Geld, das ich mitgebracht habe, hat ihn etwas erfreut. Irgendwie ist das Verhältnis zu den Jerusalemern seit dem Zwischenfall mit Petrus in Antiochia spürbar gestört. Ich habe das Gefühl, die denken immer noch, Petrus habe richtig gehandelt, auch wenn er durch seine rigide Thora-Unterwürfigkeit Zwietracht in die Gemeinde brachte. Da hat mich auch nie irgendjemand um Verzeihung gebeten. Aber was soll's?«

»Ja, meinst du denn«, fragte ich Paulus, »dass Vergebung von einem Geständnis abhängig ist?« Paulus dachte nach. Dann nickte er und sagte langsam: »Ich glaube, jetzt hast du mich erwischt!« Wir lachten. Und Paulus sprach weiter: »Jetzt, wo ich darüber nachdenke: Wahrscheinlich hast du recht. Wenn ich das Gefühl habe, da ist jemand an mir schuldig geworden, dann wäre es wahrscheinlich richtig und gut, wenn ich irgendwann zur Vergebungsbereitschaft durchdringe – ganz unabhängig davon, ob der andere mich darum bittet oder nicht.«

Ich nickte: »Wir sind zwar alle nur Menschen, aber ich glaube, dass auch Gottes Vergebungsangebot sich nicht von meiner Reue abhängig macht. Sollten wir uns daher nicht für immer Gott, Baruch Adonaj, als Vorbild nehmen?« Erst viel später fand ich in einer früheren Schrift den Satz Jesu, den ich auch in meine Jesusgeschichte aufgenommen habe: ›*Seid barmherzig, wie auch euer Vater barmherzig ist.*‹* – Paulus sinnierte nickend vor sich hin: »Mein lieber Freund, das ist eine echte Herausforderung Ganz ehrlich: Ich weiß nicht, ob ich beim Gedanken an Jakobus schon so weit bin.« Ich sprach weiter: »Ich denke, Vergebung ist weder von der Bitte um Vergebung noch vom Geständnis des anderen abhängig. Wenn man sich entschließt, dem anderen zu verzeihen, bedeutet das aber auch nicht, dass man die gleiche Sicht auf das Vergangene haben muss wie der andere.«

Paulus nickte immer noch und ich fuhr fort: »Ich glaube, während nichts leichter ist, als den Übeltäter zu verurteilen, ist nichts schwerer, als ihn zu verstehen. Der Weg der Vergebung ist eine Frage der Entscheidung, deiner Herzensentscheidung, Paulus.« – »Wahrscheinlich hast du recht, Lukas. Ich will darüber nachdenken«, pflichtete er mir bei. Auch das betrachtete ich als eine Stärke dieses Mannes: Er war fähig, sich gute Argumente anzuhören und sich davon auch überzeugen zu lassen. Dieser Mann beeindruckte mich immer wieder. »Weißt

* Lukas 6,36

du, was ich glaube?«, meinte ich lächelnd, und Paulus blickte mich fragend an: »Manchmal ist es auch taktisch klug, wenn man seinen Feinden vergeben kann – nichts könnte ihn sonst ändern!«

Und dann lachten wir gemeinsam.

Nach einer kurzen Pause nahm Lydia den Gesprächsfaden wieder auf: »Du bist also zügig von Jerusalem wieder aufgebrochen?« Und Paulus erzählte weiter. Er habe um Antiochia einen Bogen gemacht und dann seinen Onkel in Tarsus und das Grab seiner inzwischen verstorbenen Eltern besucht. Darauf sei er ins galatische Land in der Mitte Kleinasiens weitergereist und habe die dortigen kleinen Gemeinden bestärkt. Seither seien Gajus, Aristarch und Timotheus seine Begleiter. Auch in Lystra, wo sie ihn sechs Jahre zuvor noch fast gesteinigt hatten, sei er gewesen. Dort gab es inzwischen eine kleine Gruppe von Christen. Schließlich sei er nach Ephesus gelangt, wo er eine inzwischen recht große christliche Gemeinde vorgefunden habe.

Den Ephesern hatte er ja bei seinem ersten Besuch versprochen, sobald wie möglich zurückzukehren. »Ephesus ist dann meine zweite Heimat geworden. Hier wurden Tychikus und Trophimus meine Mitarbeiter«, meinte er, »die Epheser waren sehr gastfreundlich; außerdem konnte ich mir dort mit meiner Zeltmacherei ein gut florierendes Geschäft einrichten. So war ich nicht auf die Unterstützung der Gemeinde angewiesen. Dass ich dann doch einmal in Ephesus kurz inhaftiert wurde, lag an dem Aufstand der Silberschmiede. Die sahen ihr Geschäft durch meine Verkündigung in Gefahr. Ihr hättet das hören müssen! Die hatten eine Volksmenge derart aufgehetzt, dass diese zwei Stunden lang ›Groß ist die Artemis von Ephesus‹ brüllten. Dann stürmten aufgeputschte junge Männer das Theater, in dem wir uns gerade aufhielten, und verprügelten Gajus, Aristarch und mich zuerst und schleppten uns dann vor den Stadtrichter. Dieser konnte aber durch maßvolle Worte die Menge beruhigen. Zu unserer Sicherheit – wie er uns sagte – nahm er uns jedoch erst einmal in ›Gewahrsam‹, ließ uns also ins Gefängnis bringen. In dieser Zeit konnte Epaphroditus mich besuchen. Er erzählte mir von eurem Problem und ich setzte mich hin und schrieb den Brief, den ihr hoffentlich erhalten habt.« Ich nickte: »Paulus, es war dein Brief, der dafür gesorgt hat, dass die Unruhestifter die Gemeinde wieder verlassen haben. Ohne diesen Brief wäre das nicht gegangen. Hab vielen Dank dafür!« – »Ja, und nun bin ich wieder hier und habe vor, anschließend meine Schwestern und Brüder in Makedonien und Griechenland zu besuchen und eine Kollekte einzusammeln, die ich dann wieder nach Jerusalem bringen werde – wie ich versprochen habe.«

Nach dieser Erzählung war mir klar, weshalb Paulus im Gefängnis von Ephesus so deprimiert und traurig war. Seine Worte aus dem Brief, den ich inzwischen fast auswendig kannte, hatte ich noch genau im Ohr: »*Denn Christus ist mein Leben, und Sterben ist mein Gewinn. Wenn ich aber weiterleben soll im Fleisch, so dient mir das dazu, mehr Frucht zu schaffen; und so weiß ich nicht, was ich wählen soll. Denn es setzt mir beides hart zu: Ich habe Lust, aus der Welt zu scheiden und bei Christus zu sein, was auch viel besser wäre; aber es ist nötiger, im Fleisch zu bleiben um euretwillen.*«[*]

»Nach all den Turbulenzen kannst du dich hier erst einmal ein bisschen erholen«, bot ihm Lydia an, »hier kannst du bleiben, solange du willst!« Paulus nickte dankbar, meinte dann aber: »Ich kann nicht lange bleiben,

[*] Philipper 1,21-24.

denn die Sammlung soll zügig nach Jerusalem gebracht werden.« – »Könnte das nicht auch ein Bote erledigen?«, fragte ich ihn, aber er verneinte: »Das muss ich machen! Vielleicht könnten dabei auch die Differenzen mit den Jerusalemern ausgeräumt werden.« – »Und wie soll es dann weitergehen?«, wollte ich wissen. Paulus sagte nur: »Meine nächsten Ziele sind Rom und dann weiter nach Spanien!« Ich erschrak und fragte mich, wie dieser körperlich so geschundene Mann solche Strapazen auf sich nehmen könne, ohne dabei zugrunde zu gehen, sagte aber nichts. Paulus hielt dann einen ausgedehnten Mittagsschlaf.

Nachdem er aufgewacht war, fragte ich, ob ich ihn einmal als Arzt untersuchen dürfe, und Paulus willigte ein. Sein Geist wirkte zwar wach und seine Augen blitzten, aber seine körperliche Verfassung gefiel mir gar nicht. Wahrscheinlich waren ihm bei der Prügelei in Ephesus eine oder zwei Rippen gebrochen gewesen. Auch sein Atem ging immer wieder rasselnd und schwer. Ich ging in mein Arbeitszimmer und mischte ihm eine Medizin sowie eine Salbe an, die ihm guttun würde – was auch tatsächlich der Fall war. Beim Abendessen eröffnete uns Paulus, dass er am folgenden Tag Philippi Richtung Thessalonich wieder verlassen wolle. Ich erschrak schon wieder: »Paulus, du musst dich jetzt erst einmal schonen! Sonst kommst du nie wieder richtig auf die Beine! Für so eine Reise bis nach Korinth bist du zu schwach. Sei mir nicht böse, aber du bist nicht mehr zwanzig Jahre alt!« – Aber Paulus sagte nur einen Satz zu mir: »*Er hat zu mir gesagt: Lass dir an meiner Gnade genügen, denn meine Kraft vollendet sich in der Schwachheit.*«* Und dann fügte er noch hinzu in einem Ton, der keinen Widerspruch zu dulden schien: »Haltet mich nicht auf! Morgen gehe ich weiter!«

* 2. Korinther 12,9a.

Spätabends, als Paulus sich längst schlafen gelegt hatte, sprach ich mit Lydia darüber. »Paulus hat keine Reserven mehr. Als er vor unserer Tür stand, bin ich richtig erschrocken, wie abgemagert und verbraucht sein Körper ist. Er bräuchte mindestens einen Monat zur Regeneration.« – Lydia nickte: »Und wie wäre es, wenn du ihn begleitest?« – »Ich soll euch hier alleine lassen? Das kommt nicht in Frage!«, erwiderte ich spontan, aber Lydia legte nach: »Phaidros ist schon fast erwachsen, und ich habe – ehe ich dich kannte – den Purpurhandel bereits alleine betrieben. Also, für mich wäre es kein Problem, wenn du ihn begleitest.« – »Ich will aber meine Familie nicht alleine lassen. Oder willst du mich loswerden?«, fragte ich schmunzelnd. Da gab mir Lydia einen Kuss und lachte: »Natürlich nicht! Mir ist es auch lieber, wenn du hierbleibst und dich keiner unnötigen Gefahr aussetzt.« – »Gut! Dann sind wir uns einig: Ich bleibe also hier!«

Am nächsten Tag verließ uns Paulus tatsächlich, allerdings nicht, ohne uns noch einige Ermahnungen für die Gemeinde mitzugeben. Er plante, auf dem Landweg über Thessalonich, Beröa und Athen bis nach Korinth zu wandern und von dort aus mit dem Schiff nach Caesarea, mindestens aber bis nach Ephesus auf der anderen Seite der Ägäis zu fahren, damit er von dort aus nach Jerusalem gehen könne.

Doch wieder einmal – welche Überraschung – kam es anders, denn drei Monate später stand Paulus plötzlich erneut vor unserer Tür. Man sah ihm an, dass er den weiten Weg von Philippi nach Korinth und wieder zurück zu Fuß gelaufen war. Er sah noch erbärmlicher aus als ein Vierteljahr zuvor. Nachdem er sich etwas gestärkt hatte, berichtete er, dass es in Korinth nicht möglich gewesen sei, ein Schiff zu bekommen, da er dort zwar viele Freunde, aber auch Feinde habe, die ihm nachgestellt hätten. Und als diese hörten, er würde ein Schiff suchen, das ihn bis nach Caesarea bringen solle, hätten sie am Hafen Wachen aufgestellt, um ihn zu verhaften. Deshalb habe er den Landweg gewählt, der für einen Mann seines Alters zwar wesentlich anstrengender, aber auf jeden Fall sicherer sei. Ich brachte nur den einen Satz heraus: »Paulus, du kommst mir wie ein Mann vor, der sich gern Feinde zuzieht.« Paulus grinste: »Eigentlich ziehe ich sie nicht an. Meistens finden die mich.« Wir versuchten, ihn zu überreden, jetzt etwas länger in Philippi in Sicherheit zu bleiben, wenigstens bis zum Auferstehungsfest am kommenden Herrentag, und tatsächlich ließ sich Paulus erweichen.

So feierten wir mit der ganzen Gemeinde ein wunderschönes Fest zur Auferstehung des Herrn. Fast hatte ich gehofft, dass die Herzlichkeit, mit der er von der Gemeinde empfangen wurde, dazu beitragen könnte, dass Paulus noch länger in Philippi bleiben würde. Aber ich hatte mich getäuscht. Am Abend des Festtages eröffnete Paulus uns: »Morgen muss ich weiter nach Alexandria Troas. Ihr dürft mich nicht aufhalten! Ich weiß, dass ihr euch Sorgen um mich macht. Aber ihr sollt wissen, dass ich nicht alleine unterwegs bin. In Beröa ist Sopater noch zu mir gestoßen und in Thessalonich Sekundus. Gajus, Aristarch, Timotheus, Tychikus und Trophimus kennt ihr ja schon. Die sind auch meine Begleiter. Also, macht euch keine Sorgen!« – Aber genau dies machte mir Sorgen. Ich erinnerte mich genau daran, dass gerade diese jungen Männer dem Wein sehr zusprachen und ich zweifelte ernsthaft an ihrer Verlässlichkeit. Wir schwiegen kurz.

»Und wo sind diese Leute jetzt?«, unterbrach Lydia die Stille und Paulus gab zur Antwort: »Ich habe sie vorgeschickt. Sie warten in Alexandria Troas auf mich.« – »Bist du dir da so sicher?«, fragte ich bohrend. Ich erinnerte mich auch daran, dass Paulus im Brief an die Gemeinde geschrieben hatte, er habe unter seinen Mitarbeitern keinen, der so ganz nach seinem Sinne sei. Sie würden alle erst das Ihre suchen und nicht das, was Jesu Christi ist. »Ich verlasse mich darauf«, erwiderte Paulus und fügte dann doch leise hinzu: »Vielleicht könntest du mich ja wenigstens bis Alexandria Troas begleiten, Lukas?«

Ich glaubte kaum, was ich da hörte. Paulus bat mich tatsächlich um Hilfe! Ich erinnerte mich an das Gespräch, dass ich vor einem Vierteljahr mit Lydia geführt hatte, als es schon einmal um die Frage ging, ob ich Paulus noch alleine reisen lassen könne. Jetzt warf ich meiner Frau einen fragenden Blick zu und sie nickte nur. Wir verstanden einander ohne Worte. Es war keine Frage: Paulus hatte mich um Hilfe gebeten, nun würde er sie bekommen, so wahr mir Gott helfe. In diesem Fall gab es kein Grau mehr und kein Zurück. So nickte ich und sagte: »Ja, gerne. Ich komme mit dir!«

Nachdem sich Paulus schlafen gelegt hatte, redete ich noch mit Lydia über mein Versprechen. »Du hast richtig entschieden, Paulus nicht alleine zu lassen!«, sagte Lydia. »Paulus ist wie ein Getriebener. Er nimmt überhaupt keine Rücksicht auf seine eigene Gesundheit, sieht nur seine Aufgabe und lässt sich davon nicht abbringen. Und wenn er dann noch Freunde hat, die eigentlich ›das Ihre‹ suchen, ist er völlig auf sich gestellt. Wenn ich bei ihm bin, dann kann ich ihn auch medizinisch betreuen.« So beschlossen wir, dass ich Paulus begleiten würde, und zwar nicht nur bis nach Alexandria Troas, sondern, wenn nötig, bis nach Jerusalem.

Am nächsten Morgen sprach ich mit Paulus über diesen Plan. Paulus umarmte mich herzlich: »Du bist ein großartiger Bruder!«, sagte er zu mir, »aber im Ernst: Ich habe jetzt eine Nacht über meiner Bitte geschlafen und ich muss sagen, dass es mir leid tut, was ich gesagt habe.« – »Ich verstehe nicht«, meinte ich, und Paulus fuhr fort: »Ich will nur sagen, dass es angebracht sein könnte, noch einmal über die Sache nachzudenken. Das Leben ist kurz. Man hat eine Familie nicht für alle Ewigkeit.« Nach einer kurzen Pause sagte ich dann: »Da magst du recht haben, aber ich werde sicher zu meiner Familie zurückkehren.«

Schließlich willigte Paulus ein und ich begann, mich von meinen Söhnen und meiner Frau zu verabschieden. Jetzt hatte Lydia dann doch Tränen in den Augen: »Lukas, mein Schatz, bitte pass nicht nur auf Paulus, sondern vor allem auch auf dich auf! Du bist wertvoll. Du wirst geliebt. Und du wirst gebraucht.« – »Lydilla, du bist die Liebe meines Lebens, ich werde vorsichtig sein bei allem, was ich tue. Und ich vertraue darauf, dass der Herr uns begleitet.« Sie lächelte: »Du hast mich immer nur dann ›Lydilla‹ genannt, wenn du sehr nervös warst, Lukas.« – Ich wischte mir eine kleine Träne aus dem Auge und holte Luft: »Naja, manche Dinge ändern sich eben nie.« Wir umarmten einander innig – und während dieser Umarmung flüsterte ich ihr ins Ohr: »Mach dir keine Sorgen! Ich verspreche dir, dass ich wohlbehalten zurückkehren werde. Also, vertrauen wir auf Jesus, der uns bisher geführt hat! Er wird auch in Zukunft alles wohlmachen!« Ja, und jetzt hatte ich plötzlich doch ein paar Tränen in den Augen, zumal der Abschied von meinen Söhnen Phaidros und Theophilus nicht weniger schmerzte.

Kapitel IX

Mit Paulus auf dem Weg nach Jerusalem (56 n.Chr.)

Nach Apostelgeschichte 20,5-18; 21,1-18

Nach dem Abschied aus Philippi wanderten wir zügig bis nach Neapolis und bestiegen dort ein Schiff, das uns in meine Heimatstadt Alexandria Troas bringen sollte. An Deck kamen wir glücklicherweise etwas zur Ruhe, zumal die Schiffsreise fünf Tage dauern sollte. Wir saßen im Sonnenschein und ich versuchte, ein Gespräch mit Paulus in Gang zu bringen. Er wirkte sehr abgespannt. »Paulus«, begann ich, »du wirkst auf mich, als wärst du ein Getriebener. Als dein Arzt muss ich dir sagen: Du treibst mit deiner Gesundheit Raubbau. Du bist nur noch für deine Arbeit da.«

Paulus starrte vor sich hin. Dann nickte er und sagte gedankenverloren: »Es ist, wie es ist!« Und dann meinte er: »Lukas, es ist doch so: Sobald ich aus dem Leben scheide, und ich weiß, dass das für mich nicht mehr allzu lange hin sein wird, scheide ich auch von meiner Arbeit. Aber bis dahin will ich noch möglichst viel für die Ewigkeit getan haben. Denn die Ewigkeit ist eine ziemlich lange Zeit.« Ich verstand ihn zwar, wollte aber ein Problem mit ihm besprechen, das mich beschäftigte, seit ich in Alexandria die Schriften des Epikur sowie des Zenon von Kition gelesen hatte. Diese Philosophen fragten sich nämlich, wie man ein glückliches Leben führen könne, und sie kamen zu sehr unterschiedlichen Ergebnissen. Deshalb wollte ich jetzt einmal die Meinung des Mannes hören, der mich wie kein Zweiter geprägt hat: »Paulus, bist du dabei denn glücklich?« Da lächelte der alte Mann und prüfte wohl, was er dazu sagen wolle.

Dann sah er mir fest in die Augen und meinte: »Ich will dir etwas sagen: Am sichersten ist ein Schiff im Hafen – aber dafür ist ein Schiff nicht gemacht. Ein Schiff muss auf die hohe See. Und so muss ich auch immer wieder hinaus. Und deshalb kann ich dir versichern: Ja, ich bin glücklich! Der Grund dafür ist: Ich weiß, dass ich zu einem Wert beitrage, der größer ist als ich, der über mich hinausweist, der auch weiter Bestand hat, wenn ich nicht mehr dabei bin. All das macht mich glücklich!« Ich fügte ein bisschen fragend hinzu: »Das hieße ja dann, dass jeder, der zur Verkündigung der frohen Botschaft von Kreuz und Auferweckung Jesu beiträgt, allen Grund hat, glücklich zu sein.« Paulus nickte: »Ich kann mir kein größeres Glück vorstellen. Außerdem habe ich einige Menschen um mich herum, die mir guttun. Und ich gehe den Weg, der zu mir passt. Ich führe einen Auftrag aus, in dem das zum Zuge kommt, was ich kann«, sagte er augenzwinkernd.

Als ich nichts darauf sagte, weil ich über die Sätze weiter nachdenken musste, fuhr Paulus fort: »Deine Frage, nach dem Glücklichsein ist absolut berechtigt. Ich denke, dass es unsere göttliche Bestimmung ist, glücklich zu sein. Deshalb erfülle ich auch meine Aufgabe und verkündige den Menschen das Evangelium von Jesus Christus. Ich will mich als Werkzeug in Gottes Hand erweisen, wenn sie nach meiner Predigt glücklicher weitergehen als sie vorher waren.« Paulus' Worte berührten mich tief im Innersten. Ich spürte, nein, ich wusste, dass er recht hatte.

Dennoch brannte mir eine Frage dann doch noch im Herzen. Und diese Frage war der eigentliche Grund für dieses Gespräch: »Darf ich dir noch eine Frage stellen?« – »Nur zu!«, forderte mich Paulus auf. »Als ich dir eröffnete, dass ich in Philippi bei Lydia bleiben wollte, sagtest du mir, das Wichtigste in dieser Welt – außer Christus – sei eine Familie. Ich vermutete daraufhin, du sprächest aus Erfahrung, aber du sagtest mir – und ich habe den Satz noch genau im Ohr: ›Ich wollte, es wäre so ... ist es aber nicht!‹ Das klang für mich so, als wärest du nicht glücklich!« Paulus lächelte: »Natürlich wünschte ich mir zuweilen eine Frau und eine eigene Familie. Ich denke, für die allermeisten gehört dies zum Glücklichsein dazu. Und ich freue mich sehr für dich, dass du mit Lydia dein Glück gefunden hast und darüber hinaus auch noch in der Gemeinde zu Philippi zum Segen wirken kannst. Bei mir ist das jedoch etwas anderes. Ich halte an der Überzeugung fest, dass der Herr bald wiederkommen wird. Und wenn das der Fall ist, dann, so glaube ich, ist es besser, unverheiratet, ungebunden und nur für sich selbst verantwortlich zu sein.«

»Du meinst«, fragte ich ungläubig, »zu heiraten und eine Familie zu gründen, ist eigentlich nur ein Notbehelf, damit man sich nicht vor Sehnsucht verzehrt?« Paulus nickte: »Genau das! Deshalb rate ich den Getauften auch: Heirate, bevor du von deinen unerfüllten Gefühlen zerfressen wirst. Aber eigentlich lohnt es sich nicht mehr, weil vielleicht morgen der Herr schon wiederkommt!« Ich dachte lange über diese Sicht des Paulus nach, dann fiel mir eine Geschichte ein, die ich in der Bibliothek von Alexandria gelesen hatte, und sagte: »Paulus, das erinnert mich ein bisschen an eine Fabel des Dichters Aesop.« – »Erzähle!« Ich begann: »Ein Fuchs schlich sich an einen Weinstock heran. Sein Blick hing sehnsüchtig an den dicken, blauen und überreifen Trauben. Er stützte sich mit seinen Vorderpfoten gegen den Stamm, reckte seinen Hals empor und wollte ein paar Trauben erwischen, aber sie hingen zu hoch. Verärgert versuchte er sein Glück noch einmal. Diesmal tat er einen gewaltigen Satz, doch er schnappte nur ins Leere. Ein drittes Mal sprang er aus Leibeskräften – so hoch, dass er auf den Rücken fiel. Nicht ein Blatt hatte sich bewegt. Da rümpfte der Fuchs die Nase: ›Sie sind mir noch nicht reif genug, ich mag keine sauren Trauben.‹ Mit erhobenem Haupt stolzierte er in den Wald zurück.«

Paulus lachte. »Die Geschichte gefällt mir«, sagte er dann, »du meinst, ich wäre wahrscheinlich auch mit einer von den Frauen zusammen, mit denen ich immer wieder zu tun habe, aber ich habe einfach keine abbekommen? Und jetzt deute ich das einfach neu?« – »Ist es denn so?«, fragte ich zurück und Paulus wurde wieder ernst: »Vielleicht ist was dran. Vielleicht interpretiere ich tatsächlich ein Defizit so, dass es für mich besser klingt und ich glücklicher leben kann. Aber das wäre doch auch völlig in Ordnung, oder? Wichtig ist, dass wir mit dem Leben, das wir führen, glücklich und zufrieden sind, weil wir etwas tun, das über uns hinausweist und wodurch wir anderen helfen, glücklich zu sein. Ein größeres Glück kann ich mir nicht vorstellen.«

Nach einer Weile schaute er mich an: »Jetzt will ich dir eine Frage stellen: Wie lebt es sich denn so mit einer Familie? Wie erlebst du es, so zu leben?« Ich musste lächeln und sagte geheimnisvoll: »Spätestens seit mein Sohn Theophilus auf der Welt ist, ist mir eines deutlich geworden: Kinder zu haben ist eigentlich sehr schön, aber manchmal sind sie wie Besuch, der nie mehr geht!« Da mussten wir beide lachen.

Auf dieser Schiffsreise redeten wir immer wieder über das Thema Glück und Paulus machte mir dabei deutlich, dass es wahres Glück im Grunde für einen Menschen nicht geben kann, wenn andere dabei unter die Räder kommen. Dies sei – so meinte er – das Problem vieler Machthaber,

aber auch vieler Reicher. »Sie denken, materielle Reichtümer oder großer Machtzuwachs würden ihr Glück vergrößern, aber das ist nicht der Fall. Eher das Gegenteil! Wahres Glück kann es nur dann geben, wenn möglichst viele daran teilhaben würden. Und nichts anderes versuche ich mit meiner Verkündigung: Möglichst viele sollen an dem Glück, das Gott für sie bereithält, teilhaben. Ja, Gott möchte, dass wir glücklich sind. Das können wir an der Auferstehung des Herrn sehen!« Schließlich fragte ich Paulus noch: »Was meinst du – war Jesus glücklich?« Da zuckte er mit den Schultern und meinte dann: »Die Frage ist falsch gestellt. Es geht doch darum, dass möglichst viele Menschen durch das Evangelium von Jesus Christus glücklich und gerettet werden. Jesus ist der Herr. Er hat den Weg ans Kreuz auf sich genommen, weil er möglichst viele Menschen vor dem endgültigen Tod retten wollte. Und ich glaube schon, dass er sich freut, wenn er sieht, wie viele Menschen jetzt zum Glauben an ihn kommen und sich taufen lassen.«

Nach fünf Tagen erreichten wir Alexandria Troas. Ich führte Paulus sofort in Timons Hafenkneipe, der tatsächlich hinter dem Tresen stand und mich fröhlich begrüßte: »Lukas, Bruder, willkommen!«, rief er mir entgegen, als habe er uns erwartet. Auch Paulus umarmte er herzlich. Dann bot er uns einen Tisch an und setzte sich zu uns: »Was darf ich euch bringen?« Wir bestellten etwas Wein und etwas zu essen. Dann fragte Paulus, ob Timon wisse, wo seine sieben Gefährten Sopater, Sekundus, Gajus, Aristarch, Timotheus, Tychikus und Trophimus abgeblieben seien. Sie müssten doch längst angekommen sein. Timon zuckte mit den Schultern: »Also, bei mir sind sie nicht aufgetaucht.« Ich sah Paulus mit einem wissenden Blick an. Er hatte die »Zuverlässigkeit« seiner Mitarbeiter offenbar richtig eingeschätzt. Wie gut, dass wenigstens ich ihn begleitete! Und dann meinte Timon leichthin: »Aber vielleicht kommen sie ja noch … Jetzt seid ihr beide erst einmal da – und meine Gäste.« Ich lächelte ihn an und fragte dann nach seiner Gesundheit. »Alles bestens, alles bestens! Schlechten Menschen geht's immer gut«, sagte er lachend, »ich halte mich brav an die Vorgaben meines Hausarztes – kein Tabak, kein Wein – und das bekommt mir wirklich gut.«

Erst jetzt fiel mir auf, dass vor Timon ein Krug mit Wasser stand. Ich klopfte ihm auf die Schulter: »Meine Anerkennung, altes Haus, und wie geht's Medea und den Kindern!« – Timon lachte: »Ebenso prima! Vielleicht kommen sie nachher noch einmal kurz rüber.« Nachdem die Gruppe um Sopater offenbar tatsächlich nicht in Alexandria Troas angekommen war, überlegten wir gemeinsam, was zu tun sei. »Das Beste wäre, ihr bleibt erst einmal hier. Wahrscheinlich sind sie in einen Sturm gekommen oder sonst irgendwie aufgehalten worden«, vermutete Timon. Paulus war unschlüssig. Er wollte eigentlich weiter nach Jerusalem. Aber dann sagte unser Gastgeber: »Ich mache euch einen Vorschlag: Ihr bleibt bis zum Herrentag – das ist in fünf Tagen – und feiert mit uns Gottesdienst. Es wäre für uns Alexandriner fantastisch, wenn Paulus predigen würde. Sofern deine Gefährten bis dahin noch nicht hier angekommen sind, könnt ihr ja weiterreisen, in Ordnung?«

Paulus war immernoch unschlüssig. Auf der einen Seite wollte er die eingesammelte Kollekte so schnell wie möglich in Jerusalem abliefern, auf der anderen Seite hoffte er auf die Unterstützung seiner Mitarbeiter. Schließlich ließ er sich doch breitschlagen und wir beschlossen, bis zum nächsten Herrentag in Alexandria Troas zu bleiben.

Da Timon das größte Haus der Christen in Alexandria Troas besaß, trafen sich alle bei ihm in seiner Gaststätte im Obergeschoß. Tatsächlich trafen Sopater und die anderen sechs Gefährten inzwischen in Alexandria Troas ein. Für ihre Verspätung hatten sie nicht wirklich eine Entschuldigung. Timotheus meinte, ich solle mich nicht aufregen, sie seien ja jetzt da. Ich beschloss, nicht weiter nachzubohren. Beim Gottesdienst brach Paulus das Brot und hielt dann eine Predigt, die mich erneut tief berührte.

Paulus sagte: »Es ist ohne Zutun des Gesetzes die Gerechtigkeit, die vor Gott gilt, offenbart, bezeugt durch das Gesetz und die Propheten. Ich rede von der Gerechtigkeit vor Gott, die da kommt durch den Glauben an Jesus Christus zu allen, die glauben. Denn es ist hier kein Unterschied: Sie sind allesamt Sünder und ermangeln des Ruhmes, den sie bei Gott haben sollten, und werden ohne Verdienst gerecht aus seiner Gnade durch die Erlösung, die durch Christus Jesus geschehen ist. So bin ich zu der Überzeugung durchgedrungen, dass der Mensch gerecht wird ohne des Gesetzes Werk, allein durch den Glauben. Und wenn jemand zu euch kommt und behauptet, dem Abraham sei befohlen worden, sich zu beschneiden, und deshalb müsstet ihr es auch tun, dann sagt ihm dies: In der Thora steht: Abraham hat Gott geglaubt, und es ist ihm das zur Gerechtigkeit gerechnet worden. Erkennt also: Die aus dem Glauben sind, das sind Abrahams Kinder. Die Schrift hat aber auch das vorausgesehen, dass Gott die Heiden durch den Glauben gerecht macht. Darum verkündigte sie dem Abraham: In dir sollen alle Heiden gesegnet werden. So werden nun die, die aus dem Glauben sind, gesegnet mit dem gläubigen Abraham. Aber durch das Gesetz wird niemand gerecht. So hat uns Christus erlöst vom Fluch des Gesetzes, da er für uns zum Fluch wurde; denn es steht geschrieben: Verflucht ist jeder, der am Holz hängt, damit der Segen Abrahams unter die Heiden komme in Christus Jesus und wir den verheißenen Geist empfingen durch den Glauben. So ist Christus um unserer Sünden willen dahingegeben und um unserer Rechtfertigung willen auferweckt.«*

Es war eine überaus lange Predigt, und ich nahm mir vor, Paulus bei nächster Gelegenheit auf die Schriftgemäßheit von Leiden, Sterben und Auferstehen des Messias zu befragen. Ich erinnere mich aber vor allem an den Schluss, da seine Ermahnungen sehr eindrücklich waren:

> »Die Liebe sei ohne Falsch. Hasst das Böse, hängt dem Guten an. Die brüderliche Liebe untereinander sei herzlich. Einer komme dem anderen mit Ehrerbietung zuvor. Seid nicht träge in dem, was ihr tun sollt! Seid brennend im Geist. Dient dem Herrn! Seid fröhlich in Hoffnung, geduldig in Trübsal, beharrlich im Gebet! Nehmt euch der Nöte der Heiligen an! Übt Gastfreundschaft! Segnet, die euch verfolgen; segnet, und flucht nicht! Freut euch mit den Fröhlichen, weint mit den Weinenden! Seid eines Sinnes untereinander. Trachtet nicht nach hohen Dingen, sondern haltet euch zu den niedrigen. Haltet euch nicht selbst für klug! Vergeltet niemand Böses mit Bösem! Seid auf Gutes bedacht gegenüber jedermann. Ist's möglich, soviel an euch liegt, so habt mit allen Menschen Frieden! Und lass dich nicht vom Bösen überwinden, sondern überwinde das Böse mit Gutem!«**

Mehr weiß ich nicht von dieser Predigt, aber er redete und redete. Als der Nachmittag in den Abend überging gähnte ich bereits und blickte mich um: Die meisten An-

---

* Nach Römer 3,21-24; 4,3.25; Galater 3,9-14.
** Römer 12,9-18.21.

wesenden machten auch nicht mehr den Eindruck, als wären sie hellwach. Paulus schien das nicht zu merken. Es wurde langsam zäh, doch er redete und redete bis tief in den Abend, bis ...

RUMMS! Irgendwann ertönte ein kräftiger Schlag und riss mich – und sicher viele andere auch – aus meinen Gedanken. Ein junger Mann, dessen Namen ich nicht kannte, hatte sich zu Beginn der Predigt ins Fenster gesetzt und wurde durch die lange Predigt des Paulus offenbar derart ermüdet, dass er eingeschlafen war. Es war inzwischen Abend geworden. Da wir aber im Obergeschoß zusammengekommen waren, war er aus dem ersten Stock auf das Straßenpflaster gestürzt. Ich war blitzschnell hellwach und erkannte, was geschehen war. Sofort stürmte ich die Treppe hinunter – hinter mir einige andere und wohl auch Paulus.

Ein Mann, der offenbar gerade vorübergekommen war, kniete über dem Gestürzten, blickte dann auf und sagte: »Er ist tot!« – »Lass mich mal zu ihm!«, sagte ich. »Hör zu! Da kann man nichts mehr machen, das kannst du mir schon glauben!«, sagte der Fremde energisch. Wohl wissend, dass es um Sekunden ging, wurde ich deutlicher: »Bitte, geh sofort beiseite!« Ich will mir den Mann anschauen und das kannst du mir glauben: In den fünfzehn Jahren, die ich jetzt als Arzt praktiziere, habe ich nicht nur in der Nase gebohrt!« Da machte der Fremde Platz.

Ich erkannte sofort, dass die stark blutende Kopfwunde nicht lebensbedrohlich war. Wahrscheinlich war der rechte Arm gebrochen. Er sah verdreht aus. Allerdings war in der Tat kein Puls mehr zu fühlen. So begann ich sofort mit der Herzdruckmassage. Paulus versuchte, mich zu unterstützen, indem er ein Stück seines Umhangs abriss und die Kopfwunde damit verband. Dann forderte ich ihn auf, das Handgelenk des Verunglückten zu nehmen und den Puls zu prüfen. Ich weiß nicht mehr, wie lange wir um das Leben des jungen Mannes kämpften, aber plötzlich rief Paulus: »Lukas, es ist wieder Leben in ihm!« Ich hörte sofort mit der Massage auf und legte mein Ohr an seine Brust. Tatsächlich, da war ganz leise ein Herzschlag zu hören. Ich atmete tief durch.

Nach einer Minute, in der sich der Herzschlag zu stabilisieren schien, nahm ich den Jungen auf die Arme und trug ihn mitten durch die aufgewühlte Menschenmenge, die uns glücklicherweise Platz machte, in die Gaststube. Dort legten wir ihn auf eine Bank und ich gab Anweisungen, wie er jetzt überwacht werden müsse. Ich selbst würde eine Arznei und eine Salbe anmischen, um seinen Herzschlag weiter stabil halten zu können und die Blutung seiner Kopfwunde zu stillen. Außerdem müsse ich mir dann noch seinen Arm anschauen. Paulus schickte die Leute, sogar die Eltern des Jungen, weg und übernahm die Aufsicht.

Bevor ich mich auf den Weg machte, um Arzneimittel zu besorgen, schärfte ich Paulus ein, mich sofort zu rufen, sollte sich am Zustand des Jungen etwas ändern. Paulus nickte nur. Vermutlich fühlte er sich ein bisschen schuldig, weil er so lange gepredigt hatte. Nach einiger Zeit kam ich mit den Medikamenten zurück. Tatsächlich hatte sich der Zustand des Jungen weiter stabilisiert. Paulus war hundemüde und ich löste ihn ab. Schließlich kam auch Timon, der am Herrentag ja seine Gaststätte geschlossen gehalten hatte, noch einmal vorbei und fragte, wie es dem Jungen gehe. »Er ist zwar noch nicht wieder aufgewacht, aber er ist anscheinend auf dem Weg der Genesung«, sagte ich und Timon lachte: »Dann hat der Junge ja richtig Glück gehabt, dass du gleich vor Ort warst.« – »Timon, alle meine ärztliche Kunst wäre umsonst gewesen, wenn der Herr nicht geholfen hätte«, antwortete ich.

Timon sah mich an und murmelte: »Trotzdem, normalerweise überlebt man so etwas nicht. Er ist ein echter Glückpilz!« Keine Stunde später schlug der Junge die Augen auf und begann zu reden, das heißt, zunächst klagte er über fürchterliche Schmerzen im Arm und gewaltiges Kopfweh. Ich gab ihm einen Trank, der seine Qualen etwas linderte. Auch reichten wir ihm etwas zu essen und freuten uns an seinem Appetit. Ich atmete auf. Seinen Arm hatte ich geschient und erklärte ihm, dass er diesen in der nächsten Zeit unbedingt schonen müsse. Die gebrochenen Knochen würden von alleine wieder zusammenwachsen. Und dann ließ er sich erzählen, was in der Zwischenzeit geschehen war.

Wie ein Lauffeuer sprach sich die Rettung des Jungen in der Gemeinde herum. Noch in derselben Nacht kamen seine Eltern und vergossen Tränen der Freude. Wie ich später erfuhr, wurde der Junge von da an in der Gemeinde nur noch »Eutychos« gerufen – und das heißt nichts anderes als »Glückskind« oder »Glückspilz«. Seinen wirklichen Namen habe ich nie erfahren.

Am folgenden Tag verließen wir Alexandria Troas. Den kurzen Weg nach Assos südlich von Alexandria wollte Paulus zu Fuß zurücklegen. Ich fand das zwar nicht gut, dass er sich alleine auf den Weg machen wollte. Aber dann ließ ich es einfach zu. Wahrscheinlich wollte Paulus nach dieser Fast-Katastrophe einfach allein sein und seine Gedanken ordnen. So bestieg ich auf sein Geheiß mit den sieben Gefährten ein Schiff nach Assos, wo wir dann auf ihn warteten. Dass sie auf dem Schiff weiterhin kräftig dem Wein zusprachen, sei nur am Rande bemerkt. Das Schiff, das uns mitgenommen hatte, war ein

Handelsschiff und hielt deshalb an jedem Handelsplatz. So nahmen wir in Assos Paulus auf und segelten über Mitylene auf Lesbos, sowie über Chios und Samos bis nach Milet.

Auf der Fahrt fiel mir auf, dass Paulus offenbar sehr bedrückt war. Ich hörte, wie er mehrfach vor sich hinmurmelte: »Ach Kinder, Kinder, ist das nicht furchtbar!« Und ich spürte, dass er es diesmal nicht ironisch meinte. Während die Gefährten sich unbekümmert laut unterhielten, nahm ich deshalb Paulus beiseite und fragte ihn, was ihn so bekümmere. Paulus sah mich an und meinte rätselhaft: »Mir ist auf dem Fußweg nach Assos deutlich geworden, dass ich keine schönen Tage mehr haben werde. Ich habe nur noch letzte Tage.« Weil ich nichts darauf zu sagen wusste, nahm ich ihn einfach in die Arme. Wir hielten einander fest. Sollte es wirklich eine Reise ins Martyrium werden?

Als er mich losließ, sagte er: »Nicht dass du meinst, ich hätte mit dem Leben abgeschlossen, nein! Du weißt, dass ich nach Rom will und dann weiter nach Spanien. Aber ich habe so meine Zweifel, dass ich diese Pläne in die Tat umsetzen kann.« – »Paulus, du hast bei deiner ersten Predigt in Philippi einmal einen so schönen Satz gesagt, der mich seither begleitet. Heute möchte ich ihn dir zusagen« – er sah mich gespannt an: »*Denn ich bin gewiss, dass weder Tod noch Leben, weder Engel noch Mächte noch Gewalten, weder Gegenwärtiges noch Zukünftiges, weder Hohes noch Tiefes noch irgendeine andere Kreatur uns scheiden kann von der Liebe Gottes, die in Christus Jesus ist, unserm Herrn.*«* Paulus nickte lächelnd. Wir verstanden einander.

Als wir Milet erreichten, äußerte Paulus den Wunsch, sich von der Gemeinde zu Ephesus, in der er fast drei

---

* Römer 8,38-39.

Jahre gewirkt hatte, zu verabschieden. Er wisse nicht, ob er jemals wiederkommen werde, und es läge ihm daran, die Menschen, die ihm ans Herz gewachsen seien, noch einmal zu umarmen. Allerdings sei es ihm unmöglich, nach Ephesus zu kommen, da er nach dem Aufstand der Silberschmiede versprechen musste, die Stadt für immer zu verlassen und nie mehr zurückzukehren. So bat Paulus Aristarch und Timotheus, nach Ephesus zu eilen und die Ältesten der Gemeinde nach Milet zu bitten, damit er sich von ihnen verabschieden könne.

Tatsächlich kamen am nächsten Tag etwa zwanzig ephesinische Christen nach Milet. Paulus hielt dann eine sehr bewegende Rede. Wie immer kam er gleich zu seinem zentralen Anliegen, dem gekreuzigten und auferstandenen Gottessohn Jesus Christus. Und mir fiel ein, dass er mir einmal gesagt hatte: »Merke dir eines, mein Bruder: Wer sich in Nebensächlichkeiten verliert, der hat seine Zuhörer auch ganz schnell verloren.« Erstmals äußerte er darin auch die Möglichkeit, dass er in Jerusalem inhaftiert, gefoltert und hingerichtet werden könnte. Aber dann sagte er: »Nein, ich habe keine Angst, denn Angst führt zu Wut, Wut führt zu Hass. Hass führt zu unsäglichem Leid. Vielmehr weiß ich mich in der Hand des Herrn, der mich in allen Gefahren bisher bewahrt und beschützt hat. Ich bin mir gewiss, dass ich auch jetzt in seiner Hand bin, aus der mich selbst der Tod nicht reißen kann.« Deshalb schärfte er seinen Zuhörern ein, dass sie auf die Gemeinde, die der Herr durch sein eigenes Blut erworben habe, aufpassen sollten. Besonders auf die Schwachen und Armen sollten sie achten und so dem Herrn nachfolgen. Paulus schloss mit dem Satz, über den wir gerade noch im Schiff gesprochen hatten: »Ich bin gewiss, dass nichts uns von Gottes Liebe trennen kann, welche in Christus Jesus ist, unserem Herrn.

Nach dem anschließenden Gebet, in dem er sich selbst und die ganze Gemeinde von Ephesus, die er als sein »Kind« ansah, der Fürsorge des Herrn Jesus Christus anbefahl, schossen allen Anwesenden die Tränen in die Augen. Sie spürten, dass sie Paulus nicht mehr wiedersehen würden. Auch ich war von diesem Anblick tief bewegt. Schließlich rief der Kapitän unseres Schiffes uns zu, er wolle jetzt endlich die Leinen lösen, sodass wir das Boot bestiegen und in See stachen. Die Epheser blickten uns lange winkend nach. Ich sah, wie Paulus an der Reling stand und grüßend die Hand hob. Auch seine Augen waren glasig geworden; er war sichtlich bewegt. Als wir den Hafen verlassen hatten, sah ich mich auf dem Schiff um und bemerkte, dass fast alle Mitarbeiter des Paulus – absichtlich oder unabsichtlich – in Milet zurückgeblieben waren. Einzig Trophimus war mit an Bord gekommen. So waren wir wenigstens noch zu dritt. Vielleicht war auf ihn etwas mehr Verlass als auf die anderen.

Die Händler auf dem Schiff fuhren die nächsten südlich gelegenen Inseln an: Kos, Rhodos und Patara. Auf Letzterer gingen wir an Land, weil der Kapitän uns eröffnete, er müsse jetzt wieder Richtung Norden fahren und Kurs auf Alexandria Troas nehmen. Patara ist ein großer Handelsplatz, sodass wir schnell ein Schiff fanden, das Richtung Phönizien fuhr. Und nachdem wir den Fahrpreis ausgehandelt hatten, gingen wir an Bord. Eine knappe Woche sollte die Reise nach Tyrus dauern.

Die lange Reisezeit bot mir die Gelegenheit, mich mit Paulus in Ruhe zu unterhalten. Auf eine Sache wollte ich ihn unbedingt noch ansprechen. Ich erinnerte mich an seine Predigt von Alexandria Troas, während der »Eutychos« aus dem Fenster gefallen war. Darin hatte Paulus stark biblisch argumentiert. Deshalb fragte ich ihn jetzt:

»Paulus, in Alexandria Troas hast du viel mit Bibelstellen argumentiert. Bist du denn der Meinung, das Geschick des Christus Jesus ist in der heiligen Schrift vorhergesagt?« Paulus nickte sofort: »So ist es! Alles ist vorhergesagt! Man muss nur genau hinschauen!« – »Du behauptest ja zuweilen, dass in der Schrift stehe, der Christus müsse leiden. Gibt es wirklich solche Schriftstellen?« – »Aber natürlich«, sagte Paulus, »lies einmal genau die Psalmen. In Psalm 118 heißt es, dass der Stein, den die Bauleute verworfen haben, zum Eckstein geworden sei. *›Das ist vom Herrn geschehen und ist ein Wunder vor unseren Augen.‹** Wer ist denn der Eckstein, wenn nicht der Christus Jesus selbst?«

Ich musste zugeben, dass ich mich das beeindruckte. Aber Paulus war noch nicht fertig: »Und im zweiten Psalm heißt es: *›Die Könige lehnen sich auf, und die Herren halten Rat miteinander wider den Herrn und seinen Gesalbten.‹*** Das ist doch genau das, was mit Jesus passiert ist: Der Hohe Rat und Pontius Pilatus haben sich zusammengetan und dafür gesorgt, dass Jesus gekreuzigt wurde.« Tatsächlich! Ich war wie vor den Kopf gestoßen. Die beiden Psalmen kannte ich auch, allerdings hatte ich sie bisher noch nie in diesem Licht gesehen. Also, für mich war das Ganze sehr überzeugend, und ich nahm mir vor, wenn ich mit einem Juden ins Gespräch kommen würde, ihm diese Schriftstellen vorzulegen. Paulus war aber noch immer nicht fertig. Er wies mich auch noch auf Jesaja 53 hin, wo von Christus – wie er meinte – gesagt wird: »*Er trug unsre Krankheit und lud auf sich unsre Schmerzen. Wir aber hielten ihn für den, der geplagt und von Gott geschlagen und gemartert wäre.*«***

* Psalm 118,23.
** Psalm 2,2.
*** Jesaja 53,4.

Ich beschloss, mir die ganze Schrift noch einmal auf diesem Hintergrund anzusehen. Vielleicht könnte man dadurch weitere Juden von der Sinnhaftigkeit einer Taufe auf den Namen Jesu Christi überzeugen. »Und Auferstehung?«, fragte ich weiter, »wo steht, dass der Christus auferstehen werde?« Wieder lächelte Paulus. Für ihn als Pharisäer, der – wie ich glaubte – die gesamte heilige Schrift nahezu auswendig kannte, schien das ganz leicht. Er erklärte mir: »Auch hier sind wieder die Psalmen herausragend: Im 16. Psalm sagt David, dass der Herr ihn nicht dem Tod überlassen und nicht zugeben werde, dass der Heilige Gottes die Verwesung sehe. David selbst ist aber gestorben. Deshalb ist es hier ganz klar, dass er nicht von sich selbst, sondern prophetisch vom Christus redet. Genauso wenig sitzt David zur Rechten Gottes, wie im 110. Psalm gesagt wird, sondern auch hier spricht er prophetisch vom Christus.«

Nachdem wir Zypern links liegen gelassen hatten, kamen wir in Tyrus an und die Ladung des Schiffes wurde gelöscht. Tatsächlich fanden wir dort auch einige Christen, die uns gastfreundlich aufnahmen. Paulus kannten sie bisher nur vom Hörensagen und waren hocherfreut, den berühmten Apostel und seine Begleiter als ihre Gäste begrüßen zu können. Insgesamt blieben wir sieben Tage dort. Man warnte uns, nach Jerusalem zu reisen, weil dort eine sehr gefährliche Stimmung herrsche. Der Statthalter Felix halte sich oft in Jerusalem auf und sei sehr schnell mit seinen Soldaten zur Stelle, wenn ein Aufruhr drohe.

Doch Paulus fühlte sich nach wie vor an sein Wort gebunden, die Kollekte in Jerusalem abzuliefern und ließ sich nicht von seinem Plan abbringen. Nach einem gemeinsam gefeierten Herrenmahl verließen wir die kleine

Gemeinde von Tyrus und bestiegen ein Schiff nach Ptolemaïs. Auch dort stießen wir auf eine kleine Schar Christen, die uns ebenso herzlich empfingen wie die Christen von Tyrus. Nach einer Nacht dort zogen wir aber bereits weiter und erreichten am Folgetag Caesarea.

Dort gab es ebenfalls bereits eine christliche Gemeinde, deren Leiter ein gewisser Philippus war. Wir kannten ihn bisher noch nicht, aber er nahm uns, also Paulus, Trophimus und mich, gastfreundlich auf, und wir tauschten uns über unsere Verkündigung aus. Philippus war ein griechisch sprechender Jude, der lange in Jerusalem gewirkt hatte. Er meinte: »Jakobus, Petrus und Johannes, die Jerusalemer ›Säulen‹, haben keine Ahnung, wie es in der Diaspora aussieht. Die meinen immer noch, die Welt dreht sich um Jerusalem.« Ich musste grinsen. Tatsächlich war ich ja eine gewisse Zeit auch Teil der Jerusalemer Gemeinde gewesen, aber im Grunde hatte deren Provinzialität mich gelangweilt. Ich konnte verstehen, dass Philippus Jerusalem verlassen hatte.

»Also«, präzisierte er, »ich habe die Stadt nicht freiwillig verlassen. Wir griechischen Juden wurden gezwungen, im Rahmen von Säuberungsmaßnahmen des Herodes Agrippa die Stadt zu verlassen. Zuerst bin ich nach Samaria gegangen und habe dort gepredigt. Und interessanterweise waren die Samariter meiner Verkündigung gegenüber sehr aufgeschlossen.« – Paulus wollte es jetzt genau wissen: »Was hast du denn verkündigt?« Philippus antworte kurz und klar: »Na, dass Jesus die Nähe des Reiches Gottes verkündigte und als Zeichen dafür Menschen heilte. Ich habe ihnen gesagt, dass der Hohe Rat in Jerusalem dafür sorgte, dass Pilatus ihn hat kreuzigen lassen; aber nach drei Tagen ist Jesus der Christus auferstanden.«

»Das ist alles?«, fragte Paulus etwas verblüfft und Philippus fuhr fort: »Aber nein! Ich habe ihnen dann gesagt, dass sie sich taufen lassen sollen, wenn sie zu Jesus gehören und Hoffnung haben wollen, einst von den Toten auferweckt zu werden. – Aber was soll das? Werde ich jetzt abgefragt?« – »Paulus hat eine ganz besondere und – wie ich finde – sehr reflektierte Überzeugung von Kreuz und Auferweckung«, versuchte ich zu vermitteln, »und damit hängt die Frage zusammen, ob man erst Jude werden müsse, um sich taufen zu lassen, oder ob die Taufe auch für Samaritaner und Heiden ausreicht.« Philippus schaute etwas ratlos: »Ganz ehrlich: Darüber habe ich noch nie nachgedacht. Ich habe die Leute, die es wollten, getauft und fertig!« – »Aber es ist doch nötig, dass man das, was man tut, vor sich und anderen begründen kann, oder etwa nicht?«, fragte Paulus lächelnd zurück.

Bisher war mir niemand begegnet, der eine so stimmige Theologie vorlegen konnte wie Paulus. Und nicht zufällig war er es, der so erfolgreich Mission betrieb wie kein anderer. Philippus war äußerst gelehrig und ließ sich auf die theologischen Gedanken des Paulus ein. In Grundzügen erklärte Paulus ihm diese so: »Was Jesus vor seinem Tod gesagt oder getan hat, ist nicht so wichtig. Zentral sind Kreuzigung und Auferweckung Jesu. Dies sind Gottes Heilstaten, die diejenigen retten, die daran glauben, die also glauben, dass Christus für unsere Sünden gestorben und auferstanden ist. Und wenn wir von den Heiden jetzt verlangen, dass sie auch beschnitten werden, dann hätte es Jesus gar nicht gebraucht, oder anders gesagt: dann können wir gleich alle Juden werden und alle Gebote der Thora peinlich genau erfüllen ... was aus meiner Sicht aber nicht möglich ist, weil die Thora von Gott kommt und geistlich ist, wir aber sind fleischlich.«

Nun erzählte Philippus von seinem erfolgreichen Wirken in Samarien, als ich ihn nach seinen Erfahrungen fragte. Er habe dabei sogar einen Zauberer mit Namen Simon getauft. Nach einigen Wochen seien dann Petrus und Johannes gekommen und hätten ihm deutlich gemacht, dass eine Mission unter den Samaritern grenzwertig sei, denn Jesus sei doch Jude gewesen. So hätten sie alle gemeinsam darum gebetet, dass auch den getauften Samaritern der Heilige Geist gegeben werde. Auf einmal habe sogar der Zauberer Simon den Heiligen Geist weitergeben wollen, aber Petrus habe dies abgelehnt.

Ich gestehe, dass ich nur die Hälfte verstanden habe, zumal ich das Gefühl hatte, hier würden Probleme verhandelt, die wir anderswo längst gelöst hatten. Schließlich erzählte Philippus aber dann doch noch eine Begebenheit, die ich in meiner Geschichte von den Taten der Apostel für erwähnenswert hielt. Er habe sich nämlich an einer Stelle über das Verbot der ›Jerusalemer Säulen‹, Heiden zu taufen, hinweggesetzt und einen Äthiopier getauft. Er habe gehört, wie dieser in seinem Wagen Jesaja 53 gelesen und sich gefragt habe, wovon der Prophet spreche. Da habe er, Philippus, ihm die Schrift ausgelegt, und als sie an einem Flusslauf vorbeifuhren, habe der Äthiopier gefragt: »*Siehe, da ist Wasser; was hindert's, dass ich mich taufen lasse?*«*

Ich dachte, die Frage treffe genau das Problem: Was hindert's, dass sich Heiden taufen lassen? Das habe ich Philippus auch gesagt, und Paulus pflichtete mir bei. Tatsächlich leitete Philippus ja inzwischen eine christliche Gemeinde in der heidnischen Stadt Caesarea. Alle seine Gemeindeglieder sind also getaufte Heiden. Von daher war unser Besuch wichtig, weil Paulus ihnen endlich die

---

* Apostelgeschichte 8,36.

theologische Begründung für eine Praxis lieferte, die längst unbewusst gepflegt wurde.

Auf jeden Fall war Philippus lernwillig und freundlich uns gegenüber. Seine vier Töchter erwiesen sich als sehr hilfsbereit. Die älteste flüsterte mir zu, es sei nicht gut, wenn Paulus nach Jerusalem ginge. Dort hätten sie bereits ihren Vater vertrieben und es sei damit zu rechnen, dass die Scharfmacher seither weiter Auftrieb bekommen hätten. Ich zuckte mit den Schultern und meinte, Paulus sei von seinem Vorhaben wohl nicht abzubringen. Er fühle sich verpflichtet, seine Kollekte persönlich dort abzugeben.

Zwei Tage später bekam Philippus Besuch von Agabus, einem selbsternannten Propheten aus Lydda. Dieser sah uns scharf an, dann stürzte er auf Paulus zu, riss ihm den Gürtel von seinem Umhang und legte ihn sich um Hände und Füße. Dann rief er mit tiefer Stimme: »So spricht der Herr: Den Mann, dem dieser Gürtel gehört, werden die Juden in Jerusalem so binden und überantworten in die Hände der Heiden.« Wir erschraken zutiefst. Die Zeichenhandlung des Agabus war sehr beeindruckend. Deshalb wurde Paulus jetzt von allen Seiten bestürmt, auf keinen Fall nach Jerusalem zu gehen. Die Töchter des Philippus weinten sogar, und ich bot an, an seiner Statt nach Jerusalem zu gehen und das Geld dort Jakobus zu übergeben. Er könne währenddessen in Emmaus warten.

Aber Paulus blieb hart: »Hört auf zu weinen und mir das Herz schwer zu machen. Selbst wenn Jerusalem voll von Teufeln wäre, würde ich trotzdem hingehen. Ich bin bereit, nicht nur mich binden zu lassen, sondern auch zu sterben in Jerusalem für den Namen des Herrn Jesus.« Obwohl ich Paulus verstand, fragte ich mich, ob er seinen Tod nicht geradezu provozierte. Als die Bitten, nicht nach Jerusalem zu gehen, nicht aufhören wollten, gebot uns

Paulus, still zu sein. Dann sprach er ein Gebet: »*Herr Jesus Christus, keiner lebt sich selber und keiner stirbt sich selber. Leben wir, so leben wir für dich, sterben wir, so sterben wir für dich. Darum, ob wir leben oder sterben, so sind wir dein. Und dein Wille geschehe. Amen.*«* Ich fügte mich in den Willen Gottes – oder war es der Wille des Paulus? Ich wusste es nicht, aber ich hielt es für möglich. Zu deutlich waren in meiner Erinnerung noch die Worte aus dem Brief an die Gemeinde zu Philippi: »Ich habe Lust, aus der Welt zu scheiden und bei Christus zu sein …«

Wenige Tage später, als Paulus, Trophimus und ich gerade im Begriff waren, nach Jerusalem aufzubrechen, kamen zwei Brüder aus der Gemeinde von Caesarea und fragten, ob sie uns begleiten dürften: »Außerdem kennen wir in Jerusalem den alten Mnason sehr gut; bei ihm können wir sicher wohnen.« Diese Hilfe nahmen wir gerne an und so wanderten wir zu fünft mutigen Schrittes zwei Tage lang bis nach Jerusalem.

* Nach Römer 14,7f.

Kapitel X

Die Katastrophe von Jerusalem (56 n.Chr.)

Nach Apostelgeschichte 21,15-40; 22f

Spätabends erreichten wir Jerusalem und waren dankbar dafür, dass wir uns nicht mehr auf die Suche nach einer Herberge machen mussten. Mnason gewährte uns bereitwillig eine Unterkunft und bereitete uns noch ein köstliches Abendessen. Dann gingen wir zu Bett. Ich konnte allerdings nicht einschlafen, mein Herz pochte vor Aufregung. Was mag uns morgen erwarten? Offenbar ging es Paulus ähnlich. Ich hörte, wie er sich hin und her wälzte.

Da richtete ich mich auf und fragte in die Dunkelheit: »Paulus, du bist dir schon im Klaren darüber, was uns hier erwarten kann?« Paulus brummte etwas, das wie »selbstverständlich« klang. »Paulus, was ist wirklich der Grund dafür, dass wir hier in Jerusalem sind?« Vielleicht würde er endlich einräumen, dass er genug vom Leben hatte. Aber dann hörte ich einen Satz von ihm, der genauso ehrlich war: »An manchen Tagen weiß ich ihn, an manchen nicht«, sagte Paulus. »Und heute Abend?«, fragte ich weiter. Nach einer kurzen Pause brummte Paulus wieder: »Ich bin müde! Gute Nacht!« Das war mir Antwort genug und ich versuchte einzuschlafen.

Am nächsten Morgen war ich als Erster wach. Ich stand auf, ging hinaus an den Brunnen und wusch mich mit kaltem Wasser. Dann hob ich den Blick und beobachtete die Vögel, die am Himmel kreisten. Es war ein schöner Tag, der dazu ermunterte, alles mögliche Schöne zu tun. Der

Gedanke an eine Verhaftung oder gar den Tod machte mir Angst. Andererseits gab es nie einen guten Tag zum Sterben, überlegte ich. Aber man hatte keine Wahl, was den Zeitpunkt anging. Manchmal kam die Katastrophe, weil ein anderer sie so geplant hatte.

Ein lautes »Guten Morgen!« riss mich aus meinen Gedanken. Ich wandte mich um und sah Paulus aus dem Haus kommen. »Guten Morgen!«, grüßte ich. Paulus machte sich auch mit kaltem Brunnenwasser frisch, dann gingen wir ins Haus, wo Mnason bereits das Morgenmahl bereitete. Nachdem wir uns gestärkt hatten, gingen Paulus, Trophimus und ich zum Haus des Herrenbruders Jakobus. Wir mussten nur einmal klopfen, da öffnete der Bruder des Herrn bereits die Tür. »Paulus!«, sagte er nur und Paulus nickte. Dann sah er mich an und fragte etwas unsicher: »Bist du das, Judas?« – »Lukas«, verbesserte ich ihn. Da fasste sich Jakobus an den Kopf: »Lukas! Natürlich, natürlich! ... und das ist ..?« Er zeigte auf Trophimus, und Paulus sagte: »Mein Mitarbeiter Trophimus aus Ephesus.« – »Aha«, meinte Jakobus nur und reichte Trophimus nicht die Hand. Ich war verblüfft, dass er so offen seine Abneigung zeigte.

Aus dem nichtjüdischen Namen hatte er natürlich sofort geschlossen, dass Trophimus ein unbeschnittener Christ war. Und dieser war jetzt im Begriff, sein Haus zu betreten und es dadurch zu »verunreinigen«. Eine herzliche Begrüßung sah nun wirklich anders aus. Kühl sachlich bat uns Jakobus herein. Kaum war die Tür hinter uns geschlossen, fragte er auch schon: »Du bringst Geld?« Und Paulus nickte und zog einen prall gefüllten Beutel aus seinem Gewand: »Ich habe in meinen Gemeinden gesammelt und sie haben alle reichlich für ihre Jerusalemer Brüder und Schwestern gespendet.« Das »Brüder und Schwestern« sagte er betont gedehnt. Dann legte er das Geld auf den Tisch in der Mitte. Jakobus nickte, ohne auch nur ein einziges Wort des Dankes. Er nahm den Beutel in die Hand, so, als ob Paulus sein Knecht wäre, der mit der Abgabe des Geldes nicht mehr und nicht weniger als seine Pflicht und Schuldigkeit getan hätte.

Jakobus betrachtete den Beutel kurz und sagte: »Ja, wir können das gut gebrauchen!« Dann fügte er hinzu: »Ich werde heute Abend die Gemeinde zusammenrufen und dann kannst du uns ja erzählen, wie es dir in der Zwischenzeit ergangen ist. Du warst lange nicht mehr bei uns!« Ich fragte mich, ob da ein versteckter Vorwurf herauszuhören war, aber Paulus präzisierte: »Genau vier Jahre!« – »Gut!«, bestätigte Jakobus, »dann sehen wir uns also heute Abend!«, und öffnete wieder die Haustür, als wollte er sagen: ›Verschwindet jetzt!‹ Als wir dann wieder auf der Straße standen, meinte ich zu Paulus: »Ich bin mir sicher, dass es ihm nicht gefallen hat, dass du Trophimus mit in sein Haus gebracht hast. Aber er hat sich wohl gedacht: Wenn ich Trophimus draußen stehen lasse, liefert Paulus mir das Geld nicht ab.« Paulus grinste: »Genau das habe ich auch vermutet, und deshalb ist es gut, Trophimus, dass du dabei bist.« Trophimus zuckte mit den Schultern. Er konnte diese innerjüdischen Streitereien sowieso nicht nachvollziehen.

Nun wollten Paulus und ich uns im Teich Bethesda reinigen, um dann zum Tempel zu gehen. So verabschiedeten wir uns von Trophimus. Er konnte diesen Riten nichts abgewinnen und ging wieder zurück ins Haus des Mnason. Nach unserer Reinigung wollte ich eine Ziege kaufen, um sie den Priestern zur Opferung zu übergeben, aber Paulus war dagegen: »Wenn du wirklich daran glaubst, dass Jesus am Kreuz auch deine Sünden vergeben hat, dann machst du so etwas nicht«, stellte er mich zur Rede. »Ich tu es für meine Eltern, die am Tempel immer geopfert haben«, wendete ich ein und Paulus murmelte: »Na dann. Tu, was du nicht lassen kannst!« Manchmal ist er schon ziemlich radikal, der Paulus.

Völlig überrascht wurde ich dann, als Paulus erklärte, hier in Jerusalem wohne seine Schwester Lea. Er habe sie lange nicht mehr gesehen und wolle sie jetzt besuchen. Ob ich mitkäme? »Du hast eine Schwester?« Paulus nickte: »Sie ist jünger als ich. Damals, als mich meine Eltern nach Jerusalem zur Ausbildung bei den Pharisäern schickten, sollte ich sie mitnehmen und auf sie aufpassen. Hier in Jerusalem hat sie dann Gad, einen rechtschaffenen Töpfer, kennengelernt. Ich habe sie ihm in Vertretung unserer Eltern versprochen und die beiden haben geheiratet. Wenn wir Glück haben, leben sie noch in dem Haus von damals.« – »Nichts wie hin! Ich bin gespannt.« Es war ein schöner, ja sogar lustiger Nachmittag im Haus von Lea und Gad. Auch ihren Sohn Ruben lernten wir kennen. Ein tüchtiger Junge! Eigentlich erzählte Paulus den ganzen Nachmittag von seinen Erfahrungen. Auch von seinen theologischen Erkenntnissen legte er Zeugnis ab. Lea nahm das alles interessiert zur Kenntnis und meinte dann, sie müsse darüber noch einmal nachdenken.

Am frühen Abend nahmen wir Abschied, um Trophimus bei Mnason abzuholen und dann zu Jakobus zu gehen. »Muss denn Trophimus unbedingt dabei sein?«, fragte ich Paulus, nachdem wir uns von der Familie seiner Schwester verabschiedet hatten, »das wirkt doch herausfordernd auf die Jerusalemer Gemeinde.« Paulus winkte nur ab. Er hielt meine Frage nicht für würdig, beantwortet zu werden.

Ich gestehe, dass ich dann doch etwas erleichtert war, als wir im Haus unseres Gastgebers Trophimus nicht antrafen. Er war dort überhaupt nicht aufgetaucht. »Das ist ärgerlich! Sehr ärgerlich! Es wäre so wichtig, dass die getauften Juden sehen, dass es auch ohne Beschneidung geht«, sagte Paulus, und dann fügte er grinsend hinzu: »Das war schon vor acht Jahren ein schöner Faustschlag, als ich Titus zu dem Jerusalemer Treffen mitgebracht habe. Der war auch nicht beschnitten und da haben die Jerusalemer ganz schön geglotzt. Du hättest ihre Gesichter sehen sollen.« – »Ich will's gar nicht wissen«, sagte ich, »wenn Trophimus nicht dabei ist, vermeiden wir eine unnötige Provokation.« Paulus widersprach: »Unnötig wäre das keinesfalls! Die können doch nicht denken, alles drehe sich nur um sie! Dabei sieht es in der Welt außerhalb von Jerusalem ganz anders aus. Diesen Holzköpfen ist mit Argumenten nicht beizukommen. Man muss sie vor vollendete Tatsachen stellen. Und wer will denn den getauften Heiden ihr Christsein absprechen?«

»Ja, aber müssen wir das denn unbedingt mit Gewalt durchziehen? Wenn ich an die Warnungen denke, die uns auf dem Weg hierher mitgegeben worden sind, dann ist mir einfach unwohl dabei. Die Jerusalemer jetzt noch zu reizen und vielleicht sogar gegen uns aufzustacheln, das ist doch Irrsinn.« – »Hältst du mich für einen Irren?«, fragte Paulus zurück. Ich grinste und sagte in einem möglichst ironischen Tonfall: »Meistens nicht!« Paulus wurde ernst: »Halte du mich ruhig für einen Irren. Aber das bin ich nicht. Ich bin wahrscheinlich nur so, wie du auch gerne wärest, wenn du nicht so viel Angst hättest.« Ich nickte still.

Paulus hatte mich ertappt. Dann meinte er: »Lukas, wenn es um die Wahrheit geht, dann können wir keine Kompromisse machen.« Ich atmete hörbar ein und aus. So kann man natürlich auch Konfrontationen heraufbeschwören, dachte ich. Aber mein Mund sagte: »Ich verstehe dich ja, aber ...« – »Stopp! Kein Wort dazu mehr!«, unterbrach mich Paulus, »das Ganze hat sich doch ohnehin erledigt, weil uns Trophimus versetzt hat. Also, beruhige dich! Alles wird gut!« Und dann fügte er schelmisch grinsend hinzu: »Es sei denn, es geht schief!« Ich musste lachen. Wenigstens hatte er noch nicht seinen Humor verloren.

Als wir durch die Gassen Jerusalems gingen, fing Paulus dann doch wieder an: »Eigentlich habe ich überhaupt keine Lust, mich wieder mit diesen Galiläern auseinanderzusetzen. Ich kann mir schon vorstellen, wie das ausgeht – gerade nach der Erfahrung, die wir mit Jakobus heute Vormittag hatten.« – »Vielleicht kannst du deine Überzeugungen ja so diplomatisch verpacken, dass es am Ende nicht zu einem Eklat kommt«, versuchte ich, mäßigend auf Paulus einzuwirken. Aber er schwieg. Und dann standen wir vor der Tür des Jakobus. Paulus seufzte und meinte: »Also gut, bringen wir's hinter uns!« – »Das ist aber jetzt nicht die richtige Einstellung«, sagte ich etwas schulmeisterlich, und Paulus sah mich scharf an: »Hör zu, Lukas, das ist im Moment die einzige Einstellung, die ich habe. Also, Augen auf und durch!«

Spätestens jetzt wurde mir klar, dass der Zusammenstoß wohl kaum mehr aufzuhalten war. Es sei denn, es würde mir gelingen, die Auseinandersetzung mit Jakobus zu verhindern – allerdings zu dem Preis, dass auch ich meine theologischen Überzeugungen verraten müsste. Aber eine echte Alternative war das nicht! Da stand ich also mit Paulus vor einem Haus und erwartete eine Katastrophe. Denn so viel schien mir klar: Es würde eine geben!

Dann klopfte Paulus laut und wenige Augenblicke später wurde die Tür geöffnet. Jakobus ließ uns eintreten. Er lächelte sogar und war zweifellos erleichtert, als er bemerkte, dass wir Trophimus nicht mitgebracht hatten:

»Schön, dass ihr da seid!« – Ich meinte, den ironischen Unterton heraushören zu können. Es waren etwa zwanzig Jerusalemer Christen da, von denen ich einige von früher noch kannte. Petrus war nicht zugegen, stellte ich etwas erleichtert fest. Zuerst feierten wir das Herrenmahl, ehe Paulus von seinen Erfahrungen berichten sollte. Die Jerusalemer waren tatsächlich begierig zu hören, an welchen Orten er gewesen war und vor allem, wie erfolgreich seine Mission verlaufen war. Paulus redete von seinen zweieinhalb Jahren, die er in Ephesus verbracht hatte, von dem Aufstand der Silberschmiede und seiner Inhaftierung. Er erzählte auch von den Briefen, die er von Ephesus aus geschrieben hatte.

Abschließend beschrieb er noch seine Reisen durch Makedonien und Griechenland zu den Gemeinden in Philippi, Thessalonich und Korinth, wo er das Geld für die Jerusalemer eingesammelt hatte. Dann meinte er, dass er eine neue Missionsreise nach Spanien plane, aber zunächst von Jerusalem aus nach Rom reisen wolle, um die christliche Gemeinde dort zu stärken.

Als Paulus fertig berichtet hatte, wurde auch ich eingeladen zu erzählen, denn viele Jerusalemer erinnerten sich durchaus noch an mich, auch wenn mein Besuch bereits knapp 15 Jahre zurücklag. Ich erzählte von meiner Reise nach Milet und meiner Zeit, in der ich als Arzt dort arbeitete. Nach dem Tod meines Lehrmeisters Artemidoros sei ich dann wieder in meine Heimatstadt Alexandria Troas umgezogen. »Dort habe ich Paulus kennengelernt. Ihr wisst, ich bin auch geborener Jude, und Paulus hat mich von Christus überzeugt. Und so teile ich seine theologischen Ansichten. Deshalb bin ich auch mit ihm gegangen. Allerdings ist in Philippi unsere Reisegesellschaft gleich wieder auseinandergefallen, weil ich dort meine Frau Lydia kennengelernt habe. In Philippi habe ich mir als Arzt eine Existenz aufgebaut und die dortige christliche Gemeinde geleitet. Als Paulus uns das letzte Mal besuchte, beschloss ich, ihn nach Jerusalem zu begleiten und als Arzt auf ihn und seine Gesundheit besonders zu achten.« Bei dem letzten Halbsatz schaute ich Paulus an und wir lächelten einander zu.

Als wir fertig waren, räusperte sich der Herrenbruder Jakobus, stand auf, zog die Mundwinkel nach unten und nickte anerkennend: »Paulus, Respekt! Da hast du wirklich viel geleistet! Allerdings tust du immer so, als ginge es nur um die Heiden. Auch hier in Jerusalem gibt es viele Juden, die zum Glauben an Jesus Christus gefunden haben.« Paulus sah sich demonstrativ um und ich wusste, woran er dachte. Hier in Jerusalem saß nur ein Bruchteil von denen, die er getauft hatte. Aber Paulus sagte nichts und Jakobus fuhr fort: »Es steht mir ferne, von den Heiden, die du getauft hast, zu verlangen, dass sie beschnitten werden müssten. Deshalb habe ich heute folgenden Kompromissvorschlag.« Ich konnte augenblicklich an Paulus' Stirn erkennen, wie er über einen Kompromiss dachte.

Jakobus fuhr fort: »Ich als Bruder des Messias Jesus halte es für wichtig, dass die Heiden auch einen kleinen Teil der Thora und damit ein Mindestmaß an Reinheit erfüllen, damit wir getauften Juden uns durch die Tischgemeinschaft mit ihnen nicht verunreinigen!« Die Falten auf der Stirn des Paulus wurden immer tiefer und ich sah, wie es anfing, in ihm zu kochen. Jakobus redete weiter: »Ich ordne also an, dass du in den von dir gegründeten Gemeinden Folgendes verkündigst: So wie es vordem all den Heiden geboten war, die in einem jüdischen Haus lebten, sollen auch diejenigen unter den Heiden, die zu Jesus gehören wollen, versprechen, sich zu hüten vor dem

Götzenopfer, vor Blut, vor Ersticktem und vor Unzucht.«*
Da sprang Paulus auf und rief: »Jetzt hör mir mal zu: Ich werde den Menschen, die durch meine Predigt zum Glauben kommen, erst einmal keine Bedingungen stellen. Ich meine: Dass sich der Glaube an Christus nicht mit Götzenopfer und Unzucht verträgt, ist ja wohl selbstredend. Aber ich werde ihnen nicht vorschreiben, dass sie Tiere, die sie schlachten wollen, schächten müssen. Da geht es doch schon los mit dem Gesetz. Und wo endet das dann? Das kommt überhaupt nicht in Frage! Erinnere dich bitte genau an unsere Abmachungen hier in Jerusalem vor ungefähr acht Jahren. Da habt ihr mir für meine Heidenmission nichts auferlegt.** Außerdem hast du mir gar nichts anzuordnen.«

»Mein Bruder war ein Jude!« Auch die Stimme des Jakobus wurde nun lauter, »und ich weiß, was er wollte und was ihm am Herzen lag! Ich bin dir schon entgegengekommen, jetzt hast auch du dich zu bewegen!« Die beiden standen einander gegenüber und funkelten sich wütend an. Keiner sagte ein Wort. Schließlich erwiderte Paulus mit einer gefährlichen Ruhe in der Stimme: »Ich werde meinen Gemeinden kein Gesetz auferlegen. Hast du das verstanden?« – »Damit entfernst du dich von Jesus!«, schleuderte ihm Jakobus entgegen.

Paulus blieb erstaunlich ruhig. Offenbar war ihm klar, dass es besser wäre, wenn er seine Emotionen im Zaum hielte, aber ich spürte, dass er kurz vor einer Explosion stand: »Hör mir gut zu: Du magst der Bruder unseres Herrn sein, aber du hast nichts verstanden, gar nichts! Ich habe es dir vor vier Jahren schon einmal gesagt, und ich sage es dir jetzt noch einmal: Wenn du Gesetzeser-

* Apostelgeschichte 21,25.
** Galater 2,6.

füllung verlangst, dann musst auch du alle Thoragesetze erfüllen. Entweder alle oder keines! Entweder sündigst du oder du führst ein gottgefälliges Leben. Da gibt es nur schwarz oder weiß und kein grau! Und weil nicht einmal du alle Thoragebote erfüllen kannst, ist unser Herr, dein Bruder dem Fleische nach, Jesus Christus, für unser aller Sünden am Kreuz gestorben. Wenn ich jetzt meinen Gemeinden sagen würde, sie müssten alle Tiere nach jüdischer Sitte schächten, dann würden sie damit Jesus Christus verleugnen.«

Ich wurde tief traurig. Ein gemeinsamer Nenner war nicht zu finden. Jakobus hatte sich aus seiner Sicht einen Kompromiss zurechtgelegt, auf den sich Paulus auf keinen Fall einlassen wollte und konnte. Plötzlich sagte Jakobus: »Ich bin der Bruder Jesu! Und wer bist du, dass du dir anmaßt, meinen Bruder besser zu kennen als ich?« Diese immer wiederkehrende Frage nach der Legitimität des Paulus ärgerte ihn, genauso wie mich, maßlos. Aber Paulus hatte offenbar damit schon gerechnet. »Ich habe den Auferstandenen gesehen. Er hat mich beauftragt, den Heiden das Evangelium gesetzesfrei zu verkündigen. Ich bin ein Schriftgelehrter und habe in der Schrift dann geforscht, was alles über den Christus dort zu finden ist und wie die Schrift in dem neuen Licht des gekommenen und wiederkommenden Messias zu verstehen ist. Ich sage dir: Du weißt offensichtlich gar nichts vom Willen Gottes, wie er in der heiligen Schrift dargelegt ist. Deine Blutsverwandtschaft mit Jesus gleicht dieses Unwissen nicht aus.«

Jetzt war es wieder so leise im Raum, dass man eine Stecknadel hätte fallen hören können. Jakobus funkelte Paulus an und Paulus blickte ebenso finster zurück. Irgendjemand von Jerusalemern rief: »Jakobus, reg' dich über den Dahergelaufenen doch nicht so auf!« Jakobus blickte Paulus unentwegt geradezu feindselig in die Augen. Ich erschrak. So weit war es gekommen. Ich musste etwas tun. So erhob ich mich und stellte fest, dass wir trotz aller Unterschiede alle hier an Christus glauben würden: »Ich freue mich, dass die Jerusalemer Gemeinde als Zeichen dieser Gemeinschaft das Geld angenommen hat, das wir euch heute überbracht haben.«

Ob Paulus und Jakobus meine Worte hörten, weiß ich nicht, aber ich zog Paulus zur Tür und sagte laut: »Wir danken für eure Gastfreundschaft.« Die beiden Streithähne würdigten sich keines Blickes mehr, als ich mit Paulus am Arm den Raum und das Haus verließ.

»Super!«, sagte ich draußen ironisch, »das ist ja super gelaufen!« – »Diese Dummköpfe da!«, brummte Paulus, »die haben theologisch gar nichts auf dem Kasten! Das Denken ist doch allen erlaubt – aber denen bleibt es anscheinend erspart! Es macht mich wütend!« – »Kann es sein, dass du dir da jetzt ein paar Feinde gemacht hast?«, fragte ich. »Wer weiß, wo das noch hinführt?«

Schweigend gingen wir weiter. Dann meinte Paulus: »Ob die Jerusalemer jetzt meine Gegner sind oder nicht, ist doch egal! Du darfst um der Wahrheit des Evangeliums willen nicht einen Millimeter zurückweichen oder dich ihnen gar unterwerfen. Das wäre so, als würdest du Christus verleugnen ... so wie es Judas getan hat!« Wir gingen weiter durch die dunklen und menschenleeren Gassen der Jerusalemer Altstadt. »Hast du einmal darüber nachgedacht, ob es nicht sinnvoller sein könnte nachzugeben?«, fabulierte ich ins Blaue, »du kennst doch das Sprichwort: ›Der Klügere gibt nach‹?« Ruckartig blieb Paulus stehen und blitzte mich an: »Schon mal darüber nachgedacht, dass nach dieser Logik der Dumme machen kann, was er will?« Ich nickte: »Du hast recht!« Zugleich bewunderte ich wieder seine Fähigkeit, immer eine passende Entgegnung zur Hand zu haben. Wenn ich nur auch so reden könnte!

Wir gingen langsam weiter. »Wo war eigentlich Petrus, was meinst du?«, fragte ich. »Keine Ahnung! Vielleicht holt er sich irgendwo eine blutige Nase, oder er stiftet Verwirrung und Unfrieden in Gemeinden, in denen getaufte Heiden leben, indem er ihnen gegenüber behauptet, sie müssten sich beschneiden lassen. Ist mir eigentlich auch egal. Ich hoffe nur, dass er nicht wieder dem Herrn ins Handwerk pfuscht.

Wir erreichten zügig unsere Unterkunft. Mnason empfing uns herzlich: »Und, wie war es?« Als er sah, dass wir offenbar sehr bedrückt waren, lud er uns auf einen Becher Wein ein: »Jetzt setzt euch erst mal. Und nach einem Schluck Wein sieht es bestimmt schon ganz anders aus.« Er füllte drei Becher und wir setzten uns zu ihm. Dann erzählten wir, wie es gelaufen war. Mnason hörte interessiert zu und stellte ein paar Zwischenfragen. Wir hatten gerade ausgetrunken, da öffnete sich die Tür und Trophimus stolperte herein. Er war barfuß. Offenbar hatte er seine Schuhe irgendwo verloren. »Da seid ihr ja!« Ich sagte nur beiläufig: »Wie schön, dass du dich auch mal wieder zeigst!« Offenbar war er völlig betrunken. Ich ärgerte mich maßlos. Konnte er sich nicht einfach mal zurückhalten? Und was er seinem Körper damit antat!

Als ich gerade ansetzen wollte, ihn zu ermahnen, stand Paulus auf, ging zur Tür und sah mich an: »Lasst uns den Abend beenden, bevor wir etwas sagen, was wir nachher bereuen. Oder bevor ich etwas sage. Außerdem bin ich müde.« Dankbar, einen Grund gefunden zu haben, ein sinnloses Gespräch abzubiegen, schloss ich mich ihm sofort an. Wir verabschiedeten uns.

Als ich das Zimmer verließ, hörte ich Trophimus noch sagen: »Du, Mnason, wo sind denn meine Taschen?« Ich blieb in der Tür stehen. Die Antwort wollte ich hören und prompt fragte Mnason zurück: »Welche Taschen?« – »Na die, wo man die Füße reinstellt!«, erklärte ihm Trophimus. Ich hatte genug gehört und zog mich zurück.

Als ich im Bett lag, konnte ich lange nicht einschlafen. Die Erfahrungen der letzten Stunden gingen mir nicht aus dem Kopf. Jetzt hatte ich einen Eindruck davon bekommen, wie der Streit zwischen Paulus und Petrus in Antiochia wohl abgelaufen sein könnte. Paulus war wirklich ein bedingungsloser Kämpfer für die gesetzesfreie Heidenmission. Er sah das Ganze völlig klar und es war mir unbegreiflich, weshalb die Jerusalemer sich von ihm nicht überzeugen ließen. Vielleicht lag es daran, dass er und ich einen Zugang zu Jesus über die Heilige Schrift hatten, während die Jerusalemer Jesus persönlich kennengelernt und in der jüdischen Tradition erlebt hatten? Ich seufzte. Dieses Rätsel werde ich wohl nicht lösen können. Ich ahnte zwar, dass Paulus seine Kompromisslosigkeit zum Verhängnis werden würde, dass dies allerdings bereits am nächsten Tag geschehen würde, war nicht vorauszusehen.

Beim Morgenmahl fragte ich Paulus beiläufig, wie es nun weitergehe. »Na, das Geld haben sie ja genommen«, murmelte Paulus mit vollem Mund, »Geld stinkt eben nicht!« – »Und jetzt?«, fragte ich erneut und fügte dann hinzu: »Paulus, eigentlich ist deine Mission hier doch jetzt erfüllt. Wie wäre es, wenn wir erst einmal zurück nach Philippi reisten und du dich dort in aller Ruhe von den Strapazen erholst?« – »Davon will ich nichts wissen!«, sagte Paulus schroff, »ich habe noch viel vor! Heute gehe ich erst einmal in die Säulenhalle im Tempelbezirk, um mit dem einen oder anderen Schriftgelehrten ins Gespräch zu kommen.« – »Paulus, was soll denn das?« Ich redete mit ihm wie mit meinem kleinen Sohn Theophilus,

»du hast doch versprochen, dass du nur zu den Heiden gehst. Es ist die Sache von Petrus, die Juden von Jesus zu überzeugen.«

Paulus sah mich scharf an: »Auf wessen Seite stehst du eigentlich? Die halten sich nicht an die Vereinbarung, weil sie Leute losschicken, die denen, die von mir getauft sind, sagen, sie wären keine rechten Christen, wenn sie vorher nicht Juden werden. Dann brauche ich mich auch nicht an die Vereinbarungen zu halten. Außerdem sind die galiläischen Jesusjünger nicht wirklich fähig, den Schriftgelehrten die Schrift auszulegen. Deshalb will ich es jetzt einmal versuchen. Und ich rate dir: Versuche nicht, mich davon abzubringen! Wenn jemand ein Problem mit mir hat, kann er es gerne behalten. Es ist ja schließlich seines! Und jetzt: Ende der Diskussion!« Paulus war wegen gestern Abend immer noch aufgebracht. Das spürte ich. Er suchte ja geradezu Streit.

So machten wir uns am Vormittag auf zum äußeren Tempelvorhof, der von der berühmten Säulenhalle begrenzt wird. Derweil schlief Trophimus noch seinen Rausch aus. Ich konnte Paulus genau die Stelle zeigen, an der ich vor fünfzehn Jahren Petrus das erste Mal gesehen hatte. »Die Leute um Petrus waren damals so gastfreundlich und nett mir gegenüber«, sagte ich. »Das sind sie immer, wenn einer der gleichen Meinung ist wie sie«, entgegnete Paulus finster und wandte sich einem Schriftgelehrten zu, der einige Schüler um sich geschart hatte und einen Text aus der Thora auszulegen schien. »Musst du wirklich da unbedingt hin?«, fragte ich Paulus leise, und Paulus blitzte mich an: »Ja, unbedingt! Es reizt mich, mit dem die Klingen zu kreuzen!« Ich seufzte und mir wurde wiedermal klar: Wer zu Paulus gehören will, muss bereit sein, Risiken einzugehen. Wir hörten, wie der Schriftgelehrte sagte: »… und deshalb hat Mose gesagt, dass der Herr, Baruch Adonaj, in den letzten Tagen einen Propheten wie ihn erwecken wird. Das wird der Messias sein, der uns – so wie Mose das Volk aus Ägypten – aus der Herrschaft der Römer in die Freiheit führen wird.«

Die Schüler schwiegen beeindruckt, und in der entstandenen Pause ergriff Paulus das Wort: »Lieber Mitbruder, in der Tat, das hat Mose gesagt, aber das Besondere ist, dass dieser Prophet wie Mose bereits auf der Erde, ja sogar hier in dieser Halle gewesen ist.« Die jungen Leute sahen Paulus mit großen Augen an. Der Rabbi war völlig perplex: »Bitte, was?« Und Paulus redete drauflos wie ein freigelassener Stier. Er war nicht mehr aufzuhalten: »Gott hat erfüllt, was er durch den Mund aller seiner Propheten zuvor verkündigt hat, dass sein Christus leiden und von den Toten auferstehen sollte. Er sitzt jetzt zur Rechten Gottes, wie es im 110. Psalm geweissagt worden ist. Er ist der Prophet, von dem Mose gesprochen hat, er und kein anderer! Und in ihm werden alle Völker gesegnet werden, wie es Abraham verheißen ist, indem sie an ihn glauben, denn nur in ihm ist das Heil für alle begründet. Er ist der Eckstein geworden, den die Bauleute verworfen haben. Dabei ist dem Christus Jesus gegenüber genau das geschehen, was unsere Vorfahren dem Mose angetan haben: Sie haben nicht auf ihn gehört – so wie die Israeliten in der Wüste das goldene Kalb angebetet haben. Dies war genau die Einstellung, mit der sie Jesus gegenübergetreten sind. Deshalb haben sie ihn gekreuzigt. Aber Gott hat ihn auferweckt von den Toten und ihn über alle Menschen gesetzt, damit sich ...«[*]

»Halt endlich das Maul!« Der Schriftgelehrte hatte offenbar seine Stimme wiedergefunden. Er war aufge-

---

[*] Nach Apostelgeschichte 3,18.32-35; 4,11; 7,36-40.

sprungen und hatte Paulus am Kragen gepackt: »Du verschwindest hier augenblicklich, sonst werde ich dafür sorgen, dass man dich hinausprügelt!« Paulus blieb ganz ruhig: »Gehen dir wohl die Argumente aus, was?« Paulus war ungeheuer selbstsicher. Der Rabbi ließ ihn los, wandte sich ab und ging auf eine Gruppe von Juden zu, die etwas abseits stand. Paulus rief ihm nach: »Rennst du immer weg, wenn dir die Argumente ausgehen? Von einem Schriftgelehrten hätte ich mehr erwartet.«

Damit wandte er sich den Schülern des Gelehrten zu, die immer noch ganz verblüfft dasaßen und Paulus anstarrten. »Ich meine das ernst, was ich gesagt habe!«, erklärte Paulus. Dabei sah er nicht, welche Gefahr sich in seinem Rücken näherte. Ich tippte ihm auf die Schulter. Er drehte sich um und vor ihm standen etwa zehn gewaltbereite junge Leute. Der Rabbi hatte sie gegen Paulus aufgehetzt. »Jetzt bist du fällig!«, sagte einer, und ein anderer rief: »Ich kenne den Typen. Der predigt immer gegen die Thora, hängt ständig mit Heiden herum und bringt sie auch hierher an den Tempel!« – »Ja, genau!«, rief ein anderer, »ich komme aus Ephesus. Erst gestern habe ich hier im äußeren …, nein, es war sogar im inneren Vorhof diesen Heiden Trophimus gesehen. Ich habe mich noch gefragt, was der hier will. Aber jetzt, wo ich diese Figur hier sehe, ist alles klar! Du hast ihn hierhergebracht und damit die heilige Stätte entweiht.«

Mit Schrecken fiel mir ein, dass Trophimus ja möglicherweise immer noch in der Stadt war. Ein besonders großer Mann baute sich breitschultrig vor Paulus auf. Ich stand Schulter an Schulter mit Paulus, aber mich beachtete niemand. Der Riese meinte in einem beängstigend leisen Tonfall: »Sososo, da hetzt einer gegen den Tempel des Herrn und gegen unsere Thora und schleppt einen Heiden in den inneren Tempelvorhof. Ich weiß ja nicht, ob du's wusstest, aber das ist streng verboten!« Dann meinte er betont ironisch: »Ja, was machen wir denn da?« Da packte er plötzlich Paulus am Kragen und brüllte ihn an: »In einem derartigen Fall spricht gewöhnlich der Hohe Rat ein Todesurteil. Und dieses können wir jetzt gleich vollstrecken! Los raus hier!«

Der Mob – es waren inzwischen immer mehr Gaffer dazugekommen – johlte. Sie freuten sich über ihr Opfer! »Seid ihr verrückt!«, rief ich, »der Mann hat nichts Verbotenes getan!« – »Halt's Maul! Oder wir machen dich einen Kopf kürzer!«, drohte mir der Riese und gab mir eine Ohrfeige, dass mir Hören und Sehen verging. Als ich mich wieder gefangen hatte, hatte sich die Menschenmenge zwischen uns gedrängt. Paulus wurde aus der Säulenhalle geschoben und offenbar bereits mit Schlägen traktiert. ›Sie werden ihn töten‹, durchfuhr es mich und ich versuchte, der Menschenmenge zu folgen. Doch plötzlich ging nichts mehr weiter. Ich stieß mit der Nase auf meinen Vordermann. Vorne hörte ich die Stimme offenbar eines römischen Soldaten laut »Ruhe« brüllen. Ich stellte mich auf die Zehenspitzen und sah über die Köpfe der vor mir stehenden Männer mehrere Speere.

Es waren also Soldaten, die dem Mob Einhalt geboten. »Es wird euch zwar nicht gelingen, aber ihr könntet trotzdem versuchen, mir zu erklären, was das hier schon wieder soll!«, brüllte ein Soldat – er war offenbar ein Optio. Die Menschen riefen durcheinander. Ich konnte nur mühsam etwas verstehen, aber es waren haltlose und falsche Vorwürfe. Paulus habe einen Nichtjuden in den inneren Vorhof gebracht. Auch von einer Hetze gegen die Thora war die Rede … Dann hörte ich, wie der Optio wieder für Ruhe sorgte und feststellte: »Ich sage es doch: Ich verstehe das alles überhaupt nicht. Aber wenn hier irgendjemand getötet werden soll, ist das Sache eines römischen Gerichts! Wir werden den Mann erst einmal ins Gefängnis stecken, und dann entscheidet der Statthalter, wie mit ihm zu verfahren ist. Und ihr geht jetzt alle brav nach Hause! Verstanden?« Der Mob tat das aber nicht, sondern brüllte weiter die ganze Zeit: »Weg mit ihm!«

Als das Tor der Burg Antonia erreicht wurde, blieb der Zug stehen. Mir fielen wieder meine zwei Nächte im dortigen Gefängnis ein und ich erschrak. Sollte Paulus dort am Ende für längere Zeit eingekerkert werden? Ob er das bei seinem Gesundheitszustand überleben würde? Ich bekam sofort Zweifel. Dann hörte ich die Stimme des Paulus. Offenbar hatte er den Optio überzeugt, noch einmal vor dem Volk reden zu dürfen, um es dadurch vielleicht zu beruhigen.

Ich hörte, wie Paulus von seinem Leben als Pharisäer redete, von seinem Eifer für die Thora, von seiner Freude darüber, dass einer von denen, die die Thora nicht einhielten – ich glaube, er nannte auch den Namen »Stephanus« (ich hatte ihn noch nie vorher gehört), – getötet wurde. Und dann redete er von seiner Bekehrung vor Damaskus und seinem Auftrag, den Heiden das Evangelium zu predigen. Ich glaube, er hätte noch weiter geredet, wenn nicht das von irgendwelchen Leuten angestiftete Volk ihn niedergebrüllt hätte: »Weg mit ihm! Weg mit ihm! Tod dem Gotteslästerer!« Es dauerte einige Zeit, bis der Optio wieder für Ruhe gesorgt hatte. Dann rief er: »Der Mann wird jetzt erst einmal gegeißelt, dann kommt er ins Gefängnis und dann sehen wir weiter!« Dann hörte ich noch, wie er zu dem Soldaten neben ihm zischte: »Es gibt zwei Arten von Menschen – ich hasse beide!«

Die Menge rief wieder durcheinander. Einige wollten seinen Tod, andere bejubelten die Entscheidung. Ich sah, wie die Soldaten den gefesselten Paulus in die Burg zerrten und als das Tor geschlossen war, zerstreute sich die

Menge langsam. Was sollte ich tun? Ich klopfte mehrfach laut an das Burgtor. Nach einiger Zeit öffnete ein Soldat eine Seitentür und fragte, was ich wolle. Da sagte ich: »Der Mann, der gerade verhaftet wurde, ist römischer Bürger und er hat nichts Böses getan. Lasst ihn wieder frei!« Der Soldat grinste: »Ist klar! Und du bist der auf die Erde gekommene Gott Mars!« Mit diesen Worten schloss er spöttisch lachend wieder die Tür. Verzweifelt klopfte ich weiter, doch niemand machte mehr auf. Irgendwann gab ich schließlich auf, auch weil ich mir den Unmut der Soldaten nicht zuziehen wollte. Aber was sollte ich jetzt tun?

Tief traurig und ratlos kehrte ich zurück zu Mnason und klagte ihm, was geschehen war. »Sie werden warten, bis sich die Aufregung beruhigt hat«, vermutete mein Gastgeber. »Und wie geht es dann weiter?« Mnason schien genauso ratlos: »Schwer zu sagen! Aber vielleicht lassen sie ihn dann, wenn er gegeißelt wurde, wieder frei, vielleicht aber auch nicht. Wenn sich eine größere Menschenmenge in Jerusalem zusammenrottet, sind die Römer immer sehr nervös. Da kann es schon sein, dass sie den Leuten ihren Willen erfüllen, nur damit wieder Ruhe einkehrt. Und so ein einfacher Fall ist für die Karriere eines Statthalters manchmal ein Katapult.« – »Das sind ja düstere Aussichten! Hast du eine Idee, was ich machen könnte?« Mnason verneinte und riet mir: »Geh nach Hause!« – »Aber Paulus braucht mich doch jetzt!« – »Ich glaube nicht, dass du hier noch irgendetwas für ihn tun kannst – außer zu beten vielleicht.« Das tat ich dann auch. Zugleich entschied ich mich, noch etwas in der Stadt zu bleiben. Vielleicht könnte ich ja doch noch etwas für Paulus tun.

Am folgenden Tag beschloss ich, erneut an das Tor der Burg Antonia zu klopfen und mich nach Paulus zu erkundigen. Vielleicht konnte ich ja etwas für ihn bewirken. Ich stieg gerade den steilen Weg hinauf, als mir eine Abteilung bewaffneter Soldaten entgegenkam. Zu meinem Erstaunen erblickte ich in ihrer Mitte keinen Geringeren als Paulus. »Wie geht's dir?«, rief ich ihm zu, aber er lächelte nur gequält. Der Soldat an der Spitze des Zuges schubste mich schroff beiseite: »Weg da!« Weil ich nicht mit dem Schlag gerechnet hatte, wäre ich fast gestürzt. Ich blickte entsetzt auf Paulus. Was hatten sie mit ihm vor? Inzwischen waren ein paar von den gestrigen Schlägern auch vor Ort und riefen: »Jetzt ist er fällig, der Gotteslästerer! Tötet ihn! Tötet ihn!«

Ich erschrak. Sollte es für Paulus wirklich um Leben und Tod gehen? Offenbar hatte sich der Mob über Nacht nicht wirklich beruhigt. Es blieb mir nichts anderes übrig, als den Soldaten mit gehörigem Abstand zu folgen. Die Schläger von gestern taten dasselbe. Es ging offenbar zum Haus des jüdischen Hohen Rates. Paulus wurde hineingeführt. Die Soldaten mussten draußen stehenbleiben und das Gebäude sichern. Offenbar wollte der Befehlshaber der Burg Antonia wissen, was man Paulus vorwerfe. Leider konnte ich nicht hören, wie die Verhandlung dort ablief. Nach etwa einer Stunde trat Paulus aus dem Haus und wurde sofort von den Soldaten wieder in deren Mitte genommen.

Hinter ihm hörte ich die Mitglieder des Hohen Rates – den Hohenpriester, Schriftgelehrte und Älteste – über die Frage streiten, ob es eine Auferstehung von den Toten gebe. Die Pharisäer haben da eine andere Meinung als die Sadduzäer. Paulus hatte das offenbar klug angestellt! Er wusste um die Uneinigkeit über diese Frage im Hohen Rat. Deshalb hatte er Zeugnis von Jesu Auferstehung abgelegt. Hierüber haben sie sich dann gegenseitig in die Wolle gekriegt. Fast musste ich ein wenig grinsen. Paulus ist schon ein Fuchs. Er weiß, wie er die eine Gruppe gegen die andere ausspielt. Und ich hoffte, dass ihm dieser Schachzug helfen würde. Aber er wurde wieder in die Burg Antonia gebracht. Ich hatte keine Möglichkeit mehr, ihn wiederzusehen, obwohl ich den ganzen restlichen Tag vor dem Eingang der Burg wartete.

Am folgenden Tag ging ich erneut dorthin und klopfte an das Tor. Ein Soldat öffnete und sah mich fragend an. Ich erklärte, dass ich Arzt sei und Paulus untersuchen müsse, der seit vorgestern unschuldig im Gefängnis sitze. Der Soldat grinste: »Ist klar!« Dann wurde er ernst und schnauzte mich an: »Wir sind hier nicht das Krankenhaus. Verschwinde, aber schleunigst!« Ich setzte mich neben den Eingang und war völlig ratlos, was ich tun könne. Gegen Mittag kam Ruben, der Neffe von Paulus, die Treppe heraufgerannt. Ich sprang auf: »Ruben, du hier? Was gibt's?« – Ruben schnaufte etwas, dann erzählte er, dass er mitbekommen habe, dass Paulus inhaftiert worden sei. Einige Schläger wollten unbedingt seinen Tod. Deshalb seien sie jetzt in einen Hungerstreik getreten und hätten dem Hohenpriester damit gedroht, sie würden so lange nichts essen, bis sie Paulus getötet hätten.

Ich konnte nicht glauben, was ich da hörte: »Sie wollen ihn ermorden?« Ruben nickte: »Deshalb bin ich jetzt unterwegs zum Stadtkommandanten, um ihn zu warnen, dass es etwa vierzig Juden in der Stadt gebe, die Paulus töten wollen.« Er pochte an das Tor. Nach einiger Zeit kam der Soldat, sah mich an und wollte die Tür gleich wieder schließen, da rief Ruben mit fester Stimme: »Ich habe dem Stadtkommandanten eine wichtige Mitteilung zu machen.« – »Worum geht's?« – »Um den Gefangenen Paulus, der gestern vor den Hohen Rat gebracht worden war.« Der Soldat zögerte. Dann öffnete er die Tür und ließ Ruben eintreten. »Du bleibst draußen!«, sagte er zu mir und ich wich zurück.

Mir blieb nichts anderes übrig, als zu warten. Die Sonne brannte heiß vom Himmel und ich spürte Hunger und Durst. Aber ich musste hier blieben. Und es dauerte sehr lange, bis Ruben wieder herauskam. »Und? Hast du etwas erreicht?« Ruben zuckte mit den Schultern: »Ich weiß nicht, ob das gut ist?« – »Was denn? So erzähle doch!« Und Ruben berichtete: »Der Stadtkommandant hat sich meine Aussage genau angehört und kurz überlegt. Dann hat er beschlossen, ...« – »Paulus freizulassen?«, warf ich fragend ein. »Nein! Er hat beschlossen, ihn ins Gefängnis nach Caesarea zu überstellen. Da sei Paulus erst einmal sicher vor Angreifern. Er wird den Soldaten, die Paulus überführen, einen Brief an den Statthalter Felix mitschicken, in dem er alles erklärt. Und dann hat er noch dumm gegrinst und gesagt: ›Dann ist das nicht mehr mein Problem!‹« – »Super!«, stellte ich fest, »und was bedeutet das für Paulus?« Ruben zuckte mit den Schultern und meinte: »Er soll heute noch nach Caesarea gebracht werden. Mehr weiß ich nicht!«

Ich bedankte mich bei ihm, umarmte ihn und ließ seinen Eltern liebe Grüße ausrichten. »Du wirst verstehen, dass ich jetzt auch nach Caesarea reise. Ich habe dort Bekannte, die vielleicht eine Idee haben, wie wir Paulus helfen können.« Ruben nickte. Wir verabschiedeten uns herzlich, und ich ging zum Haus des Mnason, um meine Sachen zusammenzupacken.

Bei Mnason traf ich Trophimus; er hatte von all dem, was bisher mit Paulus passiert war, nichts mitbekommen. Als ich ihm erklärte, dass ich mich sofort Richtung Caesarea aufmachen würde, sagte er nur: »Tu das! Aber ich kann unmöglich heute mitkommen. Tut mir leid! Ich muss mich erst einmal erholen.« – Ich war erschüttert.

Paulus war inhaftiert. Es ging bei ihm möglicherweise um Leben und Tod und Trophimus schien das überhaupt nicht zu berühren. »Man wird sich wohl noch ein bisschen ausruhen dürfen!« legte Trophimus nach, »kein Grund, sauer zu sein!« – »Ich habe nie gesagt, dass ich sauer bin«, erwiderte ich – »Und? Bist du?« – »Ja!« Und damit wandte ich mich ab.

Kapitel XI

Zwischen Caesarea und Philippi (56-58 n.Chr.)

Nach Apostelgeschichte 24f.

Da ich nicht wusste, wie und wann Paulus nach Caesarea verbracht werden würde, machte ich mich sofort auf den Weg. Ich wanderte fast Tag und Nacht, sodass ich für die gesamte Reise nur zwei Tage benötigte. Unverzüglich wandte ich mich an Philippus, der uns auf unserer Anreise bereits so gastfreundlich empfangen hatte. Als ich ihm und seiner Familie erzählte, was geschehen war, nickte seine älteste Tochter mit einem ernsten Gesicht. Sie hatte es gewusst und uns ausdrücklich davor gewarnt, nach Jerusalem zu gehen. Philippus versprach, umgehend seine Beziehungen ins Gefängnis spielen zu lassen, um ausloten zu können, wie der Statthalter mit Paulus fortzufahren gedenke. »Vielleicht hat er für ihn keine Verwendung und lässt ihn frei? Das wäre das Allerbeste!«, meinte er und machte sich umgehend auf den Weg zu einem Freund, von dem er wisse, dass dieser einen Bekannten habe, der als Soldat in der Festung diene.

Nach einer guten Stunde kam er zurück mit der Nachricht, er werde – sobald es Neuigkeiten gebe – informiert. So begann das Warten. Die Tage vergingen und keine Nachricht drang aus der Burg. Was war geschehen? War Paulus schon tot? Ich wusste um seinen angegriffenen Gesundheitszustand, aber es war nicht damit zu rechnen, dass der Statthalter Felix einen Arzt zu ihm holen würde. Ich durfte gar nicht daran denken, wie es Paulus ergehen würde, wenn das Gefängnis ein ähnliches Loch wäre wie das in der Jerusalemer Burg Antonia.

Ich hatte schon angefangen, über meine Rückkehr nach Philippi zu Lydia und den Kindern nachzudenken, als schließlich doch Nachricht aus der Festung kam. Ein Soldat stand vor der Tür des Philippus. Dieser ließ ihn sofort eintreten und ich bestürmte ihn mit der Frage, was der Statthalter mit Paulus vorhabe. Der Soldat ließ sich Zeit. Er stellte in aller Ruhe den Speer beiseite und nahm den Helm ab. Dann setzte er sich und holte tief Luft: »Also«, begann er, »ich habe eine gute und eine schlechte Nachricht für dich. Welche willst du zuerst hören?« – »Die schlechte!«, und der Soldat sagte gleich: »So schnell wird Paulus nicht freikommen. Der Statthalter hat ihn verhört und dann angeordnet, er müsse so lange in Haft bleiben, bis er weitere Informationen über diesen neuen von Paulus verkündigten Glauben habe.« Ich atmete tief ein und wieder aus: »Das heißt doch, dass er ihn so lange im Gefängnis schmoren lässt, wie er will.« Der Soldat, der die Nachrichten überbrachte, nickte.

Ich war ernüchtert. »Und was ist dann die gute Nachricht?«, fragte ich hoffnungslos. Da lächelte der Soldat und sagte: »Die gute Nachricht ist, dass unser gütiger Statthalter Felix ihn nicht in den Kerker hat werfen lassen, sondern in einen sicheren Raum in der Burg eingesperrt hat.« – »Wenigstens das!«, entfuhr es mir und ich fragte weiter: »Wie geht es ihm gesundheitlich?« Da riet der Soldat mir: »Überzeuge dich selbst!« – »Wie bitte?« Ich verstand gar nichts. »Es ist so, wie ich es sage: Du kannst dich selbst überzeugen. Der Statthalter hat nämlich in seiner grundlosen Güte verfügt, dass Paulus Besuch von seinen Begleitern empfangen dürfe.« – »Tatsächlich?« Ich war verblüfft. Damit hatte ich nie und nimmer gerechnet. Endlich mal eine wirklich gute Nachricht! »Worauf warten wir noch?«, fragte ich Philippus. Er machte mir allerdings deutlich, dass er erst heute Abend Zeit finden würde, Paulus zu besuchen. »Geh du ruhig erst einmal alleine hin!« forderte er mich auf und ich fragte den Soldaten, ob er mich gleich mitnehmen könne.

Der Soldat nickte und so ging ich also in Begleitung eines römischen Legionärs zur Burg von Caesarea.

Tatsächlich klappte alles hervorragend, und innerhalb weniger Minuten war ich in der Zelle von Paulus. Wir begrüßten einander herzlich. Paulus war sehr überrascht und erfreut, mich hier in Caesarea zu sehen. Ich erklärte ihm, was ich in der Zwischenzeit getan habe, und berichtete auch von dem Mordplan, der gegen ihn in Jerusalem ausgeheckt worden war. »Ach, das war der Grund für meine Verlegung nach Caesarea«, sagte Paulus, »jedenfalls ist es hier wesentlich angenehmer als in der Burg Antonia!« Ich nickte: »Ich weiß. Mich hatten sie auch schon einmal dort für zwei Nächte einquartiert. Es stinkt dort erbärmlich und der Kerker ist hoffnungslos überfüllt. Trotzdem: Besonders gemütlich hast du es dir hier aber nicht gemacht! Mir fehlen die Blumen am Fenster!«

Paulus grinste und ich fügte nach einer kurzen Pause hinzu: »Naja, es ist ja hoffentlich nur vorübergehend!« – Da sagte Paulus mit ernster Miene: »Alles ist nur vorübergehend!« Eigentlich wollte ich fragen, wie er das meinte, entschloss mich aber dann doch, zunächst einmal danach zu fragen, wie es mit ihm in der Zwischenzeit weitergegangen sei. »Nun ja, jetzt muss sich der Statthalter eben selbst um mich kümmern. Felix hat mich inzwischen schon dreimal befragt. Als ich ihm sagte, dass ich Jesus Christus verkündige, den Pontius Pilatus hatte kreuzigen lassen, wurde es brenzlig.« – »Weshalb?« – »Er meinte: Wenn ich Anhänger eines Schwerverbrechers sei, dann müsse ich auch selbst ein solcher sein. Und deshalb müsse ich jetzt auch gekreuzigt werden.« – »So habe ich das noch nie gesehen. Wie bist du denn da herausgekommen?«, fragte ich, und Paulus grinste: »Ich habe gesagt: ›Hochgeehrter Statthalter, ich würde dir recht geben, wenn du recht hättest. Aber da du im Unrecht bist und nicht recht hast, kann ich dir auch nicht recht geben, es sei denn, du hättest recht, dann wäre meine Entscheidung anders ausgefallen, denn dann hättest du ja recht und ich wäre im Unrecht und müsste dir richtigerweise Recht geben.‹«

Ich staunte: »Und das hat er verstanden?« – »Er hat gar nichts verstanden, aber ich habe mir einfach gedacht: Wenn überzeugen nicht klappt, hilft nur noch verwirren. Vielleicht funktioniert das ja.« Wir lachten und ich fragte: »Hat das wirklich geklappt?« – »Also, irgendwie schon. Wir sind dann noch weiter ins Gespräch gekommen und ich konnte ihm erklären, dass es unter den jüdischen Gruppierungen einen Streit gebe, ob die Toten einst auferstehen werden. Und weil ich der Überzeugung sei, es werde eine allgemeine Totenauferstehung geben, ja, dass sogar Jesus bereits auferstanden sei, hassen mich die Sadduzäer und haben mich angeklagt. Im Grunde bin ich gefangen worden wegen dieser Frage: Kann Gott Tote auferwecken?«

Paulus zuckte mit den Schultern und fuhr fort: »Das hat den Statthalter anscheinend interessiert. Deshalb hat er mich inzwischen schon zwei weitere Male zum Verhör holen lassen.« – »Aus römischer Sicht ist das vielleicht auch nicht so leicht verständlich. Die bezweifeln, dass jemand aus der Unterwelt wieder ins normale Leben zurückkehren kann«, warf ich ein und Paulus nickte. »Dabei ist die Frau des Felix, Drusilla, eine Jüdin. Die war beim letzten Verhör sogar mit dabei.« – »Und da hast du auch Zeugnis für Jesus Christus abgelegt?«, fragte ich und Paulus nickte. »Als ich aber dann von der Gerechtigkeit sprach, die aus dem Glauben an Jesus Christus komme und nicht aus den Werken, die das Gesetz fordere, schüttelten beide den Kopf und ließen mich wieder hierher zurückbringen. Als die Soldaten mich dann in meine Zelle brachten, hörte ich gerade noch, wie Drusilla ihrem Mann riet, er solle mich am besten hierbehalten, weil ich sonst unter den jüdischen Gemeinden nur Unruhe stiften würde.«

»Und? Wie geht es jetzt mit dir weiter?« Paulus schaute mich etwas mutlos an und meinte: »Ich fürchte, Felix schiebt eine Entscheidung immer wieder auf. Er ist sich unschlüssig. Und ich kann da nichts tun.« Wir saßen da und schwiegen. Mir fiel eine Schriftstelle aus den Sprüchen ein: »*Wer seine Zunge hütet, bewahrt sein Leben.*«* Hätte Paulus doch in Jerusalem mal seine Zunge gehütet, dachte ich mir still. Aber ich wagte nicht, es zu sagen – und es hätte auch nichts gebracht. Paulus war Paulus, er musste so handeln und reden, wie er gehandelt und geredet hat. Er war einfach so!

Als würde er meine Gedanken erraten, sagte er: »Lieber mit der Wahrheit fallen, als mit der Lüge siegen!« Und dann schwiegen wir. Schließlich seufzte ich, und Paulus murmelte: »Ach, Kinder, Kinder, ist das nicht furchtbar?« Da lachten wir beide – und dieses Lachen war richtig befreiend. Es war eben nicht alles furchtbar! Wir verstanden einander wieder ohne viele Worte. Schließlich fragte ich Paulus: »Wie geht es dir eigentlich gesundheitlich?« Er nickte zufrieden: »Wenn die mich in Jerusalem verprügelt hätten, würde es wahrscheinlich schlecht um mich stehen, aber dann haben mich die

* Sprüche 13,3.

römischen Soldaten ja vor dem Mob bewahrt. Gott sei Dank! Und eigentlich wollte der Zenturio in Jerusalem mich geißeln lassen, aber er hat es dann doch nicht gewagt, als er hörte, dass ich römischer Bürger bin. Und hier geht es mir den Umständen entsprechend gut. Das Essen ist akzeptabel und die Unterkunft ...«, er machte eine einladende Handbewegung »... du siehst es ja. Es fehlt mir an fast nichts!«

Wir schwiegen wieder. Und dann meinte Paulus: »Lukas, ich kann nicht sagen, wie lange ich hier noch bleiben muss, aber du hast deine Familie in Philippi. Du hast mich jetzt lange genug begleitet und ich danke dir von Herzen dafür.« – »Dafür sind Brüder da!«, warf ich ein, und Paulus fuhr fort: »Ich rate dir, gehe zurück nach Philippi. Deine Familie braucht dich. Und der Herr wacht hier über mich!« Bei dem letzten Satz deutete er nach oben. Ich seufzte. Sollte ich wirklich nach Hause gehen? Wie wird es mit Paulus weitergehen?

Ich kämpfte mit mir. Und schon wieder fühlte es sich so an, als habe Paulus meine Gedanken erahnt: »Lukas, es ist doch so: Bis zu dem Zeitpunkt, an dem der Herr mich zu sich ruft, wird mich nichts und niemand töten. Und wenn der Zeitpunkt da ist, dann wird mich nichts mehr davor bewahren.« – Ich entgegnete: »Ich verstehe momentan nur so viel: Du bist offenbar höchstens eine Elle von einem Abgrund entfernt, dessen Boden man noch nicht einmal erkennen kann, und du willst, dass ich dich allein lasse?« – »Und wenn es so wäre?«, fragte Paulus zurück. »Was wollen die mir tun?« Ich hatte keine Ahnung und Paulus redete weiter: »Es ist mein Ernst, Lukas: Geh nach Hause. Ich bin hier gut aufgehoben.« Wir lachten wieder: ›gut aufgehoben‹ im Gefängnis – ganz bestimmt! Ich überlegte. Solange er hier im Gefängnis ist, kann ich wirklich nichts für ihn tun. Und Philippus ist ja vor Ort. Der könnte immer wieder nach ihm schauen und ihn – wenn nötig – unterstützen. Ich kannte Philippus zwar noch nicht so lange, aber er schien mir wesentlich zuverlässiger zu sein als etwa Trophimus.

Schließlich sagte ich: »Sollte ich wirklich gehen, werde ich jedoch Philippus bitten, mich auf dem Laufenden zu halten. Sobald sich etwas an deiner Situation ändert, bin ich da!« Paulus nickte. Er war offenbar zufrieden, dass ich mich mit dem Gedanken anfreundete, zurückzukehren zu meiner Frau und meinen Kindern und seinem Wunsch zu entsprechen.

Wir verabschiedeten uns herzlich und ich hoffte sehr, dass er bald freikommen würde. Aber es sollte zwei Jahre dauern, bis wir einander wiedersehen würden – und dann war Paulus immer noch nicht frei sein.

Als ich ins Haus des Philippus zurückgekehrt war, erzählte ich ihm und seiner Familie, wie es um Paulus stand: »Er ist im Grunde gesund und guter Dinge, zumal er nicht im Kerker ist, aber in Haft ist er allemal, und das ist auf jeden Fall belastend. Es sieht nicht so aus, dass er bald freikommt, deshalb hat er mich gedrängt, nach Hause zu fahren. Ich kann dieser Bitte aber nur entsprechen, wenn du, Philippus, ein Auge auf ihn hast und mich informierst, sobald sich etwas an der Situation ändert – sei es, dass Paulus erkrankt, oder sei es, dass er freigelassen wird ... an Schlimmeres will ich jetzt gar nicht denken.«

Philippus erklärte sich, ohne zu zögern, dazu bereit, gab jedoch zu bedenken: »Philippi ist aber sehr weit!« – »Ich erwarte keineswegs, jeden Monat informiert zu werden, aber vielleicht gibt es die Möglichkeit, einen Boten zu schicken, sobald wir erfahren, was der Statthalter mit Paulus vorhat.« Philippus nickte: »So machen wir das!«, und ich war zufrieden. Philippus verzichtete darauf, Paulus an diesem Abend zu besuchen, weil es mein vorerst letzter Abend in Caesarea sein würde. Wir tranken noch einen Becher Wein und unterhielten uns. Trotzdem achtete ich darauf, nicht zu spät zu Bett zu gehen, da ich am nächsten Morgen sehr früh aufstehen und nach Schiffen Ausschau halten wollte, die Richtung Mazedonien segelten.

Am folgenden Tag fand ich tatsächlich sehr schnell ein Schiff, das mich erst einmal bis Ephesus mitnehmen konnte. Wir erreichten die Stadt ohne Zwischenfälle nach fünf Tagen. Von dort aus bekam ich dann einen Anschluss nach Neapolis, wo ich weitere vier Tage später an Land ging und mich zu Fuß auf den Weg nach Philippi machte. Insgesamt war ich bis jetzt drei Monate fern meiner Familie gewesen – und so viel war in dieser Zeit passiert. Immer wenn ich nun während meiner Rückreise an Paulus dachte, wurde mein Herz schwer. So viel hatte ich diesem Mann zu verdanken. Ich war überzeugt, dass die Christen über seine theologischen Gedanken noch in tausend – was sage ich – in zweitausend Jahren nachsinnen würden. Und je länger ich darüber nachdachte, desto mehr bewunderte ich diesen Mann. Er ist einfach unbeschreiblich, und ich bedauerte jeden, der ihn nicht von Angesicht zu Angesicht kennenlernen konnte. »Theologisch können Menschen wie Petrus und Jakobus mit Paulus niemals mithalten«, entfuhr es mir. Dass Paulus darüber hinaus auch dafür gesorgt hatte, dass ich die Liebe meines Lebens gefunden hatte, kam zu allem noch dazu.

Mit diesen Gedanken näherte ich mich meiner Heimatstadt Philippi. Als ich sie von ferne sah, dachte ich an den Weg, der mich hierher geführt hatte. Bei meiner Geburt, damals in Alexandria Troas, hätte wohl niemand daran gedacht, dass ich einmal im makedonischen Philippi heimisch werden würde. Ach ja, das Leben unterscheidet sich doch ganz deutlich von einem Hausbau. Hier macht der Architekt einen Plan, und die Bauhandwerker (Tektones) – war Jesus selbst nicht ursprünglich so ein Tektôn gewesen? – führen diesen Plan aus. Im Leben sieht das immer ganz anders aus. Da ändert man den Plan, während man daran baut. Wie gut tut es, dabei zu wissen, dass man sich immer auf den Herrn verlassen kann. Er wird's wohlmachen!

Gestärkt von dieser Gewissheit und einer gehörigen Portion Vorfreude, passierte ich das Stadttor von Philippi. Nur noch wenige Schritte, und dann stand ich vor unserem Haus. Ich klopfte an die Tür. Eine Sklavin öffnete. Als sie mich sah, wandte sie sich um und rannte laut rufend durch das Haus: »Der Hausherr ist zurück! Der Hausherr ist zurück!« Lydia war sofort zur Stelle. Mein Herz pochte wie bei unserer allerersten Umarmung. Lydias Liebe war wie der Wind. Man kann ihn nicht sehen, aber man kann ihn fühlen. Während wir noch die Arme umeinandergeschlungen hatten, spürte ich, wie der kleine Theophilus mein linkes Bein umfasste. Ich war wieder daheim! Gott sei Dank! Auch Phaidros umarmte mich zur Begrüßung. Wir waren wieder eine Familie!

Ganz bald erzählte ich ausführlich, was alles geschehen war. Lydia fragte, ob es jetzt aus meiner Sicht sinnvoll gewesen sei, dass ich Paulus begleitet hätte, und ich nickte: »Das war sehr sinnvoll, zumal seine eigentlichen Mitarbeiter sich nicht wirklich als zuverlässig erwiesen haben.« »Und meinst du, Paulus hatte keine Angst vor der Konfrontation mit den Jerusalemern?«, fragte sie weiter. »Genau weiß ich es nicht, aber ich glaube schon, dass er Respekt, vielleicht sogar Furcht hatte. Aber er hat diese Angst überwunden und ist mutig für die Wahrheit des Evangeliums in die Konfrontation gegangen. Ich glaube, dass der Mut des Paulus nicht daraus resultiert, dass er keine Angst gehabt hätte, sondern daraus, dass er die Angst besiegt hat.«

Lydia sah mich durchdringend an: »Aber zu welchem Preis? Jetzt sitzt er im Gefängnis und weiß nicht, was sie mit ihm machen werden.« – »Paulus wirkt auf mich gefestigt und mit sich selbst im Reinen. Denke daran, was er im Brief an unsere Gemeinde geschrieben hat: Er habe Lust, aus der Welt zu scheiden und bei Christus zu sein. Er lebt nach dem Motto: ›*Christus ist mein Leben, und Sterben ist mein Gewinn.*‹* Das ist das Faszinierende an ihm. Er kann darauf verzichten zu versuchen, sein Schicksal in die Hand zu nehmen, weil er weiß, dass der Herr ihn seinen Weg führt und dass dieser Weg der richtige ist.« – Lydia sagte zunächst nichts, aber dann bekräftigte sie: »Das ist bewundernswert!« Und ich nickte. Schließlich meinte sie: »Und dieser ... wie hieß der Mann, bei dem du in Caesarea untergekommen bist?« – »Philippus!« – »... dieser Philippus ist zuverlässig?« Ich nickte: »Nach all dem, was er uns erzählt hat, glaube ich das gewiss.«

Lydia blieb skeptisch: »Worte kosten nichts, nur Taten sprechen für sich.« – »Philippus habe ich tatsächlich als glaubwürdig erlebt. Außerdem ist er auch Familienvater und kein abenteuerlustiger Herumtreiber wie Trophimus. Er hat uns so gastfreundlich aufgenommen, dass ich keinen Grund spüre, an seiner Redlichkeit zu zweifeln.« Lydia lächelte als wollte sie sagen: ›Hoffentlich hast du Recht!‹ Ich nahm sie in den Arm, überglücklich, wieder wohlbehalten zu Hause angekommen zu sein! Gott sei Dank!

Tatsächlich bekam ich irgendwann dann doch leise Zweifel, ob Philippus wirklich so zuverlässig war, wie

* Philipper 1,21.

ich erhofft hatte. Denn ich hörte … nichts, gar nichts. Über ein ganzes Jahr lang kam kein Bote, der mir einen Brief von Philippus überreicht hätte! Längst war ich inzwischen wieder als Arzt tätig und freute mich über das stetige Wachstum der christlichen Gemeinde in Philippi. Immer wieder gab es Taufen auf den Namen Jesu Christi im Angites. Zugleich wuchs in der Gemeinde der Wunsch danach, mehr über diesen Jesus Christus zu erfahren, als nur die Tatsache seiner Kreuzigung und Auferstehung. Ich dachte in dieser Zeit nochmals ernsthaft darüber nach, etwas von den Geschichten, die mir Petrus und Jakobus in Jerusalem erzählt hatten, niederzuschreiben, konnte mich aus immer den gleichen Gründen nicht dazu entschließen: Erstens hatte ich keine Idee, wie ich das Werk aufbauen könnte, und zweitens bedeutete die Niederschrift von Jesusgeschichten, dass ich den Glauben an eine baldige Wiederkunft des Herrn verloren hätte. So ließ ich es bleiben, und die Gemeinde musste sich damit begnügen, dass ich im Rahmen unserer Herrenmahle immer mal wieder eine Geschichte erzählte, die ich von Petrus oder Jakobus gehört hatte.

Als das zweite Jahr seit meiner Rückkehr aus Caesarea sich neigte und ich immer noch nichts von Philippus gehört hatte war ich mir sicher: Er hatte mich vergessen. Wahrscheinlich ist Paulus längst hingerichtet worden. Was sollte ich tun? Immer wieder beratschlagte ich mit meiner tüchtigen Frau über das, was ich tun könnte. Aber der Gedanke, auf gut Glück nach Caesarea zu reisen, schien mir nicht sinnvoll. Schließlich stellte ich mir ein Ultimatum: Wenn ich innerhalb des nächsten Jahres nichts hörte, wollte ich mich wieder auf den Weg Richtung Süden machen.

Nur wenige Tage, nachdem ich diesen Entschluss gefasst hatte, klopfte unerwartet ein Fremder an unsere

Haustür. Er war über und über mit Staub bedeckt und völlig außer Atem. Offenbar hatte er die Strecke von Neapolis nach Philippi im Laufschritt zurückgelegt. »Wohnt hier ein gewisser Lukas?«, fragte er, und statt einer Antwort stellte ich die Rückfrage: »Wer will das wissen?« – »Hippias aus Caesarea – Philippus schickt mich!« Ich riss die Augen auf: »Komm herein! Ich bin Lukas! Du bist der Mann, auf den ich so lange gewartet habe.« Ich bezwang meine Neugier und lud ihn erst einmal zum Essen ein, wie es sich für einen Gastgeber gehört. Nachdem er sich etwas gestärkt hatte, wagte ich, ihn zu fragen: »Was bringst du mir für Neuigkeiten?« – »Der Statthalter Felix«, sagte er zwischen zwei Bissen, »der ist abberufen worden. Jetzt regiert Porcius Festus.« – »Was ist mit Paulus?«, fragte ich, »lebt er noch? Ist er frei?« Das waren zwei Fragen, die Hippias mit »Ja und nein!« beantwortete und in aller Ruhe weiteraß. »Also was jetzt?«, fragte ich und hoffte, dass ich ihm nicht jede Information einzeln aus der Nase ziehen müsste.

Hippias schien meine Gedanken gehört zu haben und erzählte endlich etwas zusammenhängender: »Also, Paulus lebt! Es geht ihm den Umständen entsprechend gut! Marcus Antonius Felix ließ ihn einfach ohne Gerichtsverfahren im Gefängnis. Vielleicht haben irgendwelche Scharfmacher auf ihn eingeredet, sodass er Paulus nicht freiließ, oder er hat ihn einfach vergessen. Das weiß keiner! Jedenfalls hat Porcius Festus, der neue Statthalter, offenbar Paulus sofort vorgeladen und verhört. Irgendwie sind da immer noch irgendwelche Ankläger aus Jerusalem gekommen und haben schwere Klagen gegen Paulus vorgebracht. Aber Paulus hat sich – nach seiner eigenen Darstellung – gewehrt. Er muss gesagt haben: ›Ich habe mich weder an der Thora noch am Tempel noch am Kaiser versündigt.‹« – »Und?«, fragte ich weiter. »Ja, und dabei muss er sich offenbar auch auf sein römisches Bürgerrecht berufen haben, weil Festus überlegt hatte, ihn auspeitschen zu lassen. Aber das Bürgerrecht besagt, dass er das Recht habe, vom Kaiser selbst gehört zu werden.«

Hastig fragte ich weiter: »Und was hat der neue Statthalter dazu gesagt?« – »Nach Aussage von Paulus hat er noch König Agrippa zu Rate gezogen. Auch der hat Paulus angehört. Danach soll er gesagt haben: Du könntest freigelassen werden, wenn du dich nicht auf den Kaiser berufen hättest. Weil du das aber getan hast, sollst du auch zum Kaiser gehen«, erklärte Hippias. Dann war es still. Schließlich sagte ich: »Das heißt, er wird jetzt nach Rom gebracht?«

Hippias meinte dann: »Philippus sagt, es wäre das Beste, wenn du Paulus nach Rom begleitest. Mit seiner Gesundheit steht es nicht zum Besten. Festus hat angeordnet, dass die Verlegung in gut einer Woche beginnen soll.« – »Da müssten wir sofort aufbrechen!«, sagte ich unwillkürlich und sah Lydia fragend an. Sie nickte mir zu, und ich wusste augenblicklich, was sie dachte. »Also, seid mir nicht böse, aber ich bin jetzt hundemüde – ach ja, und danke für das Essen«, sagte der Bote, und wir ließen ihm ein Ruhelager in einem Nebenraum herrichten.

Nachdem er eingeschlafen war, überlegten wir, was zu tun sei. Lydia riet mir sofort, Paulus zu begleiten: »Er hat kaum noch Freunde. Da ist es wichtig, dass wenigstens du ihm beistehst.« – »Eine andere Frage ist, ob ich überhaupt mitreisen darf. Er ist doch nach wie vor ein Gefangener!«, gab ich zu bedenken. Lydia versuchte, diesen Einwand zu entkräften: »Wenn Paulus jetzt zwei Jahre relativ erträglich inhaftiert war, werden sie ihn jetzt wohl nicht mehr im Käfig einer Sklavengaleere unterbringen! Zugegeben: Caesarea ist weit, aber einen Versuch ist es wert. Selbst wenn du nicht auf dem gleichen Schiff mitreisen darfst, dann kann es sein, dass es für Paulus ganz wichtig ist, einen Freund wie dich in der Nähe zu wissen.« Das leuchtete mir ein und so war der Entschluss schnell gefasst. Unsere Kinder waren zwar nicht begeistert, aber Phaidros konnte inzwischen auch ohne mich ärztlich tätig sein. Seine Ausbildung war im Grunde beendet. Einzig der kleine Theophilus weinte. Ich konnte ihn beruhigen, indem ich ihm versprach, ich würde ihm bei meiner Heimkehr etwas mitbringen. So ging es noch am selben Abend an die Planung einer Reise, die am nächsten Tag beginnen musste. Eine Woche erforderte einen straffen Zeitplan. Da musste ich mich beeilen, um rechtzeitig in Caesarea zu sein.

Am nächsten Tag schien Hippias soweit wiederhergestellt, dass er bereit war, mit mir zurückzureisen. Tatsächlich fanden wir in Neapolis ein Schiff, das Ephesus als erstes und Caesarea als zweites Ziel ansteuerte. Der Preis erschien mir horrend hoch, aber ich war bereit zu zahlen, was es koste – auch für den tüchtigen Hippias. Hauptsache, wir würden pünktlich in Caesarea ankommen.

Die Schiffsreise dauerte tatsächlich eine knappe Woche, und je näher wir Caesarea kamen, desto aufgeregter wurde ich. Würde ich zu spät kommen? Und wenn ich es schaffte, würde ich auf dem gleichen Schiff wie Paulus reisen dürfen? Am späten Abend segelten wir in den Hafen Caesareas ein. Es war bereits dunkel, aber Hippias kannte sich sehr gut in der Stadt aus und schnell standen wir bei Philippus vor der Tür. Ich klopfte. Nichts rührte sich. War überhaupt jemand zu Hause? Ich wollte gerade erneut klopfen, da öffnete sich die Tür und Philippus stand mit einer Kerze in der Hand gähnend auf der Schwelle. »Wisst ihr, wie spät es ist?«, fragte er, ohne uns erkannt zu haben. Da sagte ich »Philippus!« und er sah mich an.

Langsam wachten seine Gesichtszüge auf und er lachte mich an: »Lukas! Willkommen! Hippias, sei auch du mir willkommen!« Und so traten wir ein.

Philippus behandelte mich wie einen alten Freund: »Setzt euch, Brüder! Ihr werdet hungrig sein.« Er klatschte in die Hände und rief seine Töchter. Diese kamen sofort und sorgten für ein kleines, feines Nachtmahl. »Philippus, hab Dank für deine Gastfreundschaft und deine Nachricht!«, sagte ich und fragte: »Ist denn Paulus noch hier?« Philippus nickte: »Bei meinem Besuch heute Morgen sagte er mir, dass übermorgen der Aufbruch sein solle.«

Ich atmete auf. Ich war noch nicht zu spät in Caesarea angekommen. »Und, was meinst du? Kann ich im gleichen Schiff mitreisen?« Jetzt zuckte er mit den Schultern: »Das weiß ich nicht, aber eigentlich dürfte das kein Problem sein. Gerade ist eine kaiserliche Abteilung in der Burg. Und die sollen Paulus mitnehmen, wenn sie zurückreisen. Den Hauptmann, Julius, habe ich bereits gesprochen. Er scheint mir ein verständiger Mann zu sein, der das Herz am rechten Fleck hat.«

Das klang ja schon mal gut. »Ach ja, da ist noch etwas!«, sagte Philippus und ich blickte ihn fragend an. »Aristarch aus Thessalonich ist zufällig seit drei Tagen in Caesarea. Kennst du ihn?« Und ohne eine Antwort abzuwarten, redete Philippus weiter: »Er hat spontan gesagt, er würde auch mit nach Rom reisen, wenn Paulus verlegt wird.« – »Ja, ich kenne Aristarch«, sagte ich und erinnerte mich daran, dass er zu der Gruppe der Mitarbeiter gehörte, die mit Paulus und mir von Philippi bis Milet gereist sind. Paulus hatte ihn dann nach Ephesus geschickt, um die Ältesten der Gemeinde zu holen, damit er sich von ihnen in Milet verabschieden konnte. Als wir anderntags dann das Boot nach Caesarea bestiegen hatten, war Aristarch allerdings nicht mehr dabei gewesen. Ich beschloss, ihn bei Gelegenheit zu fragen, weshalb er nicht weiter mitgefahren sei. »Je mehr Brüder mitfahren, desto besser!«, sagte ich zu Philippus. Der Abend war dann noch recht lang, weil es viel zu bereden und zu erzählen gab, bis wir etwa um Mitternacht schlafen gingen.

Kapitel XII

Mit Paulus nach Rom (58/59 n.Chr.)

Apostelgeschichte 27f.

Am folgenden Tag begab ich mich nach einem ausgiebigen Morgenmahl zur Burg, um Paulus zu besuchen. Der Soldat am Tor war zwar äußerst schlecht gelaunt, ließ mich aber dann doch ein: »Das mit den Besuchen nimmt ziemlich überhand!«, sagte er und fügte murmelnd noch hinzu: »als hätte ich nichts anderes zu tun ...« Ich fragte mich, was er denn sonst zu tun hätte, als rumzustehen und ein grimmiges Gesicht zu machen, doch ich biss mir auf die Zunge und sagte nichts. Als ich zu Paulus kam, war er in sehr bedrückter Stimmung. Philippus hatte ihm nichts von der Reise des Hippias nach Philippi gesagt, sodass er von meinem Besuch völlig überrascht war: »Ich dachte, außer Philippus haben mich alle vergessen«, sagt er traurig.

Ich sah ihn an: »Hier ist meine Hand. Ich bin für dich da, Bruder!« Wir umarmten einander lange und herzlich. Er schien sich über meinen Besuch sehr zu freuen. »Dir geht es nicht so gut, Bruder?«, fragte ich ihn und er antwortete geheimnisvoll: »Lange im Gefängnis sein zu müssen, das ist die beste Gelegenheit, innere Stärke zu entwickeln!« – »Ich habe dich eigentlich schon immer als sehr stark empfunden«, sagte ich, und Paulus wurde augenblicklich von einem schlimmen Hustenkrampf geplagt. »Das sollte ich mir einmal ansehen!«, reagierte ich mit sorgenvoller Miene, aber Paulus wiegelte ab: »Das kommt und geht auch wieder!« Immer wieder schüttelte er vor Erstaunen über meinen Besuch den Kopf, und dann fiel er, der Satz, den ich so lange nicht gehört hatte: »Ach

Kinder, Kinder, ist das nicht furchtbar!?« Und gemeinsam lachten wir darüber.

Ausgiebig ließ sich Paulus nun von der Gemeinde in Philippi erzählen. »Sie wächst und gedeiht!« sagte ich und Paulus vermutete: »Das liegt wahrscheinlich auch an dir und deinem Wirken!« Ich winkte ab: »Ganz sicher nicht! Zu viel der Ehre! Ich mache da gar nicht viel – außer dass ich zuweilen eine Jesusgeschichte erzähle und den einen oder anderen taufe. Es liegt am Wirken des Herrn!« Dabei zeigte ich nach oben. Paulus nickte und fragte: »Gibt es immer noch Probleme mit den Leuten, die umherziehen und den Christen einreden wollen, dass sie beschnitten werden müssten?« Ich verneinte: »Inzwischen haben wir auch einen Austausch mit der Nachbargemeinde in Thessalonich. Denen hast du ja auch einmal einen Brief geschrieben! Ich habe dafür gesorgt, dass dieser abgeschrieben und bei uns vorgelesen wird. Umgekehrt haben die Thessalonicher den Brief bekommen, den du an uns geschickt hattest. Hast du eigentlich noch mehr Briefe verfasst?« – Paulus nickte wieder: »Ja schon, aber die sind eigentlich nicht zum Vorlesen in anderen Gemeinden gedacht gewesen, weil ich sie immer nur für eine ganz bestimmte Gemeinde aus einem bestimmten Anlass geschrieben habe.«

Ich ignorierte seinen Einwand und fragte: »An welche Gemeinden hast du denn noch geschrieben?« Paulus überlegte: »Also, die Korinther haben drei oder vier Briefe bekommen. Die hatten es aber auch echt nötig. Da hat es so viele Probleme gegeben – das willst du gar nicht so genau wissen! Ja, und dann habe ich einen an alle Gemeinden in Galatien verfasst, also an die Christen in Lystra, Derbe, Antiochia in Galatien und Ikonium und Perge ... wo eben Christen leben. Die Nachrichten, die ich aus dieser Gegend bekam, haben mich bestimmt fünf Jahre meines Lebens gekostet, so sehr habe ich mich darüber aufgeregt.« – »Darf ich wissen, was da passiert war?«, fragte ich vorsichtig und Paulus hustete wieder sehr kräftig, dann winkte er ab: »Wenn ich das erzähle, rege ich mich nur wieder auf und ich glaube, das ist nicht gut für mich und meinen Husten. Vielleicht so viel: Es war ähnlich wie bei euch in Philippi, weil auch dorthin offenbar mehrere Juden gekommen waren, die behaupteten, die gläubigen und getauften Heiden müssten sich noch beschneiden lassen. Als ich dann hörte, dass der eine oder andere sich tatsächlich hat beschneiden lassen, bin ich ausgerastet … und ich bin mir sicher, dass sie das meinem Brief auch angemerkt haben.«

Damit sich Paulus jetzt nicht nochmals so aufregte, wechselte ich das Thema: »Gibt es außerdem noch Briefe von dir an andere Gemeinden?« – »Ja, ich habe auch an die Gemeinde von Rom geschrieben.« – »Aber die Gemeinde kennst du doch gar nicht!« – »Eben drum!«, sagte Paulus, »ich habe in dem Brief geschrieben, dass ich nach Rom kommen will und vielleicht von ihnen Unterstützung bekomme für meinen Plan, in Spanien zu verkündigen.« – »Paulus, wie willst du das alles noch schaffen bei deiner angegriffenen Gesundheit?«, fragte ich und Paulus zitierte eines seiner Lieblingsworte: »Er hat zu mir gesagt: Lass dir an meiner Gnade genügen, denn meine Kraft ist in den Schwachen mächtig.« Darauf wusste ich nichts zu sagen. Im Gegenteil! Paulus setzte sogar noch etwas drauf, indem er grinsend sagte: »Und jetzt komme ich nach Rom sogar auf Staatskosten!«

Wir verabschiedeten uns herzlich und ich nahm mir vor, Paulus bei Gelegenheit nach seinem Brief an die Gemeinde in Rom zu fragen, zumal mir unklar war, woher Paulus wissen konnte, ob es überhaupt Christen in Rom gebe. Beim Abschied sagte mir Paulus zu, sich bei dem zuständigen Hauptmann Julius dafür einzusetzen, dass wir, das heißt Aristarch und ich, mitreisen durften.

Am nächsten Tag standen wir vor der Burg und warteten auf die Soldaten, die Paulus und einige andere Gefangene auf das Schiff bringen sollten. Es dauerte eine ganze Weile, ehe die etwa zwanzig Schwertträger mit Paulus und ihrem Hauptmann herauskamen. Der Offizier schaute uns misstrauisch an: »Und ihr wollt die Gefangenen begleiten?« Wir nickten, und ein Soldat wurde angewiesen, uns und unser Gepäck auf Waffen zu durchsuchen. »Alles Routine«, sagte der Hauptmann, und ich deutete diese Aktion als Hinweis darauf, dass er bereit war, uns mitzunehmen. Nachdem nichts bei uns gefunden worden war, was als Waffe verwendbar gewesen wäre, belehrte uns der Hauptmann: »Wenn ihr mit den Gefangenen und uns nach Rom reisen wollt, dann verpflichtet ihr euch damit automatisch, meinen Kommandos zu gehorchen. Ist das klar?« Wie kleine Schuljungen nickten wir.

»Außerdem«, fuhr er fort, »wird auch nur der Versuch einer Befreiungsaktion automatisch mit dem Tod bestraft. Sollten wir bereits auf hoher See sein, werfen wir euch dann sofort über Bord. Verstanden?« Wieder nickten wir. »Außerdem müsst ihr für eure Verpflegung selbst aufkommen und die Reise bezahlen!« Aus dem Augenwinkel sah ich, wie Paulus grinste, er reiste ja kostenfrei. Wieder nickten wir brav und ich sagte unterwürfig: »Das ist selbstverständlich, Herr Hauptmann.« – »Na, dann wollen wir es mal mit euch versuchen!«, sagte er und wir marschierten los zum Hafen. Dabei fiel mir auf, dass Paulus hinkte. Ich machte mir Sorgen und nahm mir vor, ihn auf dem Schiff zu untersuchen. Keiner von uns wagte, etwas zu sagen.

Es dauerte nicht lange, da erreichten wir die mächtige Galeere. Ich staunte. Mit einem so großen Schiff war ich noch nie gefahren. Das noch gereffte Segel war riesig und aus dem Schiffsbauch ragten auf jeder Seite etwa dreißig Ruder. ›Damit müssten wir gut und schnell vorankommen‹, dachte ich. Aristarch und ich bezahlten den geforderten Preis und dann durften wir zu Paulus und den anderen Gefangenen, die bereits auf das Schiff gebracht worden waren, an Bord gehen.

»Leinen los!«, kommandierte der Kapitän. Die Ruderer – wahrscheinlich Sklaven – legten sich folgsam in die Riemen und wir nahmen Richtung Norden schnell Fahrt auf. Da der Wind aus südlicher Richtung kam, wurde das Segel gehisst, sodass sich die Ruderer etwas erholen konnte. Paulus konnte sich auf dem Schiff frei bewegen und der Hauptmann Julius erlaubte mir, ihn zu untersuchen. »Was ist mit deinem linken Bein los?«, fragte ich ihn und Paulus machte eine wegwerfende Handbewegung: »Das Knie macht manchmal Probleme – aber was will ich erwarten in meinem Alter?« – »Paulus«, sagte ich streng, »das Problem bist du. Du schonst dich nicht. Kein Wunder, wenn es dann an der einen oder anderen Stelle wehtut.« – »Ich habe mich jetzt zwangsläufig zwei Jahre lang geschont. Es ist an der Zeit, dass ich wieder aktiv werde. In der Burg von Caesarea bin ich ja regelrecht eingerostet«, widersprach mir Paulus, und ich ließ das so stehen.

Im Großen und Ganzen war ich mit seinem Gesundheitszustand zufrieden. Einzig sein Husten gefiel mir gar nicht. »Rauchst du, Paulus?«, fragte ich streng, und Paulus verneinte. »Wenn ich nur die geeigneten Heilkräuter sammeln könnte, dann würde ich dir einen guten Hustensaft brauen, der guttut, aber hier auf dem Schiff geht da natürlich nichts.« Glücklicherweise legten wir gleich am nächsten Tag in Sidon an, wo ich von Bord gehen und Heilpflanzen kaufen konnte. Gerade noch rechtzeitig vor dem Ablegen erreichte ich etwas außer Atem das Schiff. Der

Hustensaft, den ich mit den Kräutern herstellen konnte, tat Paulus innerhalb weniger Stunden gut, und er konnte wieder befreit durchatmen. »Siehst du, ich muss eben doch ein bisschen auf dich aufpassen!«, sagte ich. Paulus lächelte. »Es ist schön, dass du da bist«, sagte er leise.

Ich nickte und fragte ihn, ob er vor der Zukunft Angst habe. Paulus sah mir tief in die Augen und meinte rätselhaft: »Eigentlich nicht, aber irgendwie schon.« – »Wie meinst du das?« Paulus erklärte: »Ich denke, es ist in Ordnung, Angst vor etwas zu haben, das man nicht in der Hand hat und das mächtiger zu sein scheint als man selbst. Aber Angst kann auch überwunden werden, und weißt du, was dann übrigbleibt?« – »Sag's mir!« – »Mut!«, sagte Paulus, »wer seine Angst überwindet, bekommt neuen Mut. Das habe ich selbst immer wieder erfahren, und ich hoffe, dass ich auch jetzt zu dieser Erfahrung vordringe.« Nach einer kurzen Pause sagte er plötzlich: »Lass uns beten!« Wir fassten einander an den Händen, und Paulus betete so leise, dass nur ich es hören konnte – an Deck eines Schiffes, das auf dem Weg war zu seiner Gerichtsverhandlung nach Rom: »Herr, lege deine Hände auf unsere Schultern! Schenke uns deine Wahrheit und Liebe ins Herz und hilf uns zu erfüllen, was du mit unserem Leben vorhast! Amen.« Wir umarmten einander. Ich konnte nicht verhindern, dass meine Augen glasig wurden, aber gleichzeitig fasste ich Mut und Zuversicht.

Was hatte Paulus mir immer wieder eingeschärft? »Ich bin gewiss, dass nichts uns trennen kann von der Liebe Gottes, die in Christus Jesus ist, unserem Herrn.« Ja, darauf will auch ich im Leben und im Sterben vertrauen! Nachdem wir um die Ostspitze Zyperns herumgesegelt waren, wandten wir uns Richtung Westen. Hier stand uns der Wind jedoch entgegen, sodass wir anfangs versuchten zu kreuzen. Aber weil wir praktisch kaum noch vom Fleck kamen, ließ der Kapitän das Segel einholen und befahl den Sklaven an den Rudern, sich wieder kräftig in die Riemen zu legen. So kämpften sie mit Muskelkraft gegen Wind und Strömung an.

Nach zwei Tagen erreichten wir endlich den Hafen Myra im Süden Kleinasiens. Zu unserem großen Erstaunen befahl Hauptmann Julius plötzlich: »Alle von Bord!« Wir erfuhren, dass unsere Galeere von Myra wieder zurück nach Caesarea fahren musste, sodass wir ein neues Schiff benötigten. »Vielleicht können wir uns hier in Myra zusammen mit Paulus irgendwo absetzen«, flüsterte mir Aristarch zu, der die bisherige Reise über recht wortkarg gewesen war. Ich zischte zurück: »Vergiss es!«

Tatsächlich fand der Hauptmann ein Schiff aus Alexandria, das nach Italien ablegen wollte und bereit war, die Soldaten und die Gefangenen, sowie Aristarch und mich mitzunehmen. Weil wir an der Küste entlang weiter westwärts fuhren, ging es äußerst mühselig voran. Ich suchte mir an Deck mit Paulus ein Plätzchen, an dem wir ungestört sprechen konnten. »Aristarch hat mir vorgeschlagen, wir könnten in Myra versuchen zu fliehen.« Paulus erschrak: »Was hast du dazu gesagt?« – »Nur zwei Wörter: Vergiss es!« – »Gut! Denn Flucht kommt für mich nicht in Frage. Damit würde ich alles verraten, wofür ich gekämpft habe.«

Das überraschte mich. »Wie meinst du das?« Paulus erläuterte: »Solange Christus noch nicht wiedergekehrt ist, hat der Staat eine wichtige Ordnungsfunktion. Ich habe der Gemeinde zu Rom, die den Kaiser direkt vor der Nase hat, geschrieben, dass jedermann der Obrigkeit untertan sein soll, die Gewalt über ihn hat. Denn es gibt keine Obrigkeit außer von Gott.«* – »Du meinst, der

---

* Vgl. Römer 13,1.

Staat hat von Gott die Macht über die Menschen übertragen bekommen?« Paulus antworte nach Momenten des Nachsinnens: »Ich denke, wer sich dem Staat widersetzt, der widerstrebt der Anordnung Gottes. Der Staat als Diener Gottes führt das Schwert nicht zu Unrecht.« – »Das sind klare Worte!« stellte ich fest, und Paulus räumte ein: »Das mag sein, aber wenn Gott der Herr über mein Leben und über die Welt ist, dann ist er auch der Herr, der dem Kaiser Macht über mich gegeben hat. Wenn ich jetzt zu fliehen versuchte, würde ich meine theologischen Überzeugungen, ja meinen Glauben, verraten.« – »Ich verstehe das so: Du erkennst also hinter den Anordnungen des Statthalters Gottes Gebot?« Paulus nickte.

Daraufhin verdeutlichte er: »Deshalb hadere ich auch nicht mit meinem Schicksal. Ich ärgere mich auch nicht darüber, dass ich mich auf den Kaiser berufen habe. König Agrippa hatte ja gesagt, wenn ich das nicht getan hätte, hätte ich freigelassen werden können.« – »Stimmt«, pflichtete ich bei, »hättest du dich lieber nicht auf den Kaiser berufen!« Paulus sah mich lächelnd an: »Das ist doch Quatsch! Die wollten mich doch gar nicht freilassen. Sie hätten sicher einen anderen Grund gefunden, um mich nach Rom zu schicken. Vielleicht hätten sie mich auch längst töten lassen. Glaube mir: Es ist, wie es ist, und es ist gut!« Ich war beeindruckt. Paulus vertiefte: »Wenn ich etwas in meinem Leben gelernt habe, dann ist es die Gewissheit, immer zur richtigen Zeit am richtigen Ort zu sein, und alles, was mir geschieht, ist auch richtig und geschieht nach dem Willen meines Herrn. Das macht mich ruhig. Ich sehne mich nicht nach einem anderen Leben, sondern begreife alles, was um mich herum geschieht, als Einladung zum Wachsen, hin auf Christus. Ja, ich lerne jeden Tag etwas dazu … und vor allem entdecke ich jeden Tag etwas Neues über den Gott, an den ich glaube.«

Das waren große Worte, die ich erst einmal verdauen musste. »Paulus, dein Glaube ist so groß. Zweifelst du eigentlich nie?« Er schaute still, wie nach innen, und sagte: »Doch!« Aber dann fuhr er fort: »Der Zweifel ist der Schatten des Glaubens. Wenn einem die Fähigkeit zu zweifeln fehlt, dann ist man kein gläubiger Mensch. Das ist wie mit dem Mut, Lukas. Wenn dir die Fähigkeit, Angst zu empfinden, fehlt, kannst du auch nicht mutig sein.« Ich schwieg und nahm mir vor, die Worte des Paulus in meinem Herzen zu behalten und zu Hause mit Lydia darüber zu sprechen.

Nach einer guten Weile fragte ich Paulus: »Woher wusstest du eigentlich, dass es in Rom eine christliche Gemeinde gibt?« – »Als ich in Korinth wohnte, kamen Aquila und Priszilla aus Rom. Die beiden berichteten mir, dass Kaiser Claudius zwar versucht habe, alle Christen aus Rom zu vertreiben, dass aber doch einige untergetaucht und dort geblieben seien«, erläuterte Paulus. »Und dann hast du denen geschrieben, obwohl du ja dort sonst niemanden kanntest?«

Paulus erklärte: Von Aquila und Priszilla erfuhr ich das eine oder andere über die Gemeinde in Rom. Es sind dort überwiegend Heidenchristen, aber im Grunde ohne eine theologische Grundlage.« – »Du meinst, sie haben es einfach so gemacht, wie ich in Milet, als ich meinen Lehrmeister Artemidoros getauft habe?« – Paulus nickte: »Genau so! Man hat sich gedacht: Wir sind Heiden, aber wir wollen auch an diesen Jesus glauben, der von den Toten auferweckt worden ist. Die Einhaltung der Thora ist nicht so wichtig – wir machen das einfach so, wie wir uns das vorstellen. Jerusalem und der Hohe Rat sind weit, weit weg. Deshalb habe ich es in meinem Brief an sie für wichtig erachtet, mich nicht nur als Person, sondern auch mitsamt der ganzen Verkündigung vorzustellen, wie du das ja von mir kennst.« – »Du meinst, du hast deine ureigenen theologischen Überzeugungen in diesem Brief schriftlich dargelegt?« Paulus nickte. Sofort fasste ich den Entschluss, mir in Rom diesen Brief zu organisieren. Ich wollte ihn mir abschreiben und nach Philippi mitbringen.

Interessiert bohrte ich weiter: »Darf ich fragen, wie du deine Theologie denn auf den Punkt gebracht hast?« Und Paulus lächelte wieder: »Lukas, du bist so wissbegierig, das ist schön!«, sagte er und meinte dann: »Ich will's versuchen, es kurz zusammenzufassen. Ich habe ihnen geschrieben, dass alle, Juden und Heiden, sich den Zorn Gottes verdient hätten. Deshalb hat Gott Jesus Christus geschickt und aus diesem Grund bin ich der festen Überzeugung: Der Mensch wird vor Gott nicht gerecht, indem er die Werke erfüllt, die die Thora fordert, sondern allein durch den Glauben.« – »Und was sollen sie machen, wenn Juden oder Judenchristen dann kommen und behaupten, Abraham sei aber die Beschneidung geboten worden, und deshalb müssten auch sie beschnitten werden?«

Paulus grinste: »Lukas, du bist mein Bruder im Glauben, diese Frage kannst du dir selbst beantworten!« Ich nickte: »Wenn die Gerechtigkeit durch die Thora kommt, dann ist Christus umsonst gestorben!« – »Eben!«, bestätigte Paulus, »außerdem gibt es in der Thora die Stelle, wonach Abraham Gott geglaubt habe, und sein Glaube ist ihm zur Gerechtigkeit gerechnet worden. Auf dieses Schriftwort habe ich die Römer ausdrücklich hingewiesen.* Wer also Gottes Verheißung in Jesus Christus glaubt, der ist aus meiner Sicht wahrhaftig Nachkomme Abrahams.« Ich staunte über Paulus. Nie war mir bisher die Schrift so klar, so eindeutig auf Jesus hinweisend erkennbar. Keine Frage: Den Brief des Paulus an die Ge-

---

* Vgl. Genesis 15,6 und Römer 4,3.

meinde in Rom musste ich ausfindig machen. Da werden meine Schwestern und Brüder in Philippi Augen machen, wenn ich mit einer Abschrift dieses Schreibens zurückkehre!

Wir waren auch jetzt nur mühsam in westlicher Richtung vorangekommen. Deshalb hatte der Kapitän nach Süden abdrehen lassen und Kreta als nächstes Ziel benannt. Paulus sagte mir, er habe ein sehr ungutes Gefühl bei dieser Fahrt. Als wir in den Güterhafen im Süden Kretas eingefahren waren, riet Paulus dem Kapitän, bis auf Weiteres hierzubleiben, um nicht in einen Wintersturm zu geraten. Doch sowohl Hauptmann als auch Kapitän wollten davon nichts wissen: »Dieser Hafen ist zum Überwintern denkbar ungeeignet!«, behaupteten sie und so liefen wir wieder aus. Wir segelten erst einmal an Kreta entlang, ehe wir uns aufs offene Meer wagten. In dem Augenblick, in dem die Kretische Küste hinter dem Horizont verschwunden war, türmten sich plötzlich immer dunklere Wolken am Himmel auf. Der Kapitän blickte sorgenvoll nach oben: »Da braut sich was zusammen!«

Keine zwei Stunden später brach ein Sturm los, wie ich ihn noch nie erlebt hatte – nicht einmal damals vor Milet. Die Segel waren längst gerefft; trotzdem warf der Sturm unser Schiff hin und her. Es ächzte und stöhnte. Ich selbst wäre mehrfach fast über Bord gegangen, aber immer wieder gelang es mir, mich noch irgendwo festzuhalten. Der Mastbaum bog sich und drohte immer wieder abzubrechen – und das, obwohl kein Segel daran hing. Als nach vielen Stunden der Sturm immer noch nicht nachgelassen hatte, ließ der Kapitän den Anker werfen in der Hoffnung, dadurch etwas Stabilität zu bekommen. Doch es half nichts. Der Anker bekam den Meeresboden einfach nicht zu fassen. Schließlich brüllte er – wegen des heulenden Windes konnten wir ihn kaum verstehen –, wir müssten leichter werden, sonst würde das Schiff auseinanderbrechen. So begannen wir im größten Sturm und längst total durchnässt, alles, was nicht niet- und nagelfest war, ins tosende Meer zu werfen. Blitze zuckten und der Donner rollte. Die Matrosen riefen Jupiter um Hilfe an, aber der hatte offenbar kein Einsehen. Der Sturm tobte weiter noch die ganze Nacht und den folgenden Tag hindurch. Immer wieder dachte ich, mich würden die Kräfte verlassen. In Anbetracht der Gefahr, dass das Schiff jeden Moment sinken könnte, verbot der Kapitän allen, unter Deck zu gehen.

Es waren also alle zugegen, als mitten in dem größten Sturm Paulus – total durchnässt wie alle anderen auch – vorsichtig auf den Mastbaum zukroch und, nachdem er ihn erreicht hatte, langsam sich an einem Tau, das herunterhing, festhaltend aufstand. Da stand er nun in der Mitte des Schiffes, festgekrallt am Mast eines Schiffes, das im Sturm Geräusche von sich gab, als wollte es jede Sekunde zerbrechen. So laut er konnte, rief er: »Ihr Männer, man hätte auf mich hören sollen und nicht von Kreta aufbrechen dürfen. Dann wäre uns viel Leid und Schaden erspart geblieben!« Vor Schreck wäre ich fast schon wieder über Bord gespült worden. Ich glaubte, mich verhört zu haben! Musste sich Paulus auch hier unbeliebt machen? Ist er noch bei Trost? Wir kämpfen hier um unser Überleben und er stellt sich hin und sagt: ›Hättet ihr mal auf mich gehört!‹ Jetzt noch Öl ins Feuer zu gießen, da macht man sich keine Freunde. Musste das jetzt sein? Paulus war ein Mann, dessen Wissen und Intelligenz ich immer wieder bewunderte. Aber wie konnte der so etwas sagen? Ich blickte in die Gesichter der abgekämpften Männer und sie sahen so aus, als würden sie den »Klugscheißer« am liebsten über Bord werfen.

Aber nach einer kurzen Pause rief Paulus ihnen zu: »Ich bin mir sicher, dass keiner von uns umkommen wird. Seid also getrost und unverzagt, auch wenn wir das Schiff wohl verlieren werden. Aber wir werden alle in Rom sicher ankommen. Ganz sicher! Wir werden bald auf eine Insel treffen.« Durch diese Rede schöpften die Matrosen tatsächlich neue Hoffnung und Kraft und wir alle nahmen von Neuem den Kampf mit den Elementen auf. Einer der Matrosen fragte mich: »Woher will der Gefangene das alles eigentlich wissen?« Und ich meinte bloß: »Der weiß das einfach!« In diesem Moment brach der Mastbaum. Es gab einen ohrenbetäubenden Krach, und um ein Haar wäre der Hauptmann Julius erschlagen worden. Uns blieb nichts, als uns weiter an Tauen oder an der Reling festzuhalten. Der Regen prasselte nach wie vor unaufhörlich auf uns herab, und der Wind zerrte und riss weiter an unserem inzwischen schwer gezeichneten Schiff; allerdings war offenbar das Gewitter endlich weitergezogen.

Nach insgesamt zwei Tagen ließ auch der Sturm nach. Das Schiff gelangte wieder in ruhigere Fahrwasser. Allerdings stellte der Steuermann fest, dass das Steuerruder gebrochen war. Wir waren manövrierunfähig. »Wo sind wir hier eigentlich?«, fragte ich den Kapitän. Der meinte nur trocken: »Auf dem Meer!« – ›So genau wollte ich es gar nicht wissen‹, dachte ich mir, sagte aber nichts. Offenbar hatte auch er keine Ahnung, wo genau wir gerade herumdümpelten. Nach drei Tagen Sturm schien erstmalig wieder die Sonne. Ein paar Männer feierten mit Aristarch, Paulus und mir das Herrenmahl und ließen sich danach erklären, was der Sinn dieser Mahlfeier eigentlich war. Viel hatten wir nicht mehr zu essen. Auch die Wasservorräte an Bord gingen langsam zur Neige. Doch nach weiteren drei Tagen sahen wir einen Zweig im Wasser treiben und waren sicher, dass das Land nicht mehr weit sein konnte. Endlich fassten wir wieder Mut.

Als es dann Nacht wurde, spürten Paulus und ich, dass etwas an Deck vor sich ging. Wir schlichen uns hoch und stellten fest, dass die Matrosen zusammen mit dem Kapitän die Rettungsboote zu Wasser lassen wollten. Offenbar hatten sie vor, zu fliehen und uns auf dem Wrack zurücklassen. Da ging Paulus zum Hauptmann Julius, weckte ihn und flüsterte ihm zu: »Wenn die Matrosen von Bord gehen, werden wir alle sterben.« Sofort rief der Hauptmann seine Soldaten zu den Waffen und befahl ihnen, die Flucht der Matrosen zu verhindern. Die Soldaten schnitten daraufhin die Seile der kleinen Ruderboote einfach ab und ließen sie unbemannt ins Wasser fallen. Jetzt konnte niemand mehr das marode Schiff verlassen. Die Matrosen waren außer sich vor Wut, als sie bemerkten, dass ihr Fluchtplan vereitelt war. Aber es half ihnen nichts: Sie mussten mit uns an Bord des Wracks bleiben.

Ich hörte, wie der Hauptmann Paulus seinen Dank aussprach und ihn dann fragte, wie es weitergehen solle und ob er einen Plan habe. Paulus antwortete darauf schelmisch: »Ich habe ein Ziel: Am Leben zu bleiben. Der Plan kommt noch!« Da lachte der Hauptmann und ging unter Deck. Ich staunte über die Weitsicht des Paulus und nickte ihm anerkennend zu. Paulus grinste und flüsterte: »Mache deine Bewacher zu deinen Freunden, und sie werden es dir einmal zurückgeben.«

Am nächsten Morgen sahen wir tatsächlich am Horizont eine Küste. Als wir feststellten, dass uns der Wind geradewegs Richtung Land trieb, kannte unsere Freude kaum Grenzen. Wir waren gerettet. Unser Schiff ächzte und stöhnte, und es war fast ein Wunder, dass es noch nicht gesunken war. Kurz bevor wir die Insel erreichten, wurde unser Schiff auf eine Sandbank gespült. Ruckartig blieb es hängen, das Heck wurde durch eine große Welle nach oben gehoben, und als es wieder nach unten fiel, brach es ab. Das Schiff sank. »Alle Mann von Bord!«, rief der Kapitän und ein Großteil der Mannschaft folgte dem Befehl.

Einige Matrosen hatten jedoch inzwischen herausgefunden, dass es Paulus war, der ihre Flucht verraten hatte. Deshalb zögerten fünf von ihnen, ins Wasser zu springen. Als schließlich nur noch Paulus und ich auf dem Boot waren, umringten sie uns: »Du bist der Verräter!«, sagte einer zu Paulus und zückte ein Messer, »jetzt wirst du büßen!« Die anderen ballten die Fäuste. »Jetzt kriegt ihr die Quittung für euer falsches Spiel!«, sagte ein anderer. Gerade wollte ich entgegnen, dass wir im Grunde auch sie dadurch gerettet hätten, da hörte ich eine Stimme: »Lasst die Leute in Ruhe!« Wir drehten uns um. Vor uns stand mit blitzenden Augen der Hauptmann Julius, der gerade aus dem Schiffsbauch geklettert war. »Ihr seid wohl verrückt! Ich werde diesen Mann wohlbehalten nach Rom bringen, und ihr werdet mich nicht davon abhalten.«

Die Matrosen blieben wie versteinert stehen und starrten den Hauptmann irritiert an. Offenbar hatten sie nicht damit gerechnet, dass er noch an Bord war. »Habt ihr nicht verstanden?«, rief Julius und zückte sein Schwert, »ihr sollt die Männer in Ruhe lassen. Sie gehören zu mir! Außerdem sollt ihr von Bord, oder soll ich euch ins Wasser werfen? Verschwindet hier und kommt mir ja nicht mehr unter die Augen, sonst Gnade euch Jupiter!« Da endlich kletterten die Männer nacheinander die Bordwand herunter, ließen sich ins Wasser gleiten und begannen, an Land zu schwimmen. »Danke!«, sagte Paulus dem Hauptmann; dieser sagte nur: »Ich habe meinem Vorgesetzten zugesagt, dass ich dich heil in Rom abliefere. Und ich gedenke, diese Mission zu erfüllen.« Dann zwinkerte er ihm zu und fügte an: »Jetzt sind wir quitt!« Da lachten wir alle und gingen gemeinsam von Bord und schwammen zur Insel.

Es stellte sich heraus, dass wir in Malta an Land gespült worden waren. Glücklicherweise waren die Malteser sehr gastfreundlich. Nachdem uns ein Einheimischer entdeckt hatte, rief er sofort das ganze Dorf zusammen. Man zündete ein großes Feuer an, an dem wir unsere Kleider trocknen und uns aufwärmen konnten.

Alle schwärmten aus, um Feuerholz zu suchen. Und da geschah ein großes Unglück. Paulus wurde von einer Schlange in die Hand gebissen. Sie hatte sich derart fest hineinverbissen, dass es nicht möglich war, sie von der Hand zu lösen. Die Malteser schrien: »Der Mann muss ein Mörder sein! Die Göttin der Rache sorgt jetzt bei ihm für Gerechtigkeit!« Während Paulus sich vor Schmerzen krümmte, brüllte ich die Leute an: »Haltet endlich den Mund! Dieses Unglück hat mit Rache nichts zu tun. Sucht lieber Paracary. Das ist die einzige Pflanze, die jetzt noch helfen kann!« Das taten sie zwar nicht, aber wenigstens verhielten sie sich ruhig.

Ich führte Paulus zum Feuer und riet ihm, die Hand mit der Schlange über die Flammen zu halten. Das zeigte Wirkung: Tatsächlich ließ die Schlange schnell von Paulus ab und fiel ins Feuer. Dann ließ ich Paulus sich auf den Boden legen und sah mir die Wunde genauer an. Als Erstes versuchte ich, die Blutung zu stillen. Da ich es durchaus für möglich hielt, dass eine Giftschlange Paulus gebissen haben könnte, band ich die Hand mit einem Strick ab, damit das verunreinigte Blut nicht in den ganzen Blutkreislauf gelangen konnte. Dann machte ich mich sofort auf die Suche nach Paracary, um ein Gegengift zuzubereiten. Es dauerte einige Zeit, bis ich die geeigneten Pflanzen gefunden und zu einer Salbe verarbeitet hatte. Diese strich

ich auf die inzwischen angeschwollene Hand. Schließlich konnte ich das Seil, mit dem ich die Hand abgebunden hatte, wieder entfernen. Und tatsächlich schwoll die Hand bis zum Abend ab. Jetzt war ich mir sicher: Paulus würde überleben.

Ich atmete auf: »Es war doch gut, dass ich mitgekommen bin!«, sagte ich zu ihm, und Paulus nickte: »Lukas, ohne dich wäre ich jetzt tot!« Da fiel mir ein, dass er uns nach Philippi den Satz geschrieben hatte: »Christus ist mein Leben, und Sterben ist mein Gewinn!« Deshalb wusste ich jetzt nicht, ob Paulus für die Rettung seines Lebens Dank empfand, aber dann sagte er doch: »Hab Dank, mein Bruder!«, und umarmte mich. Als die Malteser sahen, dass Paulus wieder gesund geworden war, fielen sie vor ihm auf die Knie und wollten ihn – ähnlich wie damals die Leute aus Lystra – als Gott anbeten. Aber Paulus hinderte sie daran und forderte sie auf, an Jesus Christus zu glauben.

Nachdem die Sonne untergegangen war, kam ein offensichtlich schwerreicher Mann zu uns. Er hatte von dem gestrandeten Schiff und den Leuten gehört, die hier an Land gegangen waren. Nun war er neugierig geworden: »Publius ist mein Name!«, stellte er sich vor, und der Hauptmann Julius lud ihn ein, mit uns zu Abend zu essen. Doch Publius lächelte und fragte nach dem Mann, der den Schlangenbiss überlebt habe. Da trat Paulus vor und erzählte ihm, was geschehen war. Publius hörte sich alles genau an, dann sprach er: »Da ihr offensichtlich so besondere Leute seid, würde ich mich freuen, euch in meinem Landhaus beherbergen zu dürfen – es ist nicht weit von hier.« Da zog Paulus die Schultern hoch und meinte: »Ich bin ein Gefangener auf dem Weg nach Rom. Dort soll mir vor dem Kaiser der Prozess gemacht werden. Deshalb kann ich das nicht entscheiden.« Daher trat der Hauptmann vor und sagte: »Vielen Dank für eure Einladung! Da wir für heute Nacht noch kein Obdach haben, kommen wir sehr gerne zu dir!«

Publius blickte etwas verwirrt drein. Er wollte offenbar nur Paulus und seine Gefährten, also Aristarch und mich, einladen. Jetzt aber kamen etwa zwanzig Soldaten dazu. Aber, was wollte er jetzt machen? Deshalb sagte er nur: »Wenn alle Soldaten mitkommen, dann müssen sie aber in der Scheune schlafen!« Die Soldaten waren zufrieden, und so gingen wir ein Stück weit zum Landhaus des Publius. Ich staunte. Es war eine prächtige große Villa mit vielen Nebengebäuden. Die Soldaten wurden in der Scheune einquartiert und wir, das heißt: Paulus, Aristarch, der Hauptmann und ich, bekamen Zimmer im Haus zugewiesen.

Am nächsten Morgen bat mich unser Gastgeber, seinen Vater Maltesius einmal anzusehen. Er liege bereits seit Wochen krank im Bett, und er würde sich große Sorgen machen. So wurde ich in das Zimmer des Kranken gebracht. Ich erschrak. Maltesius war blass und abgemagert. Er hatte hohes Fieber und nach meiner ersten Einschätzung wahrscheinlich die Ruhr. Sofort gab ich Anweisungen, welche Pflanzen die Sklaven des Publius sammeln sollten, und machte mich zunächst daran, eine fiebersenkende Arznei herzustellen. Dies dauerte bis zum Abend. Aber schließlich konnte ich ihm vorsichtig den von mir gebrauten Trank einflößen. Nach meiner Einschätzung müsste sich dadurch auch der Durchfall bessern.

Am nächsten Morgen ging es Maltesius schon viel besser. Und Publius war glücklich. Offenbar war er so glücklich, dass er die Nachricht von der wunderbaren Genesung seines Vaters überall auf der Insel verbreiten ließ. Dies hatte zur Folge, dass bereits am nächsten Morgen der Platz vor der Villa mit Menschen überfüllt war, die ganz unterschiedliche Gebrechen hatten und auf Linderung oder sogar Heilung hofften. Publius weckte mich und bat mich, hinauszugehen und mich um die Leute zu kümmern. So arbeitete ich den ganzen Tag bis tief in die Nacht, um den Menschen zu helfen, was tatsächlich immer wieder, wenn auch nicht durchgängig gelang. So blieben wir insgesamt drei Monate im Haus des Publius. Immer wieder kamen Kranke und ließen sich von mir behandeln. Oft war ich mit meiner ärztlichen Kunst am Ende, aber mindestens genauso oft gelang es mir, den Geplagten Linderung oder – sofern möglich – Heilung zu verschaffen. Paulus nutzte die Gelegenheit, den Kranken von Jesus Christus zu erzählen. Nicht wenige von ihnen ließen sich von ihm taufen. Auch unser Gastgeber und der Hauptmann Julius hörten immer wieder interessiert zu, auch wenn sich beide nicht zu einer Taufe durchringen konnten.

Als der Winter nach drei Monaten vorüber war, ließ der Hauptmann zum Aufbruch rüsten. Er hatte im Hafen ein Schiff ausfindig gemacht, das aus Alexandria stammte und uns bis nach Syrakus mitnehmen würde. Wir verabschiedeten uns von unserem großzügigen Gastgeber Publius. Unsere gesamten Habseligkeiten, die wir durch den Schiffbruch verloren hatten, ersetzte er uns aus Dankbarkeit für die Genesung seines Vaters: »Lukas, dass du meinen Vater wieder gesund gemacht hast, das werde ich dir nie vergessen«, sagte er mir zum Abschied, und ich antwortete: »Danke nicht mir, sondern ihm!« Dabei zeigte ich nach oben. »Ohne sein Wirken ist meine Heilkunst umsonst!« Publius lächelte: »Ich werde darüber nachdenken! Möge euer Gott euch beschützen!« – »Möge er auch dich und deinen Vater beschützen!«, sagte ich und wir umarmten einander. Auch von Paulus verabschiedete er sich genauso herzlich. Ja, wir waren über die Monate fast Freunde geworden. Eigentlich schade, dass er sich nicht hat taufen lassen!

Mit diesen Gedanken bestiegen wir das Schiff nach Syrakus. Die Sonne schien freundlich vom Himmel und es versprach, eine angenehme Schiffsreise zu werden. Und das war sie tatsächlich auch. Wir genossen die Zeit an Deck, und auch zu essen hatten wir mehr als genug. Publius hatte uns überreich mit Proviant eingedeckt. Es war eine geradezu entspannte Fahrt. »Ach Kinder, Kinder, ist das nicht furchtbar?«, sagte Paulus immer wieder und jedes Mal lachten wir herzlich darüber.

In Syrakus gingen wir an Land. Das Schiff, das uns hierher gebracht hatte, musste wieder nach Alexandria zurück, und der Hauptmann machte sich auf die Suche nach einer neuen Mitfahrgelegenheit. Es dauerte drei Tage – die Nächte mussten wir mitsamt den Soldaten im Freien verbringen –, bis er einen Kahn gefunden hatte, der Platz genug für uns hatte und uns bis nach Puteoli mitnahm. Dort fanden wir eine kleine christliche Gemeinde. Die Christen dort baten uns, bei ihnen zu bleiben. Sie hätten schon von Paulus gehört und wären gespannt, was er ihnen zu sagen hatte. Da uns mit Hauptmann Julius ebenfalls bereits fast eine Freundschaft verband, willigte dieser ein, sodass wir mit den Schwestern und Brüdern von Puteoli immer wieder das Herrenmahl feiern konnten. Nach sieben Tagen brachen wir aber auch von dort auf und wanderten auf dem Landweg Richtung Rom.

In Tres Tabernae kamen uns römische Christen entgegen, unter ihnen auch das Ehepaar, das Paulus aus Korinth kannte: Aquila und Priszilla. Das war ein herzliches

Wiedersehen. Als sie vom Tod des Claudius, der sie aus Rom verbannt hatte, gehört hatten, seien sie wieder zurückgekehrt. »Rom ist und bleibt eben unsere Heimat!«, sagten sie. Sie hätten von unserer Ankunft erfahren und wollten uns schon vor den Toren der Ewigen Stadt in Empfang nehmen. Hauptmann Julius und seinen Soldaten gegenüber waren die Brüder und Schwestern ebenso herzlich. So gesellten sich auf unserem letzten Wegabschnitt auf der Via Appia immer mehr Menschen zu uns, die hören wollten, wie es Paulus bisher ergangen war und was Paulus ihnen zu sagen hatte.

Aquila sprach Paulus auf seinen Römerbrief an: »Wir waren alle mächtig beeindruckt, als dein Schreiben hier ankam. Und gefreut haben sich alle, dass du uns besuchen willst!« – »Naja«, sagte Paulus, »eigentlich hatte ich mir meinen Besuch anders vorgestellt.« – »Hauptsache, du bist jetzt erst einmal da!«, freute sich Priszilla und meinte: »Du bist dünn geworden, Paulus. Ich glaube, wir müssen dich in Rom ein bisschen aufpäppeln.« Paulus lächelte süßsauer, schließlich kam er doch als Gefangener nach Rom.

Zwar näherten wir uns dem Ziel unserer Reise und damit rückte auch der Prozess näher, der Paulus in Rom gemacht werden sollte, aber aufgrund der Herzlichkeit der Schwestern und Brüder waren wir sehr zuversichtlich. ›Es wird schon alles gut werden!‹, dachte ich, und Paulus schien ähnlich zu denken. In Rom selbst meldete sich Julius mit seinen Soldaten im Prätorium und erläuterte seinen Befehl. Von unseren römischen Begleitern waren nur noch Aquila und Priszilla bei uns.

Die Wache der Prätorianer wirkte irgendwie überfordert und ziemlich desinteressiert. Ich hörte, wie einer zu Julius sagte: »Wenn da im fernen Jerusalem einer Rabatz macht, kratzt uns das hier nicht die Bohne.« –

Julius reagierte etwas ratlos: »Ja, ich habe meine Schuldigkeit getan, jetzt müsst ihr euch um ihn kümmern.« – »Was hat er denn getan?«, fragte einer, und Julius konstatierte: »Keine Ahnung! Ich weiß nur, dass er sich vor dem Statthalter Festus auf den Kaiser berufen hat. Und als römischer Bürger hat er das Recht, vom Kaiser gehört zu werden.« – »Wo kommen wir denn da hin, wenn jeder, der meint, er wird ungerecht behandelt, vom Kaiser gehört werden muss?« fragte der Oberst der Prätorianer unwirsch zurück. Julius antwortete: »Also eines kann ich euch sagen: Er hätte auf der langen Fahrt von Caesarea nach Rom mehrfach türmen können, hat es aber nicht getan. Außerdem hat er den Menschen, die uns begegnet sind, immer geholfen, wo er konnte. Ich halte ihn für einen sehr vertrauensvollen Menschen. Und wenn es nach mir ginge, könntet ihr ihn ruhig freilassen.«

Als ich das hörte, schöpfte ich Hoffnung. Sollte Paulus hier freigelassen werden? Das wäre ja großartig! »Hast du gehört?«, flüsterte ich Paulus zu, »vielleicht lassen sich dich hier frei.« Paulus lächelte – es war ein Lächeln, das ich nicht deuten konnte. Aber dann sagte er leise zu mir: »Ich glaube, hier ist für mich die Endstation!« Und tatsächlich meinte der Oberst der Prätorianer plötzlich: »Na gut, wenn er so vertrauenserweckend ist, wie du sagst, dann können wir ihn in dem Haus neben dem Kolosseum unterbringen. Da hat er es dann auch nicht weit, wenn er den Löwen zum Fraß vorgeworfen wird.« Und dann lachte er dreckig, als hätte er einen tollen Witz gerissen.

Ich war entsetzt über so viel Menschenverachtung. Dann fügte er hinzu: »Ich werde so lange einen Soldaten zu seiner Bewachung abstellen, bis ich herausgefunden habe, was mit ihm geschehen soll.« Julius salutierte und bat noch: »Er ist ein guter Mann! Seid gut zu ihm!« Der

Oberst würdigte ihn keines Wortes mehr. Dann verabschiedete sich Julius von uns und trat mit seinen Soldaten den Heimweg an.

Zwei römische Legionäre nahmen nun Paulus in die Mitte und führten ihn zu einer kleinen Hütte in der Nähe des Kolosseums. Als wir die mächtige Arena sahen, standen uns Augen und Münder vor Staunen weit offen. »Das ist so eindrücklich wie der Leuchtturm von Pharos oder der Tempel der Artemis von Ephesus!«, sagte ich tief beeindruckt und nahm mir vor, das Kolosseum am nächsten Tag genauer anzusehen. Die Legionäre sperrten die Tür des kleinen Hauses auf und stießen Paulus hinein. Einer der beiden folgte ihm. Weil die Tür noch offen war, wurde ich Zeuge des anschließenden Gespräches. Der Soldat sagte in militärischem Ton: »Hier wirst du jetzt bleiben! Du darfst das Haus nicht verlassen. Ich werde dich bewachen. Wenn du zu fliehen versuchst …,« er strich sich mit der flachen Hand über den Hals und wir wussten, was er damit meinte. Paulus nickte und fragte: »Darf ich wenigstens Besuch empfangen?« – »Von mir aus!«, sagte der Soldat desinteressiert, »solange du dableibst. Aber Fremde dürfen hier nicht übernachten.«

Da es schon spät war, verabschiedeten wir uns nun auch von Paulus. »Morgen komme ich wieder und sehe nach dir!«, versprach ich und wollte gerade damit beginnen, eine Herberge für Aristarch und mich zu suchen, da meldete sich Priszilla zu Wort: »Ihr wohnt natürlich bei uns! So weit kommt es noch, dass wir Brüder nicht bei uns aufnehmen!« Dankbar nahmen wir die Einladung an. Am Abend bei einem Becher Wein erzählte ich von der abenteuerlichen Fahrt von Caesarea nach Rom. Priszilla erkundigte sich dann auch nach meiner Frau – dabei fiel mir auf, wie lange ich sie schon nicht mehr gesehen hatte. Tränen schossen mir in die Augen und Priszilla war eine

Weile still, bevor sie das Thema wechselte: »Und morgen willst du gleich wieder zu Paulus?«, ich nickte: »Ich muss mich doch davon überzeugen, dass es ihm gutgeht. Er hat viel erlitten und ist körperlich nicht mehr ganz auf der Höhe. Aber er ist für mich auch ein Beispiel dafür, was ein Mensch alles schaffen kann, wenn er von etwas überzeugt ist.«

Im Laufe unseres Gesprächs fragte ich nach dem Brief, den Paulus an die Gemeinde Roms geschrieben habe. »Wir haben eine Abschrift hier!«, sagte Aquila und stand auf, um die Papyrusseiten zu holen. Nach kurzer Zeit kam er zurück und hielt einen dicken Packen in der Hand. »So viel hat er euch geschrieben?«, fragte ich und unsere Gastgeber nickten. Ich schaute auf den Brief und las seinen Anfang: *Paulus, ein Knecht Christi Jesu, berufen zum Apostel, ausgesondert zu predigen das Evangelium Gottes, das er zuvor verheißen hat durch seine Propheten in der Heiligen Schrift, von seinem Sohn, der geboren ist aus dem Geschlecht Davids nach dem Fleisch, der eingesetzt ist als Sohn Gottes in Kraft nach dem Geist, der da heiligt, durch die Auferstehung von den Toten – Jesus Christus, unserm Herrn. Durch ihn haben wir empfangen Gnade und Apostelamt, den Gehorsam des Glaubens um seines Namens willen aufzurichten unter allen Heiden, zu denen auch ihr gehört, die ihr berufen seid von Jesus Christus. An alle Geliebten Gottes und berufenen Heiligen in Rom: Gnade sei mit euch und Friede von Gott, unserm Vater, und dem Herrn Jesus Christus!**

Ja, das war die Stimme des Paulus. So konnte nur er reden und schreiben! Die halbe Nacht über studierte ich bei Kerzenschein den Brief. Am nächsten Morgen bat ich Aquila, den Brief abschreiben zu dürfen. »Natürlich! Ich besorge dir gleich heute ausreichend Papyrus!«, sagte

* Römer 1,1-7.

unser Gastgeber freundlich. Ich bedankte mich herzlich und machte mich nach einem kurzen Morgenmahl gleich auf zu Paulus.

Ich traf ihn beim Morgenmahl mit dem Wachmann zusammen an. Die beiden unterhielten sich über das Wetter. ›Wie interessant!‹, dachte ich. Gerade hörte ich noch den Soldaten sagen: »Du weißt ja, was man vom Wetter sagt: Alle reden darüber, aber niemand tut was dagegen.« Ich rollte die Augen, aber Paulus lachte. Als er mich sah, lud er mich ein: »Setz dich zu uns, Bruder!« Das ließ ich mir nicht zweimal sagen. Schließlich erzählte der Legionär – seinen Namen habe ich inzwischen wieder vergessen – großspurig von den Schlachten, an denen er teilgenommen habe und verkündete stolz, welche Heldentaten er dabei vollbracht habe.

Als wir dann allein im Raum saßen, meinte ich: »Dein Bewacher scheint ja ein großer Held zu sein!« Paulus grinste: »Das glaube ich nicht. Wirkliche Helden reden nicht über das, was sie geleistet haben. Die Angeber sind diejenigen, die nichts so recht auf die Reihe gekriegt haben.« Zweifellos hatte Paulus auch hier völlig recht. Dann redeten wir über seinen Brief, den er an die Jesus-Gemeinde in Rom geschickt hatte. »Ich habe ihn gestern Nacht studiert. Er ist ja sehr ausführlich!« – »Das ist auch nötig gewesen! Schau mal: Die Römer haben mich ja kaum gekannt. In meinen anderen Briefen an die Gemeinden, die ich gegründet hatte, konnte ich mich kurz fassen, weil sich die Gläubigen – hoffentlich – an meine Predigten erinnerten. Aber mit den Römern war das anders.« – »Denen musstest du erst einmal ein bisschen Theologie beibringen, was?«, fragte ich und grinste dabei.

Paulus grinste zurück: »So kann man es auch sagen. Aber eigentlich wollte ich mich ihnen nur vorstellen und meinen Besuch ankündigen.« – »Und dafür braucht man über zwanzig Papyrusblätter?« – »Lukas, du kennst mich doch! Wenn ich einmal im Schwung bin ...« – »... dann hält dich keiner mehr auf.« Da lachten wir beide.

Nach einer kurzen Stille meinte ich, dass ich den Römerbrief abschreiben und die Abschrift nach Philippi mitnehmen wolle. Paulus erschrak: »Natürlich, du musst dringend zurück nach Philippi zu Lydia und deinen Jungs!« Ich versuchte, ihn zu beruhigen: »Phaidros ist schon groß. Er kann auf die Familie aufpassen. Und außerdem ist Lydia eine starke und selbstständige Frau, die ...« – »Papperlapapp!«, fuhr mir Paulus dazwischen »du bist schon lange genug von zu Hause weg. Es ist höchste Zeit, dass der Familienvater endlich wieder nach seiner Familie schaut!« Ich atmete tief durch. Tatsächlich fehlte mir meine Familie sehr. Dann sagte ich: »Jetzt schreibe ich erst einmal noch den Brief ab. Aquila hat in der Zwischenzeit bestimmt schon genügend Papyrusblätter besorgt, und morgen schaue ich noch einmal bei dir vorbei – vielleicht weißt du ja dann schon Genaueres im Hinblick auf den Prozess, der dich erwarten soll.« Paulus nickte: »Tatsächlich hat für morgen früh der Oberst seinen Besuch angekündigt. Vielleicht kann der mir dann Genaueres sagen.« – »Also dann, bis morgen! Ich freue mich, wenn wir einander wiedersehen!«, sagte ich und wir verabschiedeten uns herzlich.

Kaum war ich bei Aquila und Priszilla angekommen, wollte ich mit dem Abschreiben beginnen. Priszilla bestand allerdings darauf, dass ich zuerst etwas essen müsste. Dann erkundigten sie sich genau nach Paulus und waren hoch erfreut, dass er so problemlos Besuche empfangen dürfe: »Das müssen wir gleich in der Gemeinde erzählen!«, nahmen sie sich vor.

Ich nahm mir eine Kerze, den Römerbrief und die von Aquila besorgten Papyrusblätter und begann mit dem Abschreiben. Tief in der Nacht war ich mit meiner Abschrift fertig, sank todmüde auf mein Lager und schlief sofort ein.

Anderntags sprach ich beim Morgenmahl lange mit Aquila über die Wahrscheinlichkeit, dass Paulus bald freikommen könnte. Er war skeptisch: »Die Mühlen der römischen Justiz mahlen langsam, aber sie mahlen. Wenn einer als Gefangener angeliefert wird, dann wird er ohne gute Gründe nicht freigelassen. Aber in seinen jungen Jahren hatte Kaiser Nero immer wieder wohlwollende Gerichtsurteile gefällt. Er ist beim Volk durchaus beliebt. Wenn sich Paulus wirklich vor ihm vertreten darf, dann könnte das für ihn noch gut ausgehen.«

Am Nachmittag besuchte ich wieder Paulus in seinem Haus. Er schien mir etwas deprimiert: »Gibt es etwas Neues?«, fragte ich ihn und er nickte: »Der Oberst der Prätorianergarde hat mir keine Hoffnung gemacht, dass sich an meiner Situation in der nächsten Zeit irgendetwas ändern würde. Die Entscheidung meines Falles habe er an die nächsthöhere Instanz, den Senat, weitergeleitet, aber dieser würde sich sicher bis auf Weiteres nicht um mich kümmern können. Er sprach von einer Wartezeit von mindestens einem Jahr, wahrscheinlich würden es aber zwei oder drei Jahre, die ich jetzt hierbleiben müsse.« Ich war sprachlos! Zwei bis drei Jahre in Ungewissheit! Das würde an den Nerven zerren! Außerdem könnte ich nie und nimmer so lange in Rom bleiben. Meine Familie würde denken, dass ich tot bin, wenn ich so lange nicht nach Hause komme. Was war zu tun?

Schließlich ergriff Paulus wieder das Wort: »Lukas, wie du siehst, bin ich hier gut versorgt. Ich danke dir herzlich, dass du mich bis nach Rom begleitet hast. Aber jetzt ist es an der Zeit, dass du zu deiner Familie heimkehrst. Noch ist Sommer und du wirst ohne Unterbrechung reisen können. Also: Mach dich auf den Weg!« Er wusste es und ich wusste es auch: Ich musste nach Hause! Trotzdem zögerte ich. Das Verfahren des Paulus war so in der Schwebe – und was würde geschehen, wenn er krank würde? Ich kämpfte mit mir einen inneren Kampf, der eigentlich längst entschieden war. Da sagte Paulus: »Wenn mein Prozess entschieden ist und ich frei bin, werde ich als Erstes zu dir nach Philippi kommen. Also mach dir keine Sorgen. In Philippi sehen wir uns wieder. Und dann werden wir über unsere Sorgen und Ängste von heute gemeinsam lachen.«

Ich wusste genauso wie er, dass das nicht der Fall sein würde. »Dass dein Prozess hier mit einem Freispruch enden wird, das wäre zu schön, um wahr zu sein«, sagte ich und leise fügte ich hinzu, »also ist es wahrscheinlich nicht wahr!« Paulus reagierte auf seine Weise: »Was kann mir schon geschehen?« – »Dann ist es jetzt wohl an der Zeit, Abschied zu nehmen!« Paulus nickte und wir umarmten einander lange und fest. Ich ahnte tief in mir, dass es die letzte Umarmung mit dem Mann sein würde, der mein Leben nachhaltig zum Guten geändert hat, von dem ich so viel gelernt hatte und dem ich so viel verdankte. »Werden wir einander wiedersehen?«, fragte ich mit tränenerstickter Stimme und wieder nickte Paulus: »Ganz sicher! Entweder in Philippi oder direkt beim Herrn. Vielleicht kommt er ja morgen schon. Es wird nicht mehr lange dauern.« – Ich war mir da nicht so sicher. Er hatte jetzt schon so lange auf sich warten lassen, und auch Paulus hatte in der letzten Zeit immer seltener von der bald bevorstehenden Wiederkunft Jesu gesprochen. Deshalb ging ich nicht auf seine Sätze ein. Sie schienen mir wie ein letzter Strohhalm, an den er sich klammerte.

Dann sagte Paulus: »Und wenn du mal einen Bruder brauchst, dann weißt du ja, wo du mich findest.« Und ich antwortete: »Du meinst: Ich muss dich nur dort suchen, wo es Streit gibt?« Da lachten wir beide. Schließlich sagte ich wieder ernsthaft: »Dann will ich dir noch sagen, dass du ein besserer Freund und Bruder für mich bist, als ich es je verdient habe. Gott mit dir, mein Bruder!«, presste ich heraus und gab ihm den Bruderkuss auf die Wange. – »Und mit dir, Bruder! Unter meinen Mitarbeitern bist du der Treueste. Ich danke dir für alles, was du für mich getan hast. Möge es dir Gott vergelten und mögen wir einander wiedersehen im Reich des Herrn!« Tränen schossen mir in die Augen, ich konnte nichts mehr sagen. »Und grüß mir die Philipper und ganz besonders Lydia!«, fügte er hinzu. Unter meinem Tränenschleier konnte ich ihn nur noch schemenhaft erkennen. Dann nickte ich und verließ ihn.

Niedergeschlagen schleppte ich mich zurück zu Aquila und Priszilla. Es war ein trauriger letzter Abend, den ich in Rom zubrachte. Schließlich tauchte sogar Aristarch mal wieder auf. Er habe Freunde besucht und sei deshalb so lange weggewesen. Dann erkundigte er sich nach Paulus, und ich nahm ihm das Versprechen ab, Paulus immer wieder zu besuchen. Auch Aquila und Priszilla sagten zu, Paulus nicht alleine zu lassen. So fiel ich in einen unruhigen Schlaf, aus dem ich sehr früh erwachte. Nach dem kurzen Morgenmahl dankte ich meinen großzügigen Gastgebern, verabschiedete mich und machte mich auf nach Ostia, dem Hafen Roms, um ein Schiff nach Griechenland oder Makedonien zu finden, das mich mitnehmen könnte.

Kapitel XIII

Zurück in Philippi (60-75 n.Chr.)

Ostia war ein hektischer Ort. Viele Waren wurden von großen Hochseeschiffen in kleine Boote umgeladen, die den Tiber aufwärts nach Rom gezogen wurden. Als ich in den eigentlichen Hafen ging, wurde ich immer wieder grob zur Seite geschoben. Matrosen waren mit dem Löschen der Schiffsladungen beschäftigt, und den Kapitänen ging das Ganze meist nicht schnell genug. Es dauerte einige Stunden, bis ich ein Schiff gefunden hatte, das Korinth als Ziel ansteuern wollte. Der Kapitän verlangte einen horrenden Preis, aber ich wollte nur noch heim. Wenn ich erst in Korinth wäre, dann könnte ich notfalls zu Fuß nach Philippi. Paulus war diesen Weg auch schon gegangen.

Noch am selben Tag legte das Schiff ab, und aufgrund der guten Winde kamen wir entlang der kampanischen Küste gut Richtung Süden voran. Am folgenden Tag deutete der Kapitän aufs Festland und erklärte mir: »Das da ist Lukanien!« Ich konnte meinen Blick nicht von dem Land lassen, nach dem mich meine Eltern benannt hatten. Fast hätte ich mir gewünscht, dass das Schiff einen Zwischenstopp einlegt, nur um diesen Boden, das Traumland meiner Eltern, einmal betreten zu haben, aber dann machte ich mir das Ziel meiner Reise wieder bewusst und konnte es kaum erwarten, wieder nach Philippi zu gelangen. Am Abend des zweiten Tages durchquerten wir bereits die Meerenge von Messina. Das Schiff wandte sich bald darauf scharf Richtung Osten. Die Westwinde trieben uns zügig voran.

Nur drei Tage später war an Deck der Ruf zu hören: »Land in Sicht!« Es war die Peloponnes. Sicher und geschickt manövrierte der Steuermann das Schiff in die enge Hafeneinfahrt nach Korinth und wenige Zeit später betrat ich griechischen Boden. Da es bereits Abend war, wollte ich mich auf die Suche nach einer Herberge machen, sah aber plötzlich an einem Haus das heimliche Zeichen der Christen, den Fisch. Ich hielt inne. Sollte ich anklopfen? Dann fiel mir ein, dass Paulus die Gemeinde hier in Korinth ebenso gegründet hatte wie die in Philippi. Also, wahrscheinlich leben hier Leute, die sogar dankbar sind, wenn sie Informationen über Paulus erhalten. Ich nahm all meinen Mut zusammen und klopfte. Ich wollte mich gerade schon wieder abwenden, da wurde die Tür geöffnet und ein bärtiger Mann blickte mich unverwandt an.

Ich hatte mir ärgerlicherweise keinen Begrüßungssatz zurechtgelegt und druckste zunächst etwas herum, ehe ich dann doch herausbrachte: »Bitte entschuldige die Störung! Mein Name ist Lukas. Ich bin gerade aus Rom gekommen und auf dem Weg nach Philippi. Ich bin Christ und habe das Zeichen an deiner Tür gesehen und ...« – Der Bärtige in der Tür lächelte, dann lud er mich in sein Haus ein: »Willkommen, Bruder! Ich bin Nikanor und das ist meine Frau Pelagia! Komm herein und setz dich! Du wirst hungrig sein.« So viel Gastfreundschaft hatte ich nicht erwartet! Bevor ich irgendetwas sagen konnte, tischten die beiden auf, was das Haus hergab. Als ich mit dem Essen fast fertig war, bedankte ich mich höflich. Dann fragten sie mich nach dem Grund meiner Reise. Ich begann, davon zu erzählen, dass ich mit Paulus von Caesarea nach Rom gereist sei. Da fielen ihnen fast die Augen heraus: »Paulus? Wie geht es ihm? Wir haben schon so lange nichts mehr von ihm gehört.«

Es wurde ein sehr, sehr langer Abend, an dessen Ende wir alle etwas bedrückt waren, weil uns die Aussicht auf eine Freilassung von Paulus denkbar gering erschien. »Bis vor Kurzem war ein Gefährte des Paulus hier, Silas, vielleicht kennst du ihn?«, fragte Nikanor und ich nickte: »Natürlich kenne ich Silas! Vor ungefähr zwanzig Jahren habe ich ihn in Jerusalem kennengelernt. Er war einer der allerersten Christen. Später war er mit Paulus nach Alexandria Troas gekommen. Dort habe ich mich ihnen angeschlossen und bin mit bis nach Philippi gereist. Seither habe ich aber nichts mehr von Silas gehört.« Nikanor half meinem Unwissen auf: »Silas ist mit Paulus hier heimisch geworden. Als aber Paulus nach etwa eineinhalb Jahren Korinth Richtung Jerusalem verließ, ist Silas hiergeblieben. Er sollte die Gemeinde stabilisieren.« – »Und? Ist ihm das gelungen?« Nikanor verneinte: »Nicht so recht! Paulus hat immer wieder Briefe schreiben müssen und ist sogar einmal extra aus Ephesus angereist, aber die Widerstände gegen ihn waren nicht so einfach aus dem Weg zu räumen.«

Die Briefe ließen mich aufhorchen und ich nahm diesen Faden auf: »Mir hat Paulus auch einmal erzählt, dass er euch Briefe geschickt hätte.« Nikanor nickte: »Das stimmt! Von einem habe ich sogar eine Abschrift hier.« – »Darf ich ihn sehen?« Nikanor stand auf und holte das Schreiben. Es war fast so lang wie der Brief an die Römer. Ich staunte. »Paulus ist hier ein und aus gegangen. Ich kann dir morgen auch das Haus zeigen, in dem er gewohnt hat.« Aber ich hatte nur Augen für den Brief: »Darf ich ihn mir morgen abschreiben?« Die beiden nickten: »Gerne!« – »In Rom konnte ich eine Kopie des Briefes an die dortige Gemeinde anfertigen. Wenn ihr wollt, könnt ihr im Gegenzug diesen Brief abschreiben. Nikanor und Pelagia waren sehr interessiert und so wurde beschlossen, morgen weitere Papyrusblätter zu besorgen, damit wir die Briefe des Paulus vervielfältigen könnten. Um ein

Haar hätte ich mein Versprechen, das ich meinem Sohn beim Abschied gegeben hatte, vergessen. Ich wollte ihm etwas von meiner Reise mitbringen. Und so kaufte ich auf dem Markt von Korinth noch ein kleines Geschenk für ihn.

Meinen Plan, sofort weiter nach Philippi zu reisen, konnte ich dann doch nicht gleich umsetzen. Das Abschreiben dauerte länger, weil noch ein weiterer Brief des Paulus an die Gemeinde zu Korinth aufgetaucht war. Auch von diesem fertigte ich eine Abschrift an. Als ich den ersten Brief abschrieb, wunderte ich mich sehr darüber, welche Probleme die Gemeinde in Korinth hatte. Da war die Rede von Parteien innerhalb der Gemeinde, denen Paulus deutlich machte, dass wir alle Glieder am Leib Christi seien. Auch beschrieb er, wie die im Glauben Starken mit den Schwachen umzugehen hätten. Immer wieder stockte ich beim Schreiben, weil mich die Worte des Paulus – ich hörte seine Stimme vor meinem geistigen Ohr – im Innersten trafen:

»*Die Liebe ist langmütig und freundlich, die Liebe eifert nicht, die Liebe treibt nicht Mutwillen, sie bläht sich nicht auf, sie verhält sich nicht ungehörig, sie sucht nicht das Ihre, sie lässt sich nicht erbittern, sie rechnet das Böse nicht zu, sie freut sich nicht über die Ungerechtigkeit, sie freut sich aber an der Wahrheit; sie erträgt alles, sie glaubt alles, sie hofft alles, sie duldet alles. Die Liebe höret nimmer auf.*«*

Und ich fragte mich: Wie kann einer so schreiben, der nicht verheiratet war? Aber dann fiel mir ein Gespräch ein, das ich einst mit ihm über Ehe und Ehelosigkeit führte. Da hatte er eingeräumt, dass er sich seine Ehelosigkeit vielleicht auch irgendwie schöngeredet haben könnte. Paulus ist schon pfiffig! Ein bisschen später blieb

* 1. Korinther 13,4-8a.

ich erneut bei seinen Worten. Er schrieb da über die Auferstehung von den Toten:

»*Ist aber Christus nicht auferweckt worden, so ist unsre Predigt vergeblich, so ist auch euer Glaube vergeblich. ... Nun aber ist Christus auferstanden von den Toten als Erstling unter denen, die entschlafen sind. ... Der letzte Feind, der vernichtet wird, ist der Tod. Denn ›alles hat er unter seine Füße getan‹. Wenn es aber heißt, alles sei ihm unterworfen, so ist offenbar, dass der ausgenommen ist, der ihm alles unterworfen hat. Wenn aber alles ihm untertan sein wird, dann wird auch der Sohn selbst untertan sein dem, der ihm alles unterworfen hat, damit Gott sei alles in allem. ... So auch die Auferstehung der Toten. Es wird gesät verweslich und wird auferstehen unverweslich. Es wird gesät in Niedrigkeit und wird auferstehen in Herrlichkeit. Es wird gesät in Schwachheit und wird auferstehen in Kraft. Es wird gesät ein natürlicher Leib und wird auferstehen ein geistlicher Leib.*«*

Es war mir ganz deutlich, dass diese Worte in Philippi bekannt gemacht werden müssten. Und mit Feuereifer schrieb ich weiter.

Als ich den zweiten, nur unwesentlich kürzeren Brief abschrieb, fiel mir auf, dass dieser Brief einen widerspruchsvollen Eindruck machte. Ich fragte Nikanor danach. Er wusste sofort, worum es ging: »Tatsächlich hat Paulus mehrere Briefe an uns geschrieben, die wir der Einfachheit halber zu einem zusammengefasst haben.« – »Nur um den Überblick zu behalten: Kannst du mir erklären, wie das ursprünglich ausgesehen hat?«

Nikanor nickte und begann zu berichten: »Also, nachdem Paulus die Gemeinde hier gegründet hatte, ist er weitergezogen. Es kamen dann Leute zu uns, die behaup-

---

* 1. Korinther 15,14.20.26-28.42-44.

teten, Paulus sei gar kein von Jesus berufener Apostel. Er habe sich alles nur ausgedacht. Wir vermuteten Paulus in Ephesus und schickten Prochorus dorthin, um ihn zu holen. Prochorus kam mit einem Brief zurück. Diesen findest du in der ersten Hälfte*. Darin verteidigt Paulus sein Apostelamt. Die Lage verschärfte sich allerdings weiter, weil diese Leute nicht aufhörten, gegen Paulus zu hetzen, und wir schickten Prochorus erneut los, um Paulus zu holen. Tatsächlich begleitete Paulus ihn nach Korinth. Aber das war ein Fehler. Es kam zum offenen Streit zwischen Paulus und Simon.« – »Simon?«, unterbrach ich ihn, »sagtest du gerade ›Simon‹?« Nikanor nickte und ich fuhr fort: »Ich glaube, ich kenne diesen Mann. Er war auch in Philippi und hat mächtig Unruhe gestiftet. Erst durch einen Brief von Paulus wurde das Ganze befriedet. Ich habe sehr mit diesem Aufwiegler gestritten und war froh, als er endlich abgezogen war.«

»Ja«, sagte Nikanor, »das ist wahrscheinlich derselbe, der später in Korinth war und gegen Paulus hetzte.« – »Aber Paulus hat keine Angst vor Auseinandersetzungen«, meinte ich, »irgendwie scheint er keinerlei Nachteile bei seiner Mission zu fürchten. Als ich ihm das einmal sagte, meinte er: ›Wenn es Widerstände gibt, musst du bereit sein, auch das eine oder andere Risiko einzugehen.‹« – »Ja, so war er!«, sagte Nikanor und ich korrigierte: »So ist er!« Nikanor nickte: »Natürlich! Wenn ich mit ihm über die Streitereien sprach, die wir hier in der Gemeinde hatten, meinte er einmal zu mir: ›Als mich der Herr beauftragte, den Heidenvölkern das Evangelium zu bringen, habe ich niemals gedacht, das würde nichts kosten. Es gibt keinen bequemen Weg, der von der Erde zum Herrn führt.‹«

* 2. Korinther 2,14 – 7,4.

»Und wie ging es weiter mit dem Streit?«, fragte ich.
»Du hättest es hören müssen, wie die sich angefaucht haben. Der Gipfel war, als dieser Simon Paulus anbrüllte, er solle zum Teufel gehen, und Paulus darauf ganz ruhig antwortete: ›Da wäre ich bestimmt nicht allein!‹« –
»Ja, Paulus ist schlagfertig«, sagte ich, »und dann?« –
»Paulus ist enttäuscht abgereist und hat uns kurz darauf einen Brief geschrieben, in dem er mit äußerster Schärfe auf die Gefahr hinwies, die der Gemeinde seiner Meinung nach drohe. Er warnte davor, sich mit dem Teufel einzulassen, denn wenn wir das täten, würden nicht wir den verändern, sondern der uns. Diesen Brief findest du in der zweiten Hälfte.* Im Laufe der darauffolgenden Wochen und wohl auch durch diesen Brief glätteten sich die Wogen. Das lag mit Sicherheit auch daran, dass dieser Simon die Gemeinde wieder verlassen hatte. Und danach hat Silas dann tatsächlich gut gewirkt und gesprochen. Gegen Simon selbst hatte er sich nicht getraut, aber als der weg war, hat Silas die richtigen Worte gefunden. Er hat uns richtig ins Gewissen geredet. Deshalb schickten wir Prochorus nochmals nach Ephesus, um Paulus um Vergebung zu bitten. Aber Prochorus brachte nicht Paulus, sondern einen Versöhnungsbrief mit, in dem Paulus selbst für diesen Simon ein gutes Wort findet. Den Hauptteil dieses Briefes haben wir an den Anfang** gestellt.« Ich war beeindruckt. Auf diese Art und Weise hofften also die Korinther, die ganze Korrespondenz mit Paulus der Nachwelt zu erhalten. Insgesamt brauchten das Auftreiben der Papyrusblätter sowie das Abschreiben zwei Tage, die ich aber gerne investierte.

---

* 2. Korinther 10-13.
** 2. Korinther 1,3-2,13 und 7,5-16.

Da Korinth aufgrund des Isthmos, einer Landenge, in zwei Teile halbiert war, konnte ich darauf hoffen, im östlichen Teil ein Schiff zu finden, das mich nach Neapolis in Makedonien bringen würde. Ich brauchte die Gastfreundschaft von Pelagia und Nikanor nicht über Gebühr beanspruchen, sondern konnte tatsächlich am darauffolgenden Tag ein Schiff besteigen, das über Piräus nach Neapolis fuhr. Kaum konnte ich es erwarten, wieder in Philippi bei Lydia und meinen Kindern zu sein. Die meiste Zeit saß ich an Deck und studierte die Paulusbriefe, die ich abgeschrieben hatte. Dabei fiel mir etwas auf: Mir wurde jetzt deutlich, dass ich offenbar inzwischen auch mit einem längeren Ausbleiben der Wiederkunft Jesu rechnete. Das hieß aber im Umkehrschluss, dass ich nun doch darangehen sollte, die Geschichten um Jesus und vielleicht auch um Paulus für die Nachwelt aufzuschreiben. Wer weiß, wie lange es dauern würde, bis der Herr wiederkommt? Während ich über diese Fragen grübelte, kamen wir Neapolis immer näher. Ich erkannte bereits längst die Küste Makedoniens und mein Herz hüpfte vor Freude. Damals ahnte ich noch nicht, dass es noch gut zwanzig weitere Jahre dauern würde, bis ich das Vorhaben, eine Geschichte von Jesus und eine von Paulus zu verfassen, in die Tat verwirklicht haben würde.

Je näher wir dem Hafen kamen, desto ungeduldiger wurde ich. Die Zeit schien mir überhaupt nicht vergehen zu wollen, und es wirkte auf mich, als würde der Kapitän mit voller Absicht besonders langsam in den Hafen einfahren – dabei war er mit Sicherheit nicht vorsichtiger als sonst. Als wir angelegt hatten, stand ich bereits mitsamt meinem wenigen Gepäck an der Reling, sprang von Bord und machte mich schnurstracks auf den Weg nach Philippi Es war bereits Abend und ich wollte unbedingt vor

Einbruch der Dunkelheit daheim ankommen. Die letzte Strecke legte ich fast im Laufschritt zurück.

Und dann war es soweit: Ich stand vor unserem Haus und klopfte an. Mein Herz pochte doppelt schnell – sowohl wegen der Anstrengung als auch wegen der Aufregung. Ein Sklave öffnete, sah mich und rannte sofort zurück ins Haus, wobei er rief: »Der Hausherr ist zurück! Der Hausherr ist zurück!« Lydia fiel mir um den Hals. Ich wollte sie gar nicht mehr loslassen. Jetzt war ich endlich wieder zu Hause! Nachdem auch Phaidros und Theophilus mich ähnlich herzlich begrüßt hatten, durfte ich mich bei einem opulenten Mahl stärken. Plötzlich fragte Theophilus: »Hast du mir etwas mitgebracht?« Er hatte mein Versprechen beim Abschied nicht vergessen. Ich tat so, als wäre ich erschrocken. Doch dann lachte ich und zog aus meinem Gewand ein Säckchen mit bunten Kugeln hervor: »Die habe ich auf dem Markt in Korinth gekauft!« – »Danke, Abba!«, rief Theophilus und drückte mir einen Kuss auf die Wange. Während er mit den Kugeln spielte, erzählte ich ausführlich, was alles geschehen war.

»Und wie geht es mit Paulus jetzt weiter?«, fragte Lydia, als ich fertig erzählt hatte. »Keine Ahnung! Aber er meinte, dass ihm in ein bis zwei Jahren wohl doch und wohl erst der Prozess gemacht werde.« – »Ist das eine gute oder eine schlechte Nachricht?«, fragte sie. Ich sagte, was ich fühlte: »Man weiß es wohl nicht. Es kommt darauf an, wie sich Kaiser Nero in Zukunft verhält. Aquila aus Rom meinte, er sei beim Volk beliebt. Aber das kann sich auch schnell ändern. Macht treibt Menschen ja oft genug in den Größenwahn; sie fühlen sich unbezwingbar. Das könnte für Paulus dann durchaus gefährlich werden ...« Ich ahnte damals noch nicht, wie prophetisch meine Worte waren. »Aber«, nahm Lydia den Gesprächsfaden wieder auf, »er hat dir doch versprochen, dass er nach

seiner Freilassung zuerst zu uns nach Philippi kommt?!«
Ich nickte: »Ja, das hat er – aber natürlich nur unter der Voraussetzung, dass er noch einmal freikommt.« – »Hat er denn seinen Plan, nach Spanien zu gehen, aufgegeben?« – »Ja, den Eindruck hatte ich schon.«
   Doch dann korrigierte ich mich selbst: »Nein, wer Paulus kennt, weiß, dass er alles versucht, seine Pläne in die Tat umzusetzen. Ich glaube daher doch eher, er hat nur deshalb von Philippi gesprochen, weil er mich beruhigen und dafür sorgen wollte, dass ich endlich heimfahre.« – »Paulus ist schon ein besonderer Mann«, meinte Lydia. Und dann rutschte er mir auch heraus, jener Satz, über den ich mit Paulus immer wieder gelächelt hatte: »Ach Kinder, Kinder, ist das nicht furchtbar!« Und Lydia nickte lächelnd. Ja, irgendwie war all die Ungewissheit »furchtbar«. Paulus war eingesperrt und hatte im Grunde keine Perspektive, jemals wieder freizukommen, und wir fühlten uns ein bisschen wie Kinder, die auf einmal die Pflicht auferlegt bekamen, erwachsen zu werden. Aber zum Erwachsenwerden hielten wir ja etwas in der Hand: die Briefe des Paulus. Ich eröffnete Lydia, dass ich drei weitere, äußerst ausführliche und eindringliche Paulusbriefe von meiner Reise mitgebracht habe. Da lächelte meine liebe Frau: »Dann haben wir ja jetzt schon eine kleine Sammlung von fünf Paulusbriefen zusammen!«

Die folgenden Wochen verbrachten wir in der Gemeinde damit, die Paulusbriefe, die ich von der Reise mitgebracht hatte, zu lesen und zu besprechen. Viele Worte aus dem Römerbrief berührten mein Innerstes. Als ich die Sätze las *»Ist Gott für uns, wer kann wider uns sein? Der auch seinen eigenen Sohn nicht verschont hat, sondern hat ihn für uns alle dahingegeben – wie sollte er uns mit ihm nicht alles schenken? Wer will die Auserwählten Gottes beschuldi-*

gen? Gott ist hier, der gerecht macht. Wer will verdammen? Christus Jesus ist hier, der gestorben ist, ja mehr noch, der auch auferweckt ist, der zur Rechten Gottes ist und für uns eintritt«*, hörte ich wieder ganz lebendig die Stimme des Paulus, meines Bruders und Freundes. Es war, als spräche er direkt zu mir. Und im gleichen Augenblick war mir eigenartig bewusst, dass ich Paulus nicht mehr wiedersehen würde, jedenfalls nicht in Philippi und nicht in dieser Welt. Ich weiß nicht, woher ich diese Gewissheit nahm, aber sie war da. Und plötzlich begann ich, um Paulus zu weinen.

Als Lydia mich fand, nahm sie mich in den Arm und hielt mich einfach nur fest. Das tat gut. Offenbar fiel ihr Blick auf das Papyrusblatt, das vor mir lag, und sie wusste sofort Bescheid, worum es ging. Irgendwann schob sie das Blatt beiseite und wies mich auf das darunterliegende. Dort stand:

»*Aber in dem allen überwinden wir weit durch den, der uns geliebt hat. Denn ich bin gewiss, dass weder Tod noch Leben, weder Engel noch Mächte noch Gewalten, weder Gegenwärtiges noch Zukünftiges, weder Hohes noch Tiefes noch eine andere Kreatur uns scheiden kann von der Liebe Gottes, die in Christus Jesus ist, unserm Herrn.*«**

Dunkel erinnerte ich mich daran, dass Paulus mir diese Sätze irgendwann schon einmal gesagt hatte. »Denn ich bin gewiss ...« Ja, diese Gewissheit brauchten wir, und ich spürte, wie beim Lesen der Paulusbriefe diese Gewissheit in mir wuchs.

So vergingen Wochen und Monate. Längst war ich wieder als Arzt tätig, als eines Tages, es waren wohl gut zwei Jahre seit meiner Rückkehr aus Rom vergangen, Aquila

---

* Römer 8,31b-34.
** Römer 8,37-39.

aus Rom vor unserer Tür stand. Ich hieß ihn herzlich willkommen: »Aquila, sei mir willkommen!«, begrüßte ich ihn, aber ich sah bereits, wie traurig er aussah. Sofort wusste ich, welche Nachricht er mir jetzt überbringen würde. Er presste heraus: »Dieser verdammte Kaiser Nero – in der Hölle soll er schmoren!« Nach einer kleinen Stärkung aus unserer Küche erzählte er vom Ende des Paulus: »Über zwei Jahre Jahre lang haben sie Paulus im Arrest im Unklaren gelassen. Wenigstens konnte er Besuch empfangen, und wir waren auch sehr oft bei ihm. Einmal war er hoffnungsfroh, dann wieder hoffnungslos. Aber wir haben ihn nicht allein gelassen, und er hat viele römische Christen in ihrem Glauben bestärkt.«

»Und wie ist er zu Tode gekommen?« Aqulia berichtete: »Es hat einen furchtbaren Brand in Rom gegeben. Die Häuser sind so eng aneinandergebaut. Das Feuer wütete eine ganze Woche lang. Weite Teile der Stadt waren zerstört, und schnell verbreitete sich in der Bevölkerung die Nachricht, der Kaiser selbst habe diesen Brand angeordnet. Daraufhin hat Nero einen Sündenbock gebraucht und hat ihn gefunden! Der Verbrecher hat geradezu Hetzjagden auf uns Christen angezettelt. Seither wurden viele meine Brüder und Schwestern in Rom umgebracht.« – »Und Paulus?«, fragte ich ungläubig. »Paulus ist als einer der Ersten hingerichtet worden. Man hat ihn öffentlich enthauptet.« Stille! Keiner konnte etwas sagen. Schließlich stieß Lydia hervor: »Warst du dabei?« Aquila nickte: »Er war ganz gefasst. Nachdem er zu dem Scharfrichter auf das Podest gestiegen war und die Menge zur Ruhe gekommen war, ist er auf die Knie gesunken und hat gerufen: ›Herr, rechne ihnen diese Sünde nicht an! Sie wissen nicht, was sie tun!‹ Und dann ging es ganz schnell.«

Keiner sagte etwas. Wir alle saßen wie versteinert da. Lydias Augen füllten sich mit Tränen. Schließlich sagte ich: »Und Priszilla?« – »Priszilla wurde verhaftet und sofort getötet, ebenso wie fast alle anderen Schwestern und Brüder.« Bei diesen Worten füllten sich die Augen Aquilas mit Tränen. »Ich bin nur deshalb verschont geblieben, weil ich gerade nicht im Haus war, als sie Priszilla abholten«, sagte er. »Ihr hättet das erleben müssen. Die machten in Rom eine Hetzjagd auf uns.«

Ich nahm Aquila in den Arm und wartete, bis seine Tränen versiegt waren. Dann redete er weiter: »Es war furchtbar! Nero hat dann die Christen an Pfähle in seinem eigenen Park fesseln und als lebendige Fackeln verbrennen lassen. Andere hat er in Tierfelle nähen und im Kolosseum von Löwen zerreißen lassen. Wieder andere wurden öffentlich gekreuzigt oder enthauptet.« – »Und wie war das mit Paulus?« Ich musste es einfach noch einmal hören. »Wahrscheinlich haben sie ihn deshalb enthauptet und nicht ermordet, weil er sich auf sein Bürgerrecht berufen hat.« Fast war ich erleichtert. Eine Enthauptung geht schnell und schmerzlos. Umso erschütterter war ich darüber, was Grausames mit vielen anderen Schwestern und Brüdern geschehen war. »Gibt es jetzt gar keine Christen mehr in Rom?«, fragte ich. »Doch, aber nur im Untergrund! Es wird ihm nicht gelingen, uns auszurotten. Die christliche Gemeinde in Rom wächst und wächst und wächst.«

Ich war verblüfft: »Wie das, wenn sie doch derart unterdrückt wird?« Aquila erläuterte: »Die Menschen sehen, wie unsere Leute sterben. Manche der Schwestern und Brüder fühlten sich wohl auch geehrt, wenn sie so schuldlos hingerichtet werden wie unser Herr. Das ist für sie wahre Nachfolge, ohne Angst vor dem Tod. Und so sterben viele auch zuversichtlich. So etwas kennen die Römer nicht. Viele sind beeindruckt und wollen mehr über unseren Glauben erfahren.« Ich wurde nachdenklich. Wie würde ich reagieren, wenn man mir mein Leben nehmen wollte, nur weil ich getauft bin? Ich wusste es nicht, und es gehört wohl zur Redlichkeit eines Christen, sich genau das einzugestehen. Wir nahmen Aquila bei uns gastfreundlich auf, und er blieb einige Tage, ehe er nach Kleinasien weiterreisen wollte.

Die Tage gingen dahin. Auch unsere Gemeinde in Philippi wuchs stetig, und wir lasen die fünf Paulusbriefe abschnittsweise in unseren Gottesdiensten und feierten das Herrenmahl. Oft trug ich auch Abschnitte aus der griechischen Übersetzung der Bibel vor und machte deutlich, dass und wie sie auf Jesus hinwiesen. Zugleich wurde ich jedoch immer häufiger mit der Bitte konfrontiert, etwas über Jesus zu erzählen. Doch ich konnte mich noch nicht dazu durchringen und zögerte weiterhin. Das wären zwar viele ermutigende Geschichten, aber ob das wirklich so wichtig war?

Mit den Jahren wurde mein Adoptivsohn Phaidros ein tüchtiger Arzt, und – ähnlich wie ich es selbst erfahren hatte – wir schickten ihn für ein Jahr auf eine Studienreise in die Bibliothek von Alexandria am Nil. Ich beschrieb ihm genau, wo Elasar wohnte, trug ihm meine Grüße auf und hoffte, auch Phaidros werde bei ihm für die Zeit seines Aufenthaltes bei ihm Wohnung finden. Auch unser gemeinsamer Sohn Theophilus wuchs heran zu unser aller Freude. Wahrscheinlich würde er einmal den Purpurhandel seiner Mutter übernehmen.

Etwa zeitgleich zogen aber dann doch zwei große dunkle Wolken über meinem Leben auf. Da war zunächst der Gesundheitszustand meiner Lydia, der sich zusehends verschlechterte. Sie hatte Husten, der immer schlimmer wurde. Und sie bekam immer häufiger Schwächeanfälle. Als Arzt versuchte ich mein Bestes und beriet mich mit befreundeten Kollegen, welche Arznei hier am besten Abhilfe schaffen könnte. Doch kaum etwas schien ihr wirklich zu helfen. An manchen Tagen konnte Lydia kaum aus dem Bett aufstehen.

Ebenfalls Anlass zur Sorge gaben die Nachrichten, die uns aus Galiläa und Judäa erreichten. Man erzählte, es habe einen Aufstand gegen die Römer gegeben. Die Römer hätten Truppen zusammengezogen und würden sich unter General Vespasian daranmachen, das Land Stück für Stück zurückzuerobern. Ich fragte mich, wie man nur so wahnwitzig sein konnte, gegen die Weltmacht Rom einen Krieg anzuzetteln. Das konnte doch nur schiefgehen. Ich ahnte, was für unsägliches Leid über die Bevölkerung dort hereingebrochen sein müsse. Es war ein kleiner Lichtblick, als wir hörten, dass Kaiser Nero Selbstmord begangen habe (spontan dachte ich: Er soll in der Hölle schmoren!) und nun Vespasian, der Oberbefehlshaber der Truppen in Israel, Kaiser geworden sei. Ich hoffte sehr, dass jetzt unsere römischen Schwestern und Brüder sich nicht mehr verstecken müssten, sondern aus dem Untergrund kommen könnten.

Der jüdische Krieg endete mit der Katastrophe der Zerstörung des Jerusalemer Tempels. Nie werde ich den Tag vergessen, an dem ich diese Nachricht erhielt. Ich unterhielt mich gerade auf dem Marktplatz von Philippi mit einem ehemaligen Patienten, als ein fahrender Händler die Neuigkeiten überbrachte: »General Titus hat Jerusalem erobert und den jüdischen Tempel dem Erdboden gleichgemacht!« Ich war wie vom Donner gerührt. Bis zuletzt hatte ich gehofft, dass die Römer vielleicht wenigstens den Tempel stehen lassen. Aber jetzt? Der Tempel Gottes, Baruch Adonaj, der Ort seiner Gegenwart ... zerstört! Kein Heide konnte ermessen, wie weh uns geborenen Juden diese Nachricht tat.

Ich lief sofort nach Hause und überbrachte Lydia die Nachricht. Sie lag im Bett und blickte mich mitfühlend und traurig an: »Ja, das ist furchtbar!« – »Wo wohnt Gott denn jetzt?«, fragte ich – und diese Frage meinte ich mehr als Klage. Aber Lydia nahm sie auf und fragte mich zurück: »Meinst du wirklich, der Höchste wohnt in einem Tempel, von Menschen gebaut? Wo wohnte dann Gott, bevor der Tempel stand?«

Ich hielt inne. Verstand Lydia vielleicht mehr von diesem Gott als ich, der ich als Jude geboren und mit der Thora aufgewachsen war? Ich versprach, darüber nachzudenken. Tatsächlich schien die Nachricht von der Zerstörung des Tempels meine Schwestern und Brüder in der Gemeinde von Philippi nicht sonderlich zu schockieren. »Was hat sich dadurch für uns verändert?«, fragten sie, und ich erkannte: »Eigentlich nichts!« Ich nutzte diese Katastrophe, um meine Einstellung zur Existenz des Tempels gründlich zu überdenken. Der Gott, an den ich glaube, der Vater Jesu Christi, hat wirklich keinen Tempel nötig. Und prompt fiel mir dazu ein Wort aus dem Jesajabuch ein. Dort heißt es:

»*Der Himmel ist mein Thron und die Erde der Schemel meiner Füße! Was ist denn das für ein Haus, das ihr mir bauen könntet, oder welches ist die Stätte, da ich ruhen sollte? Meine Hand hat alles gemacht, was da ist, spricht der Herr.*«[*]

Tatsächlich war die Tempelzerstörung eigentlich vorrangig eine Katastrophe des Judentums. Und zugleich wurde mir dadurch bewusst, wie weit wir Christen uns von unserem religiösen Stammhaus bereits entfernt hatten.

Ich sann über den Weg nach, den ich selbst genommen hatte. Als ursprünglich überzeugter und beschnittener Jude war ich von den Geschichten fasziniert, die Petrus in

[*] Jesaja 66,1-2a.

Jerusalem über diesen Jesus erzählt hatte. Petrus stand noch ganz auf dem Boden des Judentums. Das einzig Neue für mich an seiner Verkündigung war, dass der Herr, Baruch Adonaj, demnächst sein Königreich aufrichten werde und dass er Jesus bereits von den Toten auferweckt hatte. Diese Botschaft faszinierte mich und daher hatte ich mich taufen lassen. Die Autorität von Tempel und Thora waren davon für mich zunächst gänzlich unberührt. Aber dann kam Paulus nach Alexandria Troas. Und eigentlich ist erst durch seine Verkündigung für mich alles anders geworden. Er hat es theologisch begründet, dass die Heiden, sofern sie von Jesus überzeugt sind, getauft werden können, dass Beschneidung nicht notwendig sei ... und jetzt wurde mir schlagartig klar, dass die Existenz des Tempels für den Glauben an den Herrn auch nicht notwendig sei. In der Tat: Die christliche Gemeinde hat sich äußerlich und normenbezogen von den jüdischen Gesetzlichkeiten gelöst. Wir sind etwas Eigenes – und eine Vereinigung scheint mir nicht mehr möglich – jedenfalls nicht für uns Menschen.

Lydia ging es nun von Tag zu Tag schlechter. Es war furchtbar für mich, ihr nicht mehr helfen zu können. Ihre Kraft nahm immer mehr ab. Zum Schluss hatte sie überhaupt keinen Appetit mehr, und ich saß stundenlang neben ihr am Bett und versuchte, ihr ab und zu etwas zu essen anzubieten. Plötzlich sagte sie: »Ich spüre es. Es ist für mich jetzt an der Zeit zu gehen. Ich brauche jetzt nichts mehr. Jetzt gehe ich zum Herrn. Der wird sich um alles kümmern.« Mir schossen die Tränen in die Augen. Sollte ich jetzt wirklich schon Abschied nehmen müssen von dem Menschen, der mir das Liebste auf der Welt geworden war?

Vor meinem inneren Auge sah ich unser ganzes gemeinsames Leben: Ich erinnerte mich an unser erstes

Treffen, damals vor den Toren der Stadt am Fluss Angites, als sie mich ansprach, während Paulus Menschen taufte. Ihr Blick hatte mich wie ein Blitz getroffen. Ich hatte sofort gewusst, dass sich durch sie mein Leben von Grund auf ändern würde. Ich dachte an den Abschied von Paulus und unsere Hochzeit in der christlichen Gemeinde hier vor Ort. Mir fielen die schönen Tage ein, die wir gemeinsam verbrachten, ebenso wie die Geburt unseres Theophilus. Ich dachte an unsere Stunden der Zweisamkeit … und mein Tränenstrom wurde noch größer. Sie war das größte Glück, das ich auf Erden hatte. Ich nahm ihre schwache Hand, betrachtete liebevoll ihren leicht gebogenen kleinen Finger und küsste ihn vorsichtig. Inzwischen wusste ich längst, dass meine Vermutung von damals, er sei wohl einmal gebrochen gewesen, richtig war. Vorsichtig streichelte ich darüber. »Danke für alles!«, sagte sie plötzlich, und dann fügte sie hinzu: »Pass auf unsere Kinder auf!« Ich konnte keinen klaren Gedanken mehr fassen. Es war Lydia, die plötzlich ein Wort aus dem Brief des Paulus an unsere Gemeinde zitierte:

»Wir sind Bürger im Himmel; woher wir auch erwarten den Heiland, den Herrn Jesus Christus, der unsern geringen Leib verwandeln wird, dass er gleich werde seinem verherrlichten Leibe nach der Kraft, mit der er sich alle Dinge untertan machen kann.«[*]

Und dann fügte sie noch hinzu:

»Freuet euch in dem Herrn allewege, und abermals sage ich: Freuet euch! (…) Der Herr ist nahe!«[**]

Da ließ ich meinen Tränen freien Lauf und Lydia sagte mit fester Stimme: »Ich bin mir gewiss: Noch heute werde ich beim Herrn im Paradies sein.« Und ich

---

[*] Philipper 3,20.
[**] Philipper 4,4.5b.

presste hervor: »Und wenn er mich ruft, dann werde ich bereit sein.« Lydia nickte schwach und lächelte: »Lukas, es war mein höchstes Lebensglück, von dir geliebt zu sein. Bitte verzeih mir, wenn ich an dir einmal schuldig geworden bin.« Ich legte meinen Zeigefinger zärtlich auf ihre Lippen: »Schhhhhh! Es gibt nichts, wofür du dich jemals entschuldigen müsstest!« Lydia lächelte. Und ich spürte so klar: Eine starke Frau lächelt, auch wenn sie körperlich zerbricht! Ja, meine Lydia war wirklich eine starke Frau.

In derselben Nacht schlief sie ruhig ein. Meine Seele war wie betäubt. Um mich herum war alles still. Ich weinte.

Nach dem Tod meiner Frau war meine Lebensfreude tief getrübt. Was sollte ich jetzt mit diesem Leben anfangen? Und wenn unser kleiner Theophilus nicht gewesen wäre, hätte ich es vielleicht sogar weggeworfen. Als Arzt weiß ich, wie das geht. Aber er gab mir das Gefühl, dass ein Teil von Lydia dageblieben war. Bald darauf kehrte Phaidros von seiner Studienreise zurück und war zutiefst betrübt, dass er sich von seiner Mutter nicht mehr hatte verabschieden können. Insgesamt war er in Alexandria zum Mann gereift. Elasar hatte er nicht mehr angetroffen: »Wahrscheinlich ist er längst verstorben«, vermutete er, und ich beschloss, das Andenken an diesen tüchtigen, aber materiell nicht gerade reichen Mann in Ehren zu halten. Viel später kam mir der Impuls, ihm in einem meiner Werke ein literarisches Denkmal zu setzen. Nach und nach übernahm Phaidros die Verantwortung für meine Patienten, sodass ich mich langsam zurückziehen konnte. Mit ihm und Theophilus ging ich weiter in die Zusammenkünfte der Gemeinde, nahm teil am Herrenmahl und wurde immer wieder aufgefordert, Geschichten zu erzählen von Jesus, die mir damals Petrus und Jakobus erzählt hatten.

Ein doppeltes Ereignis gab meinem Leben, das – wie ich fand – in Scherben lag, einen neuen Sinn. Eines Tages stand Silas vor unserer Tür. Er war alt geworden ... so wie ich auch. Und tatsächlich erkannte ich ihn erst einmal gar nicht. Er trug jetzt einen grauen Vollbart und schien nichts mehr gemein zu haben mit dem leicht trotteligen Silas aus der Zeit vor etwa zwanzig Jahren. »Willkommen, Silas!«, empfing ich ihn und umarmte den treuen Weggefährten des Paulus. »Du weißt, was sie mit Paulus gemacht haben?«, fragte er gleich und ich nickte. Dann fragte ich ihn, wo er denn all die Jahre verbracht habe. »Korinth«, sagte er trocken, »ich war hauptsächlich in Korinth.« – »Und?« – »Nichts, ich war eigentlich nur in Korinth.« – »Das ist ja der Wahnsinn! Wenn du etwas erzählst, habe ich das Gefühl, selbst dabei gewesen zu sein!«

Und dann erzählte er ausführlicher: »Vor gut zwanzig Jahren bin ich mit Paulus erstmals dorthin gekommen. Und da hat es mir so gefallen, dass ich, als Paulus sich auf den Weg nach Jerusalem machte, um die Kollekte dort abzuliefern, einfach in Korinth geblieben bin. Paulus hatte mich sogar darum gebeten. Er wollte, dass jemand bei der Gemeinde blieb, damit sie sich nicht irremachen lassen.« Ich wusste von Nikanor aber längst, dass Silas dem Intriganten Simon niemals Paroli geboten habe; er ist wohl kein Mann des Wortes. Silas fuhr fort: »Tatsächlich gab es massive Probleme, und Paulus kam zwei Jahre später einmal kurz von Ephesus herüber. Aber erst nachdem die Unruhestifter die Gemeinde verlassen hatten, konnte ich zum Frieden beitragen und die Gemeinde bat Paulus um Verzeihung.«

Ich nickte: »Ich habe den Brief gelesen, den Paulus euch geschrieben hat.« – »Ja«, betonte Silas selbstzufrieden, »das ist mir endlich mal richtig gut gelungen!« Irgendwie war er doch derselbe geblieben. »Du bist schon ein Fuchs!«, sagte ich und lächelte vielsagend. Silas fuhr fort: »Schließlich kam Paulus noch einmal kurz nach Korinth, um seine Kollekte für die Jerusalemer Christen einzusammeln.« – »Ja«, bestätigte ich, »auf der Rückreise war er in Philippi. Von dort aus habe ich ihn nach Jerusalem begleitet.« Schließlich ließ sich Silas von mir erzählen, wie es Paulus weiter ergangen sei, mit dem ich danach ja noch bis nach Rom gereist war. Ich wollte gerade schlafen gehen, als Silas dann doch noch eben erzählten wollte, dass er auf der Suche nach Paulus Korinth schließlich verlassen habe und nach Jerusalem gereist sei. In der dortigen Gemeinde habe man ihm eine Zusammenstellung der Worte Jesu gezeigt, die er sofort abgeschrieben habe.

»Du hast was?«, fragte ich erstaunt und Silas betonte: »eine Sammlung von Jesusworten!« – »Zeigst du sie mir?«, und Silas kramte umständlich in seinem Gepäck, bis er die Papyri in der Hand hatte. Ich begann zu lesen:

»Und er hob seine Augen auf über seine Jünger und sprach: Selig seid ihr Armen; denn das Reich Gottes ist euer. Selig seid ihr, die ihr jetzt hungert, denn ihr sollt satt werden. Selig seid ihr, die ihr jetzt weint, denn ihr werdet lachen.«[*]

Ich blickte auf: »Woher hast du das?« Silas wusste nicht recht: »Das hatten die in Jerusalem. Ich habe keine Ahnung, wer die Worte zusammengestellt hat.« – »Kann ich mir das abschreiben?«, fragte ich und Silas lächelte zufrieden: »Natürlich, Bruder!« Ich vertiefte mich weiter hinein und fand dort Sätze, die ich bereits von Pe-

---

[*] Lukas 6,21.

trus in Jerusalem gehört hatte: »*Und er sprach: ›Sehet die Lilien auf dem Felde, wie sie wachsen ...‹*«* Es wurde jetzt ein viel zu langer Abend. Spätnachts gingen wir zu Bett und im Schein einer Kerze las ich den Text fertig. Ich war beeindruckt. Jetzt hatte ich endlich einen Einblick in die Lehre Jesu von Nazareth! Was ich aber mächtig vermisste, war die Tatsache, dass in dieser Textsammlung die Kreuzigung mit keinem Wort erwähnt wurde, ja, die ganze Leidensgeschichte Jesu fehlte. Alles, was mir Petrus erzählt hatte, was in Jerusalem auf Jesu Tod hin geschehen sei, konnte man in diesem Text nicht lesen ... es handelte sich um eine Zusammenstellung dessen, was Jesus gesagt hatte, Jesus und der Täufer Johannes.

Anderntags beauftragte ich sofort einen Sklaven, mir Schreibzeug und Papyrus zu besorgen, damit ich die Sammlung von Jesusworten abschreiben und der Gemeinde zur Verfügung stellen konnte. Jetzt hatte ich schon eine beachtliche Sammlung von Schriften über den Gottessohn Jesus Christus zusammen: die Briefe des Paulus an die Gemeinde von Philippi, von Rom, und die beiden Schreiben an die Gemeinde von Korinth sowie jetzt auch noch die Sammlung der Jesusworte ... dazu meine Erinnerungen von der Erzählungen des Petrus, als ich in Jerusalem war, und Erinnerungen aus den vielen Gesprächen mit Paulus.

Wieder überlegte ich: Sollte ich nicht endlich anfangen, eine eigene Jesuserzählung zu verfassen? Genug Material hatte ich ja eigentlich, aber ich wusste nicht, wie ich das in einen ordentlichen Rahmen bringen konnte. So schob ich diese Aufgabe weiter weg, obwohl in der Gemeinde immer wieder Fragen nach dem Wirken Jesu aufkamen.

* Lukas 11,27.

Silas blieb noch einige Zeit in Philippi, ehe er sich wieder Richtung Korinth aufmachte. Da er sich mit dem Schreiben schwertat, schrieb ich für ihn den Brief ab, den Paulus an uns, die Philipper, geschrieben hatte: »Der Römerbrief ist in Korinth bereits bekannt. Nikanor hat ihn abgeschrieben«, erklärte ich Silas und er gab sich damit zufrieden. Schließlich machte er sich wieder in seine Wahlheimat Korinth auf. Ich vermutete ja, dass er dort auch aus privaten Gründen heimisch geworden war, aber diesbezüglich hielt sich Silas auffällig bedeckt. Nein, er habe nur gute Freunde dort. Und vermutlich war es auch so ...

So vergingen die Jahre und ich stellte fest: Das Alter kommt schleichend, aber wenn es da ist, kriegt man die Auswirkungen mit voller Wucht zu spüren. Mein Augenlicht wurde merklich schlechter und auch meine Bewegungsfreiheit wurde durch stechende Schmerzen in den Knien immer weiter eingeschränkt. So zog ich mich vom Arztberuf noch mehr zurück und genoss es, meine Söhne reifen zu sehen. Phaidros war als Arzt tätig und Theophilus wurde hin und wieder von mir in verschiedenen Schriften unterrichtet. Aus meiner Zeit in Alexandria hatte ich mir eine beachtliche kleine Bibliothek durch Abschriften aufgebaut, und ich freute mich sehr, meinem Sohn nicht nur die heiligen Schriften nahebringen zu können, sondern auch philosophische Abhandlungen und Auszüge aus Geschichtswerken. Sein Interesse daran war sehr groß. Auch über Jesus wollte er mehr erfahren.

Sein Hunger nach weiteren Informationen wurde durch einen Menschen gestillt, von dem ich zuvor wirklich nicht gedacht hätte, dass er jemals wieder in mein Leben treten würde: Trophimus! Plötzlich war er am Herrentag in unserer Gemeindeversammlung und lächelte mir zu. Auch ihn erkannte ich zunächst gar nicht. Er war deutlich älter geworden und der viele Weinkonsum hatte ihm offenbar ziemlich zugesetzt. Da rutschte es mir heraus: »Das ist doch Trophimus, die alte Schnapsnase!« Wir lachten und ich empfand es als befreiend, dass er mitlachen konnte. Nach dem Gottesdienst kamen wir ins Gespräch: »Lukas, nach allem, was geschehen ist, schulde ich dir eine Erklärung.« – »Trophimus, du schuldest mir gar nichts!«, sagte ich, aber er erwiderte: »Bitte, lass mich! Es fällt mir schwer genug. Also höre jetzt bitte einfach nur zu!«

Ich nickte und er begann: »Jedes Leben verlangt eine gewisse Dosis Wahrheit und verträgt eine gewisse Dosis Lügen, um im Lot zu bleiben. Viele Jahre lebte ich mit einer erhöhten Lügendosis. Und es war nur der Wein, der mich über Wasser zu halten schien. Ich sage ›schien‹, denn im Grunde zieht er einen nur noch weiter runter. Ja, ich habe Paulus im Stich gelassen. Ich hatte mir damals immer eingeredet, dass du ja bei im seist und dass das bestimmt ausreichen würde! Bitte verzeih mir! Ich war ein Idiot! Aber jetzt habe ich mein Leben endlich wieder im Griff. Ich habe die Dosis Wahrheit erhöht, indem ich Briefe gelesen habe, die Paulus geschrieben hat.« Er schmunzelte verlegen. »Dann ist doch alles gut!«, sagte ich und erzählte ihm dann, wie es mit Paulus und mir weitergegangen sei.

Trophimus erzählte dann noch von seiner Zeit in Jerusalem. Danach sei er nach Antiochia in Syrien gereist und habe sich der dortigen Gemeinde angeschlossen: »Wie das?«, fragte ich ihn, »die Gemeinde von Antiochia war doch durch Petrus gespalten – jedenfalls hat mir das Paulus so erzählt!« Trophimus winkte ab: »Das ist ein alter Hut! Getaufte Juden gibt es da kaum noch. Es sind eigentlich alles getaufte Heiden, die dort die Gemeinde bilden. Und die leben nicht anders als ihr hier.« Ich war beruhigt. So schien es, dass sich die Überzeugungen des

Paulus letzten Endes auch dort Fuß gefasst hatten. Auf seinem Weg nach Philippi habe er schließlich noch in Milet vorbeigeschaut, sei dort allerdings schwer erkrankt und deshalb erst so spät gekommen.

Sofort erkundigte ich mich nach dieser Krankheit, und Trophimus zeigte auf seinen nicht unbeträchtlichen Bauch: »Die Schmerzen waren fast unerträglich!« Ich nickte. Bei Menschen, die dem Wein lange Zeit sehr zugesprochen haben, zeigen sich immer wieder Bauchkrämpfe, Knollennasen und Übergewicht, und das alles wies Trophimus auf. Allerdings verkniff ich mir meine Diagnose, denn offensichtlich hatte er seinen Weinkonsum inzwischen tatsächlich eingeschränkt. Man muss dann nicht noch einmal diagnostisch in die alte Wunde stechen!

Plötzlich zog Trophimus jedoch ein paar Papyri aus seinem Gepäck, hielt sie in die Höhe und erklärte etwas großspurig: »Dieses Werk hat Parmenas, ein Christ aus der Dekapolis, nach Antiochia gebracht. Es wird dich interessieren, denn es ist die erste zusammenhängende Darstellung der irdischen Geschichte von Jesus Christus.« – »Hat Parmenas das selbst verfasst?«, fragte ich sofort. »Keine Ahnung, wer das geschrieben hat. Auch Parmenas war sich nicht sicher, er vermutete, der Verfasser habe ›Markus‹ geheißen, aber nichts Genaues wusste auch er.« – »Darf ich es sehen?«, fragte ich interessiert und zu meiner großen Freude übergab mir Trophimus die Papyri. Ich nahm sie vorsichtig in die Hand und stellte zunächst fest, dass das Werk etwa so lang war wie der Brief des Paulus an die Gemeinde zu Rom. Dann fing ich zu lesen an: »*Dies ist der Anfang des Evangeliums von Jesus Christus, dem Sohn Gottes.*«[*]

[*] Markus 1,1.

Und dann ging es los mit Johannes dem Täufer und mit der Taufe Jesu. Ich staunte: »Dieser Markus hat sich was getraut!« Gemeinsam lasen wir das gesamte Werk in der nächsten Gemeindeversammlung. Tatsächlich kannte ich die eine oder andere Geschichte bereits von Petrus. Es gab aber auch viele Erzählungen, die der Verfasser nicht berücksichtigt hatte. Als ich mit dem Vorlesen fertig war, stellte mein Sohn Theophilus etwas vorlaut fest: »Den Schluss finde ich ziemlich blöd! Wenn die Frauen, die vom leeren Grab zurückgekehrt sind, den Jüngern nicht gesagt haben, dass Jesus auferstanden ist, woher will man denn dann die Auferstehungsbotschaft bekommen haben?« Andere pflichteten ihm bei, und auch ich musste ihm beipflichten. Aber es gab – bei allem Respekt für die Leistung dieses Markus – darüber hinaus noch einige Punkte, in denen ich nicht mit ihm übereinstimmte. Wie konnte er behaupten, Jesus habe immer wieder verboten, seine Wunderheilungen weiterzuerzählen?! Davon stand überhaupt nichts in der Sammlung von Jesusworten. Auffällig aber war, dass beide Werke mit Johannes dem Täufer begannen. So wie er bei Markus beschrieben wurde, konnte ich ihn mir richtig gut vorstellen: Kamelhaarmantel, breiter Gürtel, Heuschrecken und wilden Honig essend. Das war ein richtiger Asket, und seine Eltern müssen tiefgläubige Juden gewesen sein.

Das Auftauchen dieser Schriften ließ in der Gemeinde erneut den Ruf laut werden, ich solle mich doch endlich auch einmal hinsetzen und die Geschichten niederschreiben, die ich über das bereits Bekannte hinaus von Jesus wusste. Nun hatte ich ja eine Vorlage und gewann eine Vorstellung davon, wie eine solche Erzählung aussehen könnte. Und was, wenn Jesu Wiederkunft doch noch länger aus sich warten ließe? Ich war unschlüssig und kämpfte innerlich mit mir selbst. Schließlich fragte ich meinen Sohn Theophilus nach seiner Meinung. Er hatte inzwischen den Purpurhandel seiner Mutter übernommen und war versiert im Argumentieren. So erläuterte er mir messerscharf, dass meine bisherigen Einwände gegen so ein Unternehmen im Grunde gänzlich entkräftet seien. Dazu kämen die neuen Gefahren, denen die christlichen Gemeinden im römischen Reich seit der Machtübernahme des Kaisers Domitian ausgesetzt seien: »Paulus war dein Freund«, begann er. »Bruder!«, warf ich ein. Theophilus machte ein gelangweiltes Gesicht, wie er es immer macht, wenn ich mir erlaube, ihn zu verbessern.

Er räusperte sich und fuhr fort: »In Ordnung! Paulus war dein Bruder. Du kennst die Geschichten, die er erlebt hat zu einem großen Teil aus erster Hand. Du kennst Petrus und andere Jesusjünger, die dir Geschichten erzählt haben von Christus. Sowohl Jesus als auch Paulus sind von den Römern hingerichtet worden. Dabei hat Paulus nicht einmal seine Berufung auf sein römisches Bürgerrecht gerettet. Der christliche Glaube ist nicht wie der jüdische von den Römern anerkannt. Wer an Christus glaubt, ist kein Jude, auch wenn wir aus Sicht des Staates wie Juden leben, wenn wir an einem Tag der Woche zu unserem Gottesdienst zusammenkommen und nicht zur Arbeit gehen. Wer an Jesus glaubt, kann beim Statthalter angezeigt werden. Und das hätte schlimme Folgen.«

Theophilus sah das wohl richtig: Der christliche Glaube stand vor einer neuen Herausforderung. Erst kürzlich war Kritias, ein getaufter Mitbruder, vom Statthalter wegen »Gottlosigkeit« hier in Philippi zum Tod verurteilt worden. Kritias war ahnungslos, wer ihn beim Statthalter angeschwärzt haben könnte. Und wenige Tage später war er hingerichtet. Ja, plötzlich waren sie wieder da: Die Bilder, die ich seit meiner Verhaftung damals in Jerusalem erfolgreich verdrängt hatte – der Kerker in der Burg Antonia, die willkürlichen Festnahmen und Bestrafungen … bei Kritias kam noch die Angst um seine Familie dazu, wenngleich er sich darauf verlassen konnte, dass wir in der christlichen Gemeinde uns um sie kümmern würden. Vielleicht sind es die Vorboten einer Christenverfolgung, wie es sie bereits unter Kaiser Nero in Rom gab und der Paulus wohl auch zum Opfer gefallen war.

Ich überlegte: Was kann in solchen Situation Halt geben? Was kann dabei helfen, dass die Christen nicht am Glauben verzweifeln, sondern die Gewissheit vermittelt bekommen, dass sie nicht verloren gehen, sondern nach dem Tod bei unserem Heiland im Paradies sein werden?* Ja, dachte ich dann, es sind wohl die Geschichten, die ich selbst erlebt habe. Ich werde sie niederschreiben müssen. Eigentlich war der Entschluss damit gefallen, aber ich wagte noch einen – zugegeben etwas halbherzigen – Widerspruch: »Aber ich habe das mit dem Aufschreiben doch bereits ein paarmal versucht und es hat nie richtig geklappt. Ich bin immer gescheitert!« Theophilus blickte mich scharf an, dann sagte er mit der entwaffnenden Präzision eines Jungunternehmers: »Hör auf, es zu versuchen. Mach es einfach! Du kannst das. Ich weiß es. Außerdem bin ich mir sicher: Wenn du etwas schreibst, dann bekommt dein Leben dadurch neuen Auftrieb. Ja, es wird dir guttun!« Dagegen konnte ich nichts mehr sagen. So nahm ich ihn in den Arm und versprach ihm: »Ich werde es tun!« Soweit sind wir also schon, dass unsere Kinder uns sagen müssen, was wir tun sollen! Aber ich merkte, es ist gut, wenn wir ab und zu auch auf unsere Kinder hören. Sie sagen die Wahrheit. Also machte ich mich an die Arbeit.

* Vgl. Lukas 23,43.

Kapitel XIV

Dann begann ich zu schreiben: Meine Jesusgeschichte und die Taten der Apostel (75–85 n.Chr.)

Nachdem ich mir Papyrus und einen Griffel besorgt hatte, las ich die beiden Schriften, die Geschichte Jesu von Markus und die Sammlung der Worte Jesu, in aller Ruhe noch mehrmals durch. Dann setzte ich mich hin und versuchte, mich auf all die Erzählungen zu besinnen, die mir Petrus und Jakobus von Jesus erzählt hatten. So schrieb ich zum ersten Mal die Geschichte vom zwölfjährigen Jesus im Tempel auf, ich brachte die Erzählung vom barmherzigen Samariter und das Gleichnis vom verlorenen Sohn zu Papyrus, ebenso wie die Geschichte der beiden Jünger, die auf ihrem Weg nach Emmaus vom Auferstandenen begleitet worden waren.

Irgendwann fiel mir keine weitere Geschichte ein und ich begann, alle Überlieferungen, die mir zur Verfügung standen, in eine – wie ich fand – sinnvolle Ordnung zu bringen. Ganz klar war mir, dass ich die Jesusgeschichte des Markus als Rahmen verwenden wollte. Ähnlich wie das vorliegende Werk dieses Markus sollte mein Werk auf Kreuzigung und Auferweckung hinauslaufen. »Das sind die Heilstatsachen!«, so hatte Paulus mir eingeschärft. Mir war auch klar, dass Paulus zu meinem Vorhaben seinen alten Satz gesagt hätte, wonach Worte und Taten Jesu zweitrangig wären, aber eine Sache konnte Paulus auch nicht verhindern – und vielleicht hatte er das auch etwas unterschätzt: Das Bedürfnis der Menschen, mehr von Jesus zu erfahren als nur, dass er gekreuzigt und nach drei Tagen von den Toten auferweckt wurde. Diesem

Bedürfnis versuchte ich jetzt Rechnung zu tragen. Deshalb sollte Jesu Verkündigung des unmittelbar bevorstehenden Reiches Gottes etwas in den Hintergrund treten. Aber dann kam ich auf den Gedanken, die Reich-Gottes-Idee ganz eng an die Person Jesu zu knüpfen. Nur mit und durch Jesus kann man des Reiches Gottes teilhaftig werden. Dadurch konnte ich souverän beides miteinander verbinden: Jesus und das mit ihm gekommene Reich Gottes! Diese Verbindung war in Markus' Texten nicht zu finden.

Nachdem die einzelnen Geschichten in eine sinnvolle Reihenfolge gebracht und mir die Grundkonzeption deutlich geworden war, konnte ich mit dem Schreiben beginnen. An den Anfang meiner Darstellung wollte ich eine Vorrede platzieren. So schrieb ich zunächst:

»*Da es schon viele unternommen haben, Bericht zu geben von den Geschichten, die sich unter uns erfüllt haben, die es von Anfang an selbst gesehen haben und Diener des Wortes gewesen sind, habe auch ich es für gut gehalten, nachdem ich alles von Anfang an sorgfältig erkundet habe, es in guter Ordnung aufzuschreiben.*«*

Ja, dachte ich mir, damit sollte mein Werk beginnen! Zugleich war ich noch unzufrieden. Das Ganze klang so unpersönlich. Ich müsste das Werk an jemanden adressieren. Aber an wen? Und plötzlich hatte ich eine Idee: Ich würde das Werk meinem Sohn Theophilus widmen. Er hatte den letzten Anstoß zum Schreiben gegeben. Außerdem stehe er mit seinem Namen »Gottesfreund« für die weltweite Christenheit und als mein Nachkomme repräsentiere er die Nachwelt. So fügte ich in den letzten Teil der Vorrede die Widmung ein »für dich, hochgeehrter Theophilus« und beendete sie mit dem Nebensatz »da-

---

* Lukas 1,1-4.

mit du den sicheren Grund der Lehre erfährst, in der du unterrichtet bist.«

Innerhalb einer Woche schrieb ich dann die irdische Geschichte von Jesus Christus nieder, so wie ich sie verstand. Ich folgte dabei im Wesentlichen meiner Markus-Vorlage, fügte aber immer wieder Jesusworte aus der Sammlung sowie Geschichten aus meiner eigenen Erinnerung ein. Gerne verwendete ich Namen von Menschen, die mir auf meinem Lebensweg etwas bedeutet hatten: So bekamen die Eltern des Täufers die Namen meiner Eltern. Und den armen Mann aus der Geschichte, die Jesus einmal erzählt und die ich von Petrus selbst gehört hatte, nannte ich nach meinem guten Freund Elasar, der mich in Alexandria so bereitwillig aufgenommen hatte, nämlich »Lazarus«. Auch der alten gutmütige Rabbi Zakkai ben Jaakov von Alexandria Troas sollte als »Zachäus« in einer anderen Jesusgeschichte unsterblich werden.

Spätestens bei der Darstellung der Verhaftung Jesu in Gethsemane waren die Bilder meiner eigenen Verhaftung wieder in meinem Kopf. In jener Nacht erlebte ich das Geschehen von damals im Traum. Wie war ich dankbar, als Hippolytos, mein Sklave, mich aufweckte! Doch sofort wurde mir auch bewusst, dass so eine gewaltsame Festnahme derzeit nicht nur mir, sondern auch jedem aus der christlichen Gemeinde drohen könnte – jedem, der beim Statthalter angezeigt würde.

Ich brauchte einen ganzen Tag, um die Schatten der Vergangenheit aus dem Kopf zu bekommen. Erst dann konnte ich mein Werk vollenden. Schließlich las ich es noch mehrmals durch und verbesserte dabei das eine oder andere. Dann gab ich es meinem Sohn Theophilus: »Lies und verbessere!«, bat ich ihn. Als er seinen eigenen Namen gleich am Anfang las, tippte er sich an den Kopf: »Du bist verrückt, Abba!« Ich lächelte: »Nein, mein

Junge, das hat alles seine Richtigkeit! Du bist der ›Freund Gottes‹, den ich vor meinem geistigen Auge sah, als ich diese Erzählung niederschrieb.« »Und was ist, wenn ich in deinem Werk nicht vorkommen will?«, fragte er und ich meinte: »Daran wird nichts geändert! Also, beruhige dich! Ich schreibe ja nicht, dass ich es meinem Sohn widme oder so etwas!« Ich weiß nicht, ob es mir gelungen war, ihn zu überzeugen, aber er las dann doch weiter. Spät am Abend war er mit der Lektüre fertig und kam zu mir. »Abba, das klingt wunderschön! Deine Worte rühren mein Herz. Also, wenn ich nicht schon getauft wäre, ich würde mich jetzt taufen lassen. Ehrlich!«

Ich strahlte. Ja, es freut einen doch, wenn man von seinem erwachsenen Sohn gelobt wird. Doch dann kam die Kritik: »Aber«, sagte er, »das klingt so, als wäre die Sache jetzt abgeschlossen!« – »Ja, die ist auch abgeschlossen!«, beharrte ich, doch Theophilus widersprach: »Das stimmt nicht: Die Verkündigung geht doch weiter. Die Menschen sind aufgerufen, sich taufen zu lassen. Außerdem schreibst du im letzten Satz, dass die Jünger allezeit im Tempel weilten und Gott priesen. Doch der Tempel steht längst nicht mehr.« Ich dachte nach. Das war ein höchst einleuchtendes Argument!

Natürlich, die Geschichte des Gottessohnes auf der Erde war vollendet, aber die Verkündigung des Auferstandenen und zu Gott in den Himmel aufgefahrenen Herrn ging ja wirklich weiter. »Du musst auch noch etwas von Paulus schreiben!«, konstatierte mein Sohn, »andernfalls wird doch überhaupt nicht klar, weshalb wir Christen und keine Juden sind.« Angestrengt dachte ich nach. Schließlich meinte ich: »Aber dann müsste ich doch auch etwas von mir schreiben, denn ich habe Paulus ja begleitet.« – »Abba!«, sagte Theophilus, »aber mich wolltest du unbedingt in deinem Werk unterbringen!?«

Wir lachten und ich nickte: »Ja, und das wird auch nicht mehr verändert! Was ich geschrieben habe, das habe ich geschrieben!«

Dann dachte ich mir, dass ich Mittel und Wege finden würde, meine eigene Rolle nicht ausdrücklich anzusprechen. In der Tat: Ich wollte mich auf keinen Fall in den Vordergrund drängen. Es sollte um die Sache gehen, die Verkündigung des Auferstandenen und Erhöhten, des Gottessohnes präziser: Es sollte um die gesetzesfreie Heidenmission gehen. Das hatte mich Paulus, mein Bruder Paulus, gelehrt. »Ich werde morgen darüber nachdenken«, sagte ich und gähnte, »ein alter Mann wie ich sollte nicht mehr so lange wach bleiben.« Wir sprachen gemeinsam den Abendsegen, wünschten einander eine gute Nacht und ich zog mich zurück.

Obwohl ich müde war, konnte ich lange nicht einschlafen. Ich musste an die Fortsetzung meiner Jesus-Geschichte denken. Sollte ich das wirklich tun? Ja, es sollte tatsächlich unbedingt noch die Theologie des Paulus zur Sprache kommen. Außerdem hat Jesus den Jüngern am Ende meines Jesusberichts den Heiligen Geist verheißen. Die Erfüllung dieser Verheißung sollte dann wohl auch erzählt werden! Darüber hinaus dürfte deutlich werden, dass es – bei allem Respekt für Petrus – Paulus war, der den Grundstein allen theologischen Redens von Gott legte. Ach, mein Bruder Paulus! Ich dachte an diesen Mann, dem ich – dem die Christenheit – so viel verdankte, und bei dem Gedanken an seine Hinrichtung in Rom rutschte mir wieder der Satz heraus, über den wir immer wieder geschmunzelt hatten: »Teknía, teknía, ar' ou toutò phoberón estin«: »Kinder, Kinder, ist das nicht furchtbar?« Als ich schließlich einschlief, war mir klar: Ich würde noch eine Geschichte über die Taten der Apostel, besonders aber über Paulus schreiben.

Auch in dieser Nacht träumte ich von meiner Verhaftung und dem Kerker in der Burg Antonia. Wie viele meiner Brüder und Schwestern hatten so etwas auch schon erlebt? Und wie viele hatten ihren Glauben an Christus bereits mit dem Leben bezahlt? Das waren meine Gedanken, als mich mein Sklave mit beruhigenden Worten erneut aus meinem unruhigen Schlaf weckte. Der Entschluss stand fest: Meine Geschichte von Jesus wird eine Fortsetzung erhalten.

Beim Morgenmahl sprach ich mit Theophilus darüber und er beglückwünschte mich zu meinem Entschluss. »Ja!«, bekräftigte er, »mach das, Abba! Keiner weiß so genau über Paulus Bescheid wie du!« Hippolytos brauchte bis Mittag, um die benötigten Papyrusblätter aufzutreiben. Aber schließlich war alles bereit und ich konnte loslegen. Ich hatte mir schon überlegt, dass ich mit der Himmelfahrtsgeschichte beginnen wollte. Diese musste allerdings deutlich ausführlicher sein als die knappe Notiz am Ende meiner Jesuserzählung; denn ich wollte in ihnen den Auftrag zur weltweiten Mission unbedingt unterbringen. Also machte ich mich ans Werk: »*Den ersten Bericht habe ich gegeben, lieber Theophilus, von all dem, was Jesus von Anfang an tat und lehrte bis zu dem Tag, an dem er aufgenommen wurde, nachdem er den Aposteln, die er erwählt hatte, durch den heiligen Geist Weisung gegeben hatte.*«* Wahrscheinlich würde Theophilus, wenn er erneut seinen Namen las, wieder schimpfen, aber ich würde auch diesmal nicht mit mir reden lassen.

Um hier eine Kontinuität zu Jesus herstellen zu können, erschien es mir recht und billig, die ersten theologischen Grundlagen Petrus in den Mund zu legen – wohl wissend, dass eine derartige hochtheologische Argumen-

* Apostelgeschichte 1,1-3.

tation im Grunde nur Paulus zuzutrauen wäre. Von Jesus über Petrus und vielleicht noch den einen oder anderen weiteren Apostel wollte ich dann die Linie auf Paulus übergehen lassen. Ich ließ also Petrus – ausgehend von einem langen Schriftzitat, das ich im Joelbuch gefunden hatte – anlässlich der Ausgießung des Heiligen Geistes auf die Jünger eine lange Rede halten, in der er viele Psalmworte zitierte. Weil Petrus Jesusjünger war, musste aus meiner Sicht von ihm der Anstoß zur ersten Gemeindegründung ausgehen.

Ich knirschte etwas mit den Zähnen, als ich die Pfingstpredigt niederschrieb. Aber nach einigen Abschnitten wollte ich deutlich machen, dass kein Geringerer als Paulus der eigentliche Motor der Geschichte war! Und in diesem Zusammenhang tat ich es doch. Ja, ich habe es getan! Ich habe Paulus im Rahmen seiner ersten Reise zweimal als »Apostel« bezeichnet, was ihm selbst sehr wichtig gewesen war.* Und der war er auch, obwohl viele ihm das abgesprochen haben! Bei der Darstellung der Zusammenkunft der Apostel in Jerusalem erschien es mir wichtig, deutlich zu machen, dass sich Jakobus, Petrus und Paulus als Brüder im Glauben auf einen Kompromiss einigen konnten**, wohl wissend, dass Paulus diese Auflagen für seine Mission vehement und erfolgreich abgelehnt hatte.*** Aber dieser Kompromiss, wie ich ihn dargestellt habe, spielt angesichts durchweg heidenchristlich geprägten Gemeinden meiner Gegenwart ja sowieso keine Rolle mehr.

Ganz bewusst ließ ich das Ende meines zweiten Berichtes offen: Weder wollte ich erzählen, wie es mit der

---

* Vgl. Apostelgeschichte 14,4.14; vgl. Römer 1,1.5; 11,13; 1. Korinther 9,1-5; 15,9-11; 2. Korinther 1,1; 12,11; Galater 1,1; 2,8.
** Apostelgeschichte 15,19f.28f.
*** Galater 2,5f.

Verkündigung weiterging, noch, dass Paulus nach zwei Jahren hingerichtet worden war. Das wäre ein Endpunkt gewesen, um den es – Paulus würde mir hier sicher beipflichten – nicht geht. Wichtig ist stattdessen, dass die Botschaft jetzt in der Mitte des Reiches angekommen ist, und somit jeder, der auf den Namen Christi getauft wurde, gerufen ist, diese Botschaft weiterzutragen »bis an das Ende der Welt« und so den Auftrag des Auferstandenen an seinen Apostelkreis zu erfüllen, wie ich es am Anfang meines zweiten Berichtes darstelle.

Mehrere Wochen lang saß ich an dieser Geschichte der ersten Christen und der Entstehung der ersten christlichen Gemeinden. Ich habe gegrübelt und um Formulierungen gerungen. Der Traum, in dem ich verhaftet, geschlagen und gedemütigt wurde, begleitete mich dabei immer wieder. Aber auch diese Albträume bestärkten mich in der Überzeugung, dass es richtig ist, die Geschichten niederzuschreiben. Als ich mit dem Schreiben fertig war, endeten erschaunlicherweise diese Träume und ich fand Frieden.

Schließlich konnte ich auch dieses Werk endlich meinem Sohn Theophilus vorlegen. Nachdem er seine Zustimmung gegeben hatte, stellte ich wenig später das Ganze in mehreren Gemeindeversammlungen den Philippern vor. Schnell fanden sich schreibkundige Mitchristen, die bereit waren, Kopien herzustellen und diese an andere Gemeinden weiterzureichen. So sollte mein Werk seine Wirkung entfalten und am besten zusammen mit den Briefen des Paulus gelesen werden.

Inzwischen bin ich über sechzig Jahre alt und lebenssatt. Als Arzt weiß ich, was für ein wundervolles und kostbares Gut das Leben ist. Als Begleiter des Paulus habe ich erfahren, wie schnell man dieses kostbare Gut verlieren kann. Dankbar blicke ich zurück auf ein wirklich reiches, erfülltes Leben, das so viele unerwartete Wendungen genommen hat, aber in dem mir der Herr, Baruch Adonaj, soviel geschenkt hat. Nun fühle ich meine Kraft schwinden und spüre, dass es an der Zeit ist, diese Welt zu verlassen und zu Christus zu kommen*, wo auch meine Lydia auf mich wartet. Immer wichtiger werden mir die Aussagen des Paulus über den Tod. Tief berührt mich sein Satz, den er einst an die Gemeinde zu Philippi schrieb: »*Christus ist mein Leben, Sterben ist mein Gewinn.*«** So wie ich im Leben auf ihn vertraut habe, will ich das auch im Sterben tun. Ihm befehle ich nicht nur meine Söhne an, sondern alle Schwestern und Brüder im Herrn und vertraue darauf: Er wird's wohlmachen!***

---

* Lukas 23,43; vgl. Philipper 1,23.
** Philipper 1,21.
*** Vgl. Psalm 37,5.

Ausgewählte Literatur

Die Bibel nach Martin Luthers Übersetzung, revidiert 2017, hg. von der Evangelischen Kirche in Deutschland, Stuttgart 2017

Ceming, Katharina/Werlitz, Jürgen: Die verbotenen Evangelien. Apokryphe Schriften, Wiesbaden 2007

Rusam, Dietrich: Das Alte Testament bei Lukas, in: Beihefte zur Zeitschrift für die neutestamentliche Wissenschaft (BZNW), Nr. 112, Berlin/New York 2003

Rusam, Dietrich: Das Lukasevangelium, in: M.Ebner/S. Schreiber (Hg.), Einleitung in das Neue Testament. Studienbücher Theologie Bd. 6, Stuttgart 32020, 187-209

Rusam, Dietrich: Die Apostelgeschichte, in: M.Ebner/S. Schreiber (Hg.), ebd., 231-252

Stegemann, Wolfgang: Zwischen Synagoge und Obrigkeit. Zur historischen Situation der lukanischen Christen, in: Forschungen zur Religion und Literatur des Alten und Neuen Testaments (FRLANT), Nr. 152, Göttingen 1991

Stegemann, Ekkehard W./Stegemann, Wolfgang: Urchristliche Sozialgeschichte. Die Anfänge im Judentum und die Christusgemeinden in der mediterranen Welt, Stuttgart u.a. 1995

Wolter, Michael: Das Lukasevangelium. Handbuch zum Neuen Testament (HNT), Bd. 5, Tübingen 2008

Wolter, Michael: Paulus. Ein Grundriss seiner Theologie, Neukirchen-Vluyn 2011

Sollte diese Publikation Links auf Webseiten Dritter enthalten, so übernehmen wir für deren Inhalte keine Haftung, da wir uns diese nicht zu eigen machen, sondern lediglich auf deren Stand zum Zeitpunkt der Erstveröffentlichung verweisen.

Penguin Random House Verlagsgruppe FSC® N001967

Alle Bibelstellen zitiert nach: Lutherbibel, revidiert 2017, © 2016 Deutsche Bibelgesellschaft, Stuttgart

1. Auflage
Copyright © 2022 Gütersloher Verlagshaus, Gütersloh, in der Penguin Random House Verlagsgruppe GmbH, Neumarkter Str. 28, 81673 München

Umschlagmotiv: © mikkelwilliam – iStockphoto.com
Druck und Bindung: GGP Media GmbH, Pößneck
Printed in Germany
ISBN 978-3-579-06217-4
www.gtvh.de

Auf Spurensuche in Ephesus

Carsten Jochum-Bortfeld
Paulus in Ephesus
Eine Expedition in die
Entstehungszeit des
Neuen Testament

272 Seiten / gebunden
mit Schutzumschlag
ISBN 978-3-579-07153-4
Auch als E-Book erhältlich

Erfahren Sie mehr
zu diesem Buch unter
www.gtvh.de

Ephesus – die antike Metropole in der heutigen Türkei war drei Jahre lang das Basislager, von dem aus Paulus seine Mission organisierte. Hier schrieb er Briefe an die Gemeinden in Korinth und Philippi. Der lange Aufenthalt in Ephesus wirkte sich auch auf weitere Briefe aus.
Was machte diese Stadt mit dem Apostel?
Dieses Buch nimmt seine LeserInnen mit auf die Straßen und die Plätze, in die Häuser, Tempel und Werkstätten des alten Ephesus.
Carsten Jochum-Bortfeld lädt auf eine Zeit- und Entdeckungsreise ein, die zeigt, wie Sprache und Denken, Bildwelt und theologische Motive bei Paulus geprägt sind von der verrückten Welt, die ihn umgab.

GÜTERSLOHER
VERLAGSHAUS

Die konfliktreichen Hintergründe der Frühen Kirche

Klaus Wengst
Wie das Christentum entstand
Eine Geschichte mit Brüchen im 1. und 2. Jahrhundert

352 Seiten / gebunden
mit Schutzumschlag
ISBN 978-3-579-07176-3
Auch als E-Book erhältlich

Erfahren Sie mehr
zu diesem Buch unter
www.gtvh.de

»Jesus war der erste Christ!« – dass dieser Satz Unsinn ist, ist selbst in kirchlichen Kreisen nicht immer unmittelbar klar. Jesus war Jude und blieb es bis zu seinem Tod. Und auch die ersten Anhänger der Jesusbewegung waren Juden und blieben es.
Wie aber entstand aus einer innerjüdischen Bewegung das Christentum? Und warum bestimmte dieses seine Identität sofort antijüdisch? Klaus Wengst erzählt die Geschichte einer neuen religiösen Bewegung im pluralen Panorama des Römischen Reiches.
Eine Geschichte voller Eifer und Enthusiasmus, Konflikt und Leidenschaft – spannend, überraschend und erhellend.

GÜTERSLOHER VERLAGSHAUS

Rom

ADRIA

Lukanien

Thessalonich
Philippi
Neap
Beröa
Samo
thr

Athen
Korinth

Malta

MITTELMEER

K

N
W O
S